国家出版基金项目

"十三五"国家重点图书出版规划项目

"神话学文库"编委会

主 编

叶舒宪

编 委

（以姓氏笔画为序）

马昌仪	王孝廉	王明珂	王宪昭
户晓辉	邓 微	田兆元	冯晓立
吕 微	刘东风	齐 红	纪 盛
苏永前	李永平	李继凯	杨庆存
杨利慧	陈岗龙	陈建宪	顾 锋
徐新建	高有鹏	高莉芬	唐启翠
萧 兵	彭兆荣	朝戈金	谭 佳

国家出版基金项目

"十三五"国家重点图书出版规划项目

"神话学文库"学术支持

上海交通大学文学人类学研究中心

上海交通大学神话学研究院

中国社会科学院比较文学研究中心

陕西师范大学人文社会科学高等研究院

上海市社会科学创新研究基地——中华创世神话研究

国家出版基金项目
NATIONAL PUBLICATION FOUNDATION

"十三五"国家重点图书出版规划项目

神话学文库
叶舒宪 主编

神话的哲学思考

THINKING THROUGH MYTHS:
PHILOSOPHICAL PERSPECTIVES

［美］凯文·斯齐布瑞克（Kevin Schilbrack）◎编
姜丹丹　刘建树◎译
　　　　黄　悦　孙梦迪◎校译

陕西师范大学出版总社

图书代号　SK19N1727

Thinking Through Myths : Philosophical Perspectives / edited by Kevin Schilbrack / ISBN 0-415-25460-4(hbk); ISBN 0-415-25461-2(pbk)

Copyright © 2002 by Routledge

Authorized translation from English language edition published by Routledge, part of Taylor & Francis Group LLC; All Rights Reserved.

本书原版由Taylor & Francis出版集团旗下,Routledge出版公司出版,并经其授权翻译出版。版权所有,侵权必究。

Shaanxi Normal University General Publishing House Co. Ltd. is authorized to publish and distribute exclusively the Chinese (Simplified Characters) language edition. This edition is authorized for sale throughout Mainland of China. No part of the publication may be reproduced or distributed by any means, or stored in a database or retrieval system, without the prior written permission of the publisher.

本书中文简体翻译版授权由陕西师范大学出版总社有限公司独家出版并限在中国大陆地区销售,未经出版者书面许可,不得以任何方式复制或发行本书的任何部分。

Copies of this book sold without a Taylor & Francis sticker on the cover are unauthorized and illegal.

本书贴有Taylor & Francis公司防伪标签,无标签者不得销售。

陕版出图字:25-2019-102

图书在版编目(CIP)数据

神话的哲学思考 /(美)凯文·斯齐布瑞克编;姜丹丹,刘建树译. — 西安:陕西师范大学出版总社有限公司,2019.9

(神话学文库 / 叶舒宪主编)

"十三五"国家重点图书出版规划项目　国家出版基金项目

ISBN 978-7-5695-1296-0

Ⅰ. ①神…　Ⅱ. ①凯…　②姜…　③刘…　Ⅲ. ①神话—研究　Ⅳ. ①B932

中国版本图书馆 CIP 数据核字(2019)第 251882 号

神话的哲学思考
SHENHUA DE ZHEXUE SIKAO

[美] 凯文·斯齐布瑞克　编　姜丹丹　刘建树　译　黄悦　孙梦迪　校译

责任编辑	雷亚妮
责任校对	庄婧卿　雷亚妮
出版发行	陕西师范大学出版总社 (西安市长安南路199号　邮编710062)
网　　址	http://www.snupg.com
印　　刷	西安市建明工贸有限责任公司
开　　本	720mm×1020mm　1/16
印　　张	16.25
插　　页	2
字　　数	280千
版　　次	2019年9月第1版
印　　次	2019年9月第1次印刷
书　　号	ISBN 978-7-5695-1296-0
定　　价	68.00元

读者购书、书店添货或发现印刷装订问题,请与本公司营销部联系、调换。

电话:(029)85307864　85303635　　传真:(029)85303879

"神话学文库"总序

叶舒宪

神话是文学和文化的源头，也是人类群体的梦。

神话学是研究神话的新兴边缘学科，近一个世纪以来，获得了长足发展，并与哲学、文学、美学、民俗学、文化人类学、宗教学、心理学、精神分析、文化创意产业等领域形成了密切的互动关系。当代思想家中精研神话学知识的学者，如詹姆斯·乔治·弗雷泽、爱德华·泰勒、西格蒙德·弗洛伊德、卡尔·古斯塔夫·荣格、恩斯特·卡西尔、克劳德·列维－斯特劳斯、罗兰·巴特、约瑟夫·坎贝尔等，都对20世纪以来的世界人文学术产生了巨大影响，其研究著述给现代读者带来了深刻的启迪。

进入21世纪，自然资源逐渐枯竭，环境危机日益加剧，人类生活和思想正面临前所未有的大转型。在全球知识精英寻求转变发展方式的探索中，对文化资本的认识和开发正在形成一种国际新潮流。作为文化资本的神话思维和神话题材，成为当今的学术研究和文化产业共同关注的热点。经过《指环王》《哈利·波特》《达·芬奇密码》《纳尼亚传奇》《阿凡达》等一系列新神话作品的"洗礼"，越来越多的当代作家、编剧和导演意识到神话原型的巨大文化号召力和影响力。我们从学术上给这一方兴未艾的创作潮流起名叫"新神话主义"，将其思想背景概括为全球"文化寻根运动"。目前，"新神话主义"和"文化寻根运动"已经成为当代生活中不可缺少的内容，影响到文学艺术、影视、动漫、网络游戏、主题公园、品牌策划、物语营销等各个方面。现代人终于重新发现：在前现代乃至原始时代所产生的神话，原来就是人类生存不可或缺的文化之根和精神本源，是人之所以为人的独特遗产。可以预期的是，神话在未来社会中还将发挥日益明显的积极作用。大体上讲，在学术价值之外，神话有两大方面的社会作用：

一是让精神紧张、心灵困顿的现代人重新体验灵性的召唤和幻想飞扬的奇妙乐趣；二是为符号经济时代的到来提供深层的文化资本矿藏。

前一方面的作用，可由约瑟夫·坎贝尔一部书的名字精辟概括——"我们赖以生存的神话"（Myths to Live by）；后一方面的作用，可以套用布迪厄的一个书名，称为"文化炼金术"。

在21世纪迎接神话复兴大潮，首先需要了解世界范围神话学的发展及优秀成果，参悟神话资源在新的知识经济浪潮中所起到的重要符号催化剂作用。在这方面，现行的教育体制和教学内容并没有提供及时的系统知识。本着建设和发展中国神话学的初衷，以及引进神话学著述，拓展中国神话研究视野和领域，传承学术精品，积累丰富的文化成果之目标，上海交通大学文学人类学研究中心、中国社会科学院比较文学研究中心、中国民间文艺家协会神话学专业委员会（简称"中国神话学会"）、中国比较文学学会，与陕西师范大学出版总社有限公司达成合作意向，共同编辑出版"神话学文库"。

本文库内容包括：译介国际著名神话学研究成果（包括修订再版者）；推出中国神话学研究的新成果。尤其注重具有跨学科视角的前沿性神话学探索，希望给过去一个世纪中大体局限在民间文学范畴的中国神话研究带来变革和拓展，鼓励将神话作为思想资源和文化的原型编码，促进研究格局的转变，即从寻找和界定"中国神话"，到重新认识和解读"神话中国"的学术范式转变。同时让文献记载之外的材料，如考古文物的图像叙事和民间活态神话传承等，发挥重要作用。

本文库的编辑出版得到编委会同人的鼎力协助，也得到上述机构的大力支持，谨在此鸣谢。

是为序。

献给我的父亲,一个喜欢阅读、勤于思考的人。

本书撰稿人

帕米拉·苏·安德森（Pamela Sue Anderson）：牛津大学摄政公园学院哲学与基督教伦理会委员。安德森博士是《一个女性主义者的宗教哲学》（布莱克威尔出版社）的作者。

杰·贝尔德·卡里考特（J. Baird Callicott）：北德克萨斯大学哲学教授。著有《洞悉地球——对地中海盆地到澳大利亚内地的生态道德观调查》，与人联合编辑了《亚洲人思维传统的本质：环境哲学论文集》，与托马斯·奥沃尔霍尔特合编了《身穿皮毛——奥吉布瓦人世界观简介》（美国大学出版社）。

威廉·道蒂（William G. Doty）：阿拉巴马大学（位于塔斯卡卢萨市）宗教研究会教授和名誉主席。著有《神话集——宗教与仪式的研究》，编辑了《在后现代美国对文化价值的描绘》，与人合编了《神话骗子的形象——轮廓、语境和批评》（均由阿拉巴马大学出版社出版）。他还是《神话界：关于形象、神话和符号期刊》的主编。

克里斯托弗·弗拉德（Christopher Flood）：英国萨里大学欧洲研究中心的教授和负责人。著有《政治神话：理论介绍》，与人合编了《当代法国的政治意识形态和当代法国思想界的潮流》一书，与人合编"欧洲地平线"丛书，并由内布拉斯加州大学出版社出版。

玛丽·格哈特（Mary Gerhart）和阿伦·麦尔文·罗素（Allan Melvin Russell）：分别是霍巴特和威廉史密斯学院宗教研究中心教授和物理学教授。两人合著有《隐喻的过程：科学和宗教理解的创造》（德克萨斯基督教大学出版社）和《旧时代的新地图：在科学和宗教方面的探索》（可递目出版社）。

威廉·帕沃尔（William L. Power）：佐治亚大学的宗教学教授。他在历史神学、哲学神学和系统神学及宗教哲学等领域都发表过著作，担任过《美国宗教学术期刊》和《宗教哲学国际期刊》编委。他还是美国宗教学术委员会（东南地区）和宗教哲学社团的前任主席。

弥尔顿·斯卡伯勒（Milton Scarborough）：美国中央学院哲学和宗教学的教授。著有《神话与现代事物》（纽约州立大学出版社）。

凯文·斯齐布瑞克（Kevin Schilbrack）：卫斯理学院哲学和宗教学副教授。他在芝加哥大学神学院的学位论文致力于宗教比较哲学的研究，他在论文中主张跨文化理解宗教与形而上学是具有相关性的。

罗伯特·西格尔（Robert A. Segal）：英国兰卡斯特大学宗教理论专业教授。他是世界最杰出的神话学家之一。他的著作有《"牧人者"神话》（穆当出版社），《约瑟·坎贝尔简介》（企鹅出版社、子午线出版社联合出版）及《神话理论化》（马萨诸塞大学出版社）。在众多作品中，他担任编者的有《追寻英雄》（普林斯顿出版社）、他也主编了《诺斯替主义的荣格》（普林斯顿、劳特利奇出版社联合出版）、《荣格论神话学》（普林斯顿出版社、劳特利奇出版社联合出版）、《神话和仪式理论》（布莱尔威尔出版社）及《英雄神话》（布莱克威尔出版社）。他也主编了"神话学理论丛书"（劳特利奇出版社）。

詹姆斯·威泽尔（James Wetzel）：科尔盖特大学哲学和宗教学副教授。他的作品涉及的领域有宗教哲学、哲学心理学及伦理学。著有《奥古斯丁与美德的极限》（剑桥大学出版社）。他正在撰写一本论道德败坏的新书。

致　　谢

　　感谢美国宗教学院与佐治亚人文委员会的慷慨相助，让我们得以成功举办神话与哲学主题的会议。本文集的筹备工作正始于这次会议。我想借此机会对以上两个组织给予我们的资助表示感谢。我还要感谢克里斯·麦尔弗（Kris Mayrhofer），爱丽丝·门多萨（Alice Mendoza），尤其是要感谢处变不惊、拥有全权的里杰娜·凯瑟迪（Rejeana Cassady），因为他们在我准备手稿的过程中提供了无比珍贵的帮助。最主要的，我要感谢特里·科尔（Teri Cole）、萨拉（Sasha）及爱莉娅（Elijah），他们是我生命的中心，谢谢他们帮我摆脱书生气，谢谢他们与我并肩作战。

　　尽管本文集所收录的论文都源自那次会议，但部分论文已在他处发表。

　　本文集引言部分的一些数据，最早出现于布鲁斯·林肯（Bruce Lincoln）1992年出版的《社会话语和社会构成：神话、仪式和类别的比较研究》中。在此，我还要感谢布鲁斯·林肯及牛津大学出版社，感谢他们允许我在本书中引用以上数据。

　　凯文·斯齐布瑞克撰写的《神话与形而上学》一文最早发表于克鲁威尔学术出版社的《国际宗教哲学杂志》（2000年10月，第65—80页）。感谢克鲁威尔出版社允许我在本文集中收录该文。

　　我在本文集还收录了克里斯托弗·弗拉德的论文。此文由他的《政治神话：理论介绍》一书（纽约劳特利奇出版社2001年版）的部分内容修订而来。因此我要感谢以上出版社许可我在本书中收入以上材料。

　　本文集所收录的罗伯特·西格尔的论文是对他的著作《神话理论化》（马萨诸塞大学出版社1999年版）第一章的扩展。因此我要感谢马萨诸塞大学出版社许可我使用这部分内容。

　　本书中玛丽·格哈特与阿伦·罗素的论文，征得作者许可，引自他们的著作《旧时代的新地图：科学和宗教方面的探索》（可递目出版社2001年版）。

目 录

引言：用哲学研究神话 …………………………… 凯文·斯齐布瑞克 / 001

第一章　作为原始哲学的神话——以爱德华·伯内特·泰勒为例

　　　　…………………………………………… 罗伯特·西格尔 / 018

第二章　神话与现象学 …………………………… 弥尔顿·斯卡伯勒 / 047

第三章　神话与语用符号学 ……………………………… 威廉·帕沃尔 / 065

第四章　神话与形而上学 ………………………… 凯文·斯齐布瑞克 / 084

第五章　神话与女性主义哲学 …………………… 帕米拉·苏·安德森 / 100

第六章　神话与道德哲学 ………………………………… 詹姆斯·威泽尔 / 122

第七章　神话与后现代主义哲学 ………………………… 威廉·道蒂 / 144

第八章　神话与环境哲学 ………………………… 杰·贝尔德·卡里考特 / 161

第九章　神话与意识形态 ……………………… 克里斯托弗·弗拉德 / 177

第十章　神话与公共科学 ………… 玛丽·格哈特　阿伦·麦尔文·罗素 / 195

索　引 ………………………………………………………………… / 212

引言：用哲学研究神话

凯文·斯齐布瑞克

> 人们最初开始研究哲学是出于猎奇，现在也是如此。……神话里有诸多令人惊奇的故事，因此可以说，神话爱好者也是独特的哲学家。
>
> [Aristotle 1995 (*Metaphysics* 982b)]

一、概　述

神话，是对远古英雄、动物和神灵的精彩记叙。自古以来，哲学家们就一直在思考神话的意义及真实性。他们曾认为，人类通过种种方法来表达自己的好奇心和对事物本质的猜想，包括神话思维。这与亚里士多德的观点并无二致。哲学研究的主要目的在于弄清楚以下问题，即在那些关于宇宙和人类起源、动物和文化、性和死亡的故事里，人类生存状况的描述是否真实。然而，如果反观神话研究的现状，可以说以往的研究已成云烟，神话的哲学研究也几近消亡。

神话向我们开启了许多不同的领域。大多数现代思想家认为这些神话领域中的信仰是一种即将被取代的文化。由此可以推断，现代哲学几乎不关注神话研究。若有例外，那也是哲学传统方面。这些传统经常把人类的理性同叙述和想象联系起来。例如，德国唯心论者传统强调想象的能动作用或其多产性。因此它已经注意到想象不仅是由文化决定的，神话也发挥了极其重要的作用。正如迪特尔·斯图尔马（Dieter Sturma）所言："因为丰富的想象，人类经验已不仅仅是世界的体现，也是一个表达和教化的过程"（Sturma 2000：221）。随后，在谢林（Schelling）、荷尔德林（Hölderlin）、黑格尔（Hegel）、赫尔德（Herder）、诺瓦利斯（Novalis）、施莱格尔（Schlegel）和其他人的作品里，不仅有对神话社会作用的认可，甚至提倡哲学家从事神话创作。这一唯心论的传统在20世纪依然继续，如在卡西尔的作品里，神话就构成了一种象征性的思考［Cassier 1946，1955。有关此论的述评，见彼得（Baeten E.）1996年著作《神奇的镜子：神话的永恒力量》（*The Magic Mirror：Myth's Abiding Power*）第二章］。语言学转向之后，唯心论传统持续关注解释学的一些学科。例如，保罗·利科（Paul Ricoeur）有关宗教文本解析的著作（Ricoeur 1969，1995）及汉斯·布鲁门伯格（Hans Blumenberg）有关神话在意识演变中作用的作品（1988）都体现出了这一变化。尽管当代哲学研究中并不突出神话研究，但是本文集中收录的研究成果对未来神话的哲学研究均将有所助益。

在英语民族的哲学里，神话研究前途黯然。或许是因为广泛严格奉行实证主义，所以不愿关注这些充满超自然力的故事。因而，宗教哲学似乎也就成了研究神话的天然领域。然而令人遗憾的是，这些以英语为母语的宗教哲学家们大都放弃了神话研究，或许因为只是醉心于宗教信仰本身，或许因为信仰的意义较之于神话故事更容易界定。也正是由于此，神话，连同其他的宗教叙述和宗教仪式，几乎都被忽略了。在下文，我会重新回到宗教哲学的作用这一问题上。

最后，人们可能会认为宗教研究领域里，哲学与人类学、宗教史学及其他以神话为主的学科形成互动关系，但这些领域的研究同样缺乏哲学视角。例如，在那些考察神话研究方法的论文集里，许多文章——诸如罗伯特·乔治（Robert Georges）的《神话学研究》（Studies in Mythology 1968）、约翰·米德尔顿（John Middleton）的《神话和宇宙：神话学和象征主义读物》（Myth and Cosmos: Readings in Mythology and Symbolism 1976）、阿兰·邓迪斯（Alan Dundes）的《神圣叙事：神话理论读本》（Sacred Narrative: Readings in the Theory of Myth 1984），以及劳里·巴顿（Laurie Patton）和温迪·多尼格（Wendy Doniger）合著的《神话与方法》（Myth and Method 1996）——都没有采纳哲学的研究方法。同样，在罗伯特·西格尔近期所编的六卷本当代神话理论书中（Segal 1996），只有一本提到了哲学。该书收录二十篇文章，但仅有四篇姑且当作哲学研究。[①] 为什么有关神话的哲学研究如此稀缺？如上所述，当今很少有哲学家认真研究神话。大多数当代神话理论家不看重，所以也就回避哲学问题，他们对那些声称从地域文化中发掘出普遍真理的哲学家们充满怀疑。这一说法也不失公允。这些理论家倒是潜心于神话的心理功能和社会功能，而对认知功能置之不理。

即使暂不究其原因，我仍认为哲学支撑在神话研究中的缺席是不幸的。如果社会科学领域的学者们摒弃哲学，他们就很难避免在研究中大而化之，进而

[①] 这四篇分别为恩斯特·卡西尔（Ernst Cassirer）、菲利普·惠尔赖特（Philip Wheelwright）、埃里塞奥·维瓦斯（Eliseo Vivas）和保罗·利科所撰。

把神话只是当成虚空的捏造。同样，如果宗教哲学研究只注重宗教信仰本身而不深究其神话来源，研究成果或许明晰，但却有脱离宗教实践的危险；而宗教信仰正是在诸如诵读、记忆经文、讲述故事等宗教活动中表现得活灵活现（有关宗教本质、类型及重要性的解读，见 Griffiths 1999）。总之，在神话研究中，这种缺乏哲学因素的现象反映出了宗教研究中典范学派与阐释学派之间的隔膜。本书认为这种隔膜不仅是不必要的，而且非常令人失望。

在后现代、后殖民语境下，尽管我们对普遍真理不断提出质疑，但仍然需要探索哲学对神话研究有什么促进作用呢？本引言的剩余部分，我将逐步解答这个问题，不仅为了让读者意识到可以用更加宽泛的思维去理解本书中的文章，更是希望能够重新激发人们用哲学方法研究神话的兴趣。

二、宗教哲学——一门跨文化的学科

宗教哲学这一学科本身，其实构成神话哲学研究的一大障碍。尽管从原则上看，宗教哲学可以看作对宗教的批判性思考，即对神话的一种哲学视角的理解，但在实际操作中却有不同的理解：它只专注于有关基督教一神主义合理性的一系列问题，包括罪恶、奇迹的可能性、来世说、上帝的存在性等。事实上，正如罗伯特·内维尔（Robert Neville）所说，大约从 1970 年以来，反帝浪潮此起彼伏，国际交流日益频繁，更重要的是大量非基督教的信息蓬勃涌现，其结果是宗教哲学放弃了多种宗教并起现象的研究。"对宗教哲学家来说，宗教不仅研究一神论的提法不合时宜。"（Neville 1995：168）总之，宗教哲学主要局限于（基督教）一神论的哲学研究，而把神话研究留给了那些研究其他宗教的哲学家们。因此，如何理解宗教哲学的范畴构成了用哲学方法研究神话的发展进程中的一大障碍。

即便宗教哲学家拓宽了自己对此学科目标的理解，我们仍然可以察觉出这种狭隘理解的影响。例如，埃莉诺·斯顿普（Eleanor Stump）在近期出版的一本宗教哲学研究选集里写道："在这个国家（美国），人们对各种宗教的兴趣都在复活。"随后，大量有关宗教哲学的作品问世。斯顿普认为近期的宗教哲学作品有两个共同的特点：其一，研究的学科范围大大拓展；其二，打破了与相关学科的隔阂（Stump 1993：1）。她的以上观点与我暗合。但是，在展望自己所推崇的学科拓展局面时，她对宗教哲学研究范围理解的相对狭隘性表露无遗：

不久之前，有关宗教哲学的作品不是对宗教语言意义的论述，就是对上帝存在论的检验。在近期出版的作品里，哲学家们已经鼓足了勇气，敢于进入那些以前从未涉足的领域了。比如神的眷顾、创造物、话语、上帝对原罪所负有的责任等等。在这些领域里，虽然展开精确分析愈加困难，但研究的范围却相对扩大了。

(Stump 1993：1)

不难看出，斯顿普有关研究内容的论述完全局限于宗教哲学这一学科之内。当提到宗教哲学家与"相关学科"建立联系时，她仅仅是指与"一神论（基督教）和圣经研究的结合"（1993：1），而并没有考虑研究非基督教领域的学科。即使斯顿普的这一理解已经相对宽泛，宗教哲学仍备受限制，神话研究仍然式微。

只要把宗教哲学这一概念拓展得宽泛些，问题就会迎刃而解。例如，若把宗教哲学定义为"对宗教语言和实践的批判思考"，就完全可以容纳神话的哲学研究了。显然，这一定义比大家目前所公认的要宽泛得多。其一，它拓展了哲学研究的对象。宗教哲学家们不仅可以研究宗教信仰，还可以研究其"语言和活动"。其二，宗教语言的范围也扩大了。除信仰之外，还包括语言的所有宗教用法，如祈祷文、忏悔文、训诫词及一些开阔视野的叙述。此处须重申，有时宗教语言用法的多样性——对"信仰"的直接叙述——被当作一种信条，但是这种信条通常只会出现在宗教文书、歌曲、故事、教义及集注之中。① 宗教哲学家应该明确承认所有这些都是哲学研究的合理对象。

如果把宗教哲学称为对宗教语言和活动的批判性思考，并把这种思考作为宗教哲学的一个明确的部分，那么不仅宗教语言，包括宗教仪式、教会修行、入会仪式、朝圣之行及其他形式的宗教行为都包含在宗教哲学的研究之中。这些行为本应该受到重视，但大多都被哲学研究忽视了。实际上，既然怀有信仰原本就是宗教实践（确切地说，诵读、信奉、记忆、解释信仰等都是对宗教活动的认真奉行，而并非一般的智力活动），那么实践的范畴就很广。因此，我们可以认为宗教哲学是对包括智力活动在内的宗教类活动的批判式思考。

这一定义较之目前宗教哲学的主流概念在另一个层面上更加宽泛，因为此处"宗教"这一术语摆脱了单数概念。也就是说，没有哪一种宗教的语言和实践不能成为宗教哲学的合法研究对象。对许多宗教哲学家而言，这似乎不言自明；对所有宗教进行哲学式思考和反思也是许多哲学家所理解的宗教哲学的应

---

① 在宗教信条和其他宗教语言的关系方面的详细论述见 Christian 1964，一系列教条之间的关系，见 Christian 1972，1987，1995。

有之义。然而仍需要明确指出：宗教哲学的研究对象远不止"古典一神论"（有时这样称之），即基督教等奉行一神论的宗教所奉行的宗教信仰。当然，在宗教哲学课本和课堂中，间或能找到伊本·西那（Ibn Sina）[①]或者布伯（Buber）[②]的词语，但它们只是"古典一神论"中的两个范例，我们认为这样说应该比较客观。因为，只有犹太教和伊斯兰教中与基督教一致的内容才进入了研究者的视野。宗教哲学的这一新定义使得该领域的普遍性本质得以明晰。

当宗教哲学成为一门真正的跨文化学科时，哲学研究的宗教客体就应该反映出这一事实。例如，对宗教体验的哲学研究，就应该包括佛教的开悟和伏都教（Vodun）的（鬼神）附体；而对"上帝"这个概念的思考，也应该考虑到吠檀多派（Advaita）的泛神论和非洲的多神论；研究"原罪"的哲学家们也应该对轮回转世和巫术有所了解。不过，宗教哲学的研究范围仍然局限于古典一神论。以此来判断，尽管凯·尼尔森（Kai Nielson）、J. L. 麦基（J. L. Mackie）、安东尼·傅卢（Antony Flew）等人少有的研究是有批判性的，也是无神论的，但宗教哲学研究仍然是基督教一神论的忠实奴仆。

当然从这个定义看，在传统宗教哲学这个标题下所研究的一切，都属于对基督教信仰或"一神论"信仰的批判性思考。这并不是说宗教哲学历来的研究有问题，只不过这种研究过于片面化。还有，这个定义对宗教哲学该如何发展这个问题所引出的争议持中立态度。这也就意味着我们不会对这种批判性思考中所运用的方法或准则做出任何推定。它或许是实用主义的、现象学的、经验主义的、形而上学的，或者以上都不是。这个定义并未就方法论的问题给出确定的选择。

三、哲学的贡献：两个模式

如果我们赞同哲学研究涉及神话研究，那么哲学对其有何促进作用呢？在此我想提出两种模式。在神话研究中，社会学方法、心理学方法、比较方法等都大行其道。面对这种状况，我们可以选用折中的方法来回答上面的问题，即认为哲学方法和社会科学方法是互补的，那么研究神话的学者就可以任选其一进行研究。或者我们可以给出更有创意性的答案：哲学和社会学方法相互需要，

[①] 伊本·西那（Ibn Sina, 980 – 1037）：中世纪伊斯兰哲学家，著有《治疗：指引与语录》《宣讲》。——译者注

[②] 布伯（Buber, 1878 – 1965）：德国犹太宗教哲学家。——译者注

缺一不可。下面我将用宗教历史学家布鲁斯·林肯的两个图表来解释这两种模式。

林肯将神话看作塑造并规范社会界线和等级的话语①，其具体的塑造与规范功能是通过以下两种方式实现的：其一，规劝人们按照特定的方式把他们居住区域的人和物进行分类；其二，唤起林肯所谓的人们或归属或疏离的情感。作为宗教史学家，林肯更加注重神话唤起社会情感的力量，而不是它的规劝效用。他曾这样写道：

> 是否……在某种程度上……一种话语能够成功引发后续行动……最终取决于这种话语能否引发新的情感，进而建立一个全新的社会结构。当话语同理性（非理性）和道德（伪道德）相结合时，它不仅是一种劝说的方式，而且也是一种唤起情感的工具。
>
> （Lincoln 1989：8）②

他用图1阐明了神话话语各种功用之间的关系。

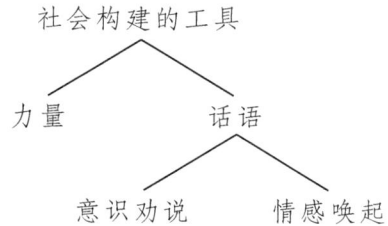

图1 社会构建工具层面分析（这些工具可以改善和维持社会结构）③

林肯不仅区分了神话的这两种功能，而且坚持认为二者可以彼此分离（Lincoln 1989：9-10）。这就是说，不论什么内容的话语都可以唤起人们的多种感情，诸如喜悦、依赖、团结、疏远、分离、对立等等。对于这一点，林肯举了一个很好的例子。在一个多语言的群体里，每个人所使用的语言都是不共享的。恰在这种情况下，个人语言本身就很容易唤起亲近感和疏远感。通过使用某一少数派的方言，说话人就隐性传达了"我说某种语言"这一信息，另一个人会

---

① 见 Lincoln 1898。它是林肯的研究主题之一，即神话布道的使用并不是保守或才者反判的。通过建设新的类别计划，神话不仅使社会结构合理化，而且使其动荡并重塑。

② 第一个图表是林肯（1989：9）的图表1.2；第二个图表是林肯（1989：25）的图表1.3。

③ 布鲁斯·林肯：《社会话语和社会构成：神话、仪式和类别的比较研究》（Discourse and the Construction of Society），牛津大学出版社1992年版。

因此产生疏远和陌生感,尽管话语的实际内容与社会边界毫无关联。因此,专门研究神话话语的人可以独立思考神话的这两种功能。

鉴于此,哲学对神话研究可能产生的贡献就变得一目了然了:哲学通常研究神话的劝谕功能。也就是说,哲学家们首先会就神话内容的真实性和道德功能提出规范性问题,进而研究其劝谕功能的目的和途径。更重要的是,他们不排斥而是保留神话内容的合理性(或不合理性)和道德性(或伪道德性)的评价体系。他们对神话内容的关注,非研究情感的人所能赞同。以此而论,研究神话的这两种方法——哲学方法和社会科学方法——相得益彰,彼此无碍。

基于哲学对神话研究以上贡献的认识,无论采用哲学还是社会科学方法来研究神话完全成了基于个人喜好或兴趣的选择。实际上,两种方法在此都是可取的,而且任何一种都无法对神话做出"完整"的分析,除非两者能结合起来,但具体研究者仍可以任选其一。许多宗教类研究项目都遵循这样的劳动分工——有时也称为方法论多元主义。如果认可哲学对神话研究有所贡献这一模式是合理的,那么就意味着对以下观点,即主张宗教研究应该严格采用科学方法,而不能方法多元化,是否定的。①

迄今为止第一种模式仍是正确的,但我认为神话的哲学研究方法和社会科学研究方法之间的真实关系更为复杂。在第二种模式里,两种方法相互需要、相互依存。因此,尽管从分析角度来看神话的两种功能(劝说功能和唤起情感的功能)彼此相互区别,实际上它们内部联系紧密,不能完全脱离对方。林肯赞赏这种相互依存的关系,这一点体现在他归类叙事文体时提出的建议中:

> 一些叙事根本就没有陈述事实,只是在讲故事。所以,人们把它们当成纯小说。而我建议称之为"寓言"。还有一些,在风格和真实程度上与前者不同,自认为对已发生的事件进行了准确的描述,然而在陈述真相时,却不能让人信服。在读者眼中那些缺乏可信度的故事,我都称为传说,而将那些具有可信度的称为历史。尽管这两个类别相互排斥(例如,我们不能同时既接受又拒绝一个既定故事的真实性),但对任何叙事的重新分类都有可能使其失去或获得可信度。此外,还有一个非常重要的类别——神话。我个人认为,神话中的这些故事都

---

① 宗教研究应该严格限于科学研究,唐纳德·维贝(Donald Wiebe 1999)是这一观点的代表。他认为多元方法论实际上是盲目乐观主义,因为当宗教研究作为一个新的领域而区别于神学时,它就会把原来被排除的叙述方法重新应用到研究领域。

具有可信度和权威性。

(Lincoln 1989:25)

林肯用"权威性"表示神话作为一种范式的地位。有些故事善于打动人心,使人心潮澎湃,以至于人们觉得自己生活的意义取决于这些故事的寓意,或者对其再现和回忆。林肯把他的"神话权威性"和马林诺夫斯基(Bronislaw Malinowski)所认同的神话功能(即一种社会宪章),以及克利福德·格尔茨(Clifford Geertz)所主张的神话既是一种现实模式又是一种为现实而创造的模式的观点联系在了一起。同时,林肯认为权威性与伊利亚德(Mircea Eliade)的观点——神话提供了原始模型——等同。但是关键在于对任何既定的读者来说,神话的权威都预设了其可信度。因此,他用另外一张图表阐明了神话三个特点之间的关系。这三个特点分别为神话讲述真理,神话具有可信度,神话具有权威性。(见图2)

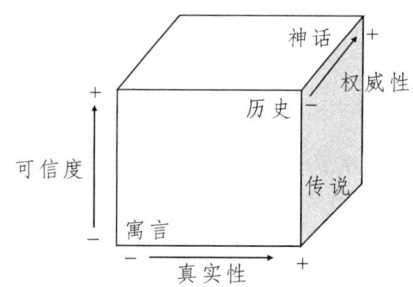

	真实性	可信性	权威性
寓言	−	−	−
传说	+	−	−
历史	+	+	−
神话	+	+	+

图 2　叙述分类①

这个图的价值在于突出了许多事实。例如,神话陈述事实,而这些事实使神话更有可信性,而被视为真相的事实让神话具有权威性,进而为社会生活提供模型或纲领。就当下研究而言,这两个图的不同之处在于,尽管在图1中劝谕能力作为神话话语的一个特征存在,但人们可以选择研究或者放弃。而图2表明,神话权威的研究预设了神话中人物的可信性,而这种神话权威为人们提

---

① 布鲁斯·林肯:《社会话语和社会构成:神话、仪式和类别的比较研究》,牛津大学出版社1992年版。

供了一种正确生活的模型。作为典范和纲领的神话承担何种权威取决于它们的说服力。如果神话故事不再具有可信度，或者被说成是瞎编乱造的，那么它也就不再具有权威性，进而被降格为传说或者寓言故事。因此可以说，神话故事是否具有可信度是它们能否发挥社会功能的因素之一。

当然，只从这点来看，并不能证明所有的社会科学家都是"真正"的哲学家。因此，劳动分工依然存在，宗教研究仍应遵循方法论多元主义原则。但这也就意味着：任何神话话语的研究都不能回避神话认知功能这一领域，不能因为其具有简洁性或者宗教性且被人们反复诵唱，就认为这种话语毫无意义。阿拉斯戴尔·麦金太尔（Alasdair MacIntyre）曾错误地认为，"神话故事只可能是活生生的或者毫无生命力的，但并不能用真假来判断"（MacIntyre 1967：435）。在这个模式里，神话的存在和灭亡与其可信度密切相关。或许他应该这样认为：神话的存亡在某种程度上取决于它被认为是真实的还是虚构的。因此，正如伊利亚德和佩塔佐尼（Pettazzoni）那样，就人们总是把神话放置在真相的范畴而言，把神话描述为"真实的故事"更为正确（Eliade 1963：1 – 20；Pettazzoni 1954：11 – 23）。那么神话本身是真实的，还是仅被当成真实的？对于不想探求这种问题的人来说可以无视它。但他们也不能否认：如果从权威和典范功能来定义神话故事，那么毫无疑问，神话故事是可信的。

哲学对神话研究的贡献，在第二种模式里略显复杂，涉及对神话认知方面的探究。与第一个模式不同的是，在这个模式里，哲学本身就是一种既合理又重要的探究，依赖并支持研究神话的两种方法：描述与解释。哲学之所以依赖这两种方法，是为了更好地阐明神话的意义；哲学正是通过澄清神话中的真相及真相被人们理解的方式来支撑这两种方法。

四、本文集的内容介绍

尽管本书中的所有文章都与这个主题有关，但由于提前未就文章的结论方向做出明确规定，所以这些文章只是关于此问题——哲学对神话研究的可能性贡献——的一系列观点与看法的代表。作者各抒己见，很多地方都出现了分歧。在此，我归纳出了三个不同的主题。第一，神话并不是简单虚构的故事。但"真实的故事"这一观点的哲学内容是什么？从哪个角度来考察，神话是可信的？这个普遍存在的问题涉及对另一个问题的探索，即有关上帝故事的合理性问题。第二，许多文章都指出了不诉诸描述结构进行思考的困难性。如果思维和神话两者密切相关，如果思维经常而且总是通过神话来完成，那么神话研究也就能反映研究者的思想了。这个观点与下面的问题相关，即神话在哪些方面滋养了理性思维（例如科学思维、政治思维及哲学思维中所包含的理性思维）这一概念。如此，第三个主题也就呼之欲出。假如思维的神话特征可以理性化，换句话说，假如神话故事准确反映了真理，那么问题又来了：哲学家们应该成为神话创作者吗？

罗伯特·西格尔的文章《作为原始哲学的神话——以爱德华·伯内特·泰勒为例》（Myth as Primitive Philosophy: The Case of E. B. Tylor）作为本书的开篇特别适合。在寻求把神话和哲学联系起来叙述的历史语境中，西格尔将该课题视作一个整体。他更多关注维多利亚时代的人类学家爱德华·伯内特·泰勒（Edward Burnett Tylor）的巨著。作为现代主义学者的主要代表，泰勒认为理性是经验主义的，哲学与神话毫无联系。然而，反观泰勒的以上观点，他后来的研究中却出现了很多神话和哲学关联的理论。西格尔回顾了詹姆斯·弗雷泽（James Frazer）、吕西安·列维－布留尔（Lucien Lévy-Bruhl）、保罗·雷丁（Paul Radin）、恩斯特·卡西尔、布罗尼斯拉夫·马林诺夫斯基（Bronislaw Malinowski）、克劳德·列维－斯特劳斯（Claude Lévi-Strauss）、罗宾·霍顿（Robin Horton）、卡尔·波普尔（Karl Popper）、鲁道夫·布尔特曼（Rudolf Bultmann）和汉斯·约纳斯（Hans Jonas）等人对这个问题的探讨。

20 世纪末期出现了一种非常普遍的现象，即对于神话是"虚构的故事"这个更加盛行的观点，许多研究神话的学者都敬而远之。正如西格尔所言，神话理论的近代史可以被看成对神话学的捍卫（Segal 1980）。基于此，泰勒给哲学家们树立了一个重要的准则。他之所以这样做是因为：第一，神话和自然哲学一样，在解释物质世界中的事物时都怀着一个共同的目的，区别在于神话往往不如哲学和科学那样能应付自如。第二，他乐于追索以下论题，即神话的内容可能被误解、混淆，通常与哲学或者科学思考的看法不一致，并被后者取代。确切地说，为什么解释的神话模式会被其科学模式取代呢？这两种思想的分歧又在哪里？在回答这个问题时，西格为我们列举了泰勒对神话的相关解读。在这个解读中，理性经验、感性经验和想象之间的关系得到了清楚地阐明。有了这个解读，我们就有了一个评判更多当代理论的有力依据。在西格尔看来，泰勒的地位之所以越来越高，是因为他一直执着于对神话中智慧内容的研究。

当读到弥尔顿·斯卡伯勒的文章《神话与现象学》（Myth and Phenomenology）时，这本书就涉及了建构性哲学本身。斯卡伯勒在这篇文章中认为，尽管当代哲学不推崇神话，但现象学方法特别适合于缓和神话与哲学之间的紧张关系。"现象学"这一术语的定义往往相当宽泛，在神话研究中使用时尤甚。这使得斯卡伯勒从一开始就非常谨慎地勾画着这一方法中的每一个环节，随后才有存在主义转向。随着对存在主义现象学方法的进一步理解，他用此方法对《创世记》（*Genesis*）中的故事和柏拉图的作品《蒂迈欧篇》进行了解读，进而把这个方法引入了神话研究。

斯卡伯勒认为，存在主义现象学涉及对人类主体性或意向性的研究。在他的描述中，神话文本的解析集中在其揭露的存在类型上。在现象学哲学家看来，这个问题与神话文本的真实性无关，而与人类存在的理解差异有关，即在文本叙述中，它们最终被理解为是真实的还是幻想的，是具体的还是笼统的，是有计划的还是出于偶然的，等等。在有关神话合理性的问题上，斯卡伯勒主张神话是合理的，前提是必须把注意力集中在可操作的意向性问题上。同时，他还指出，不包含神话的思考是不存在的。他追溯了学者们试图剥离非神话思维的种种策略。

在《神话与语用符号学》（*Myth and Pragmatic Semiotics*）一文中，威廉·帕沃尔以查尔斯·桑德斯·皮尔士（Charles S. Peirce）论述符号的特点与功用的著述为基础，详尽而系统地阐明了他对宗教神话的理解。与那些认为神话只用于表情达意、激发感情的学者的观点不同，帕沃尔坚持认为神话里包含着许多神秘符号，只有使用它们的人才知道其真实所指。正如他自己所说，神话不仅对存在主义研究具有重大意义，而且对本体论也显得尤为重要。换句话说，如果哲学家只关心神话中的符号问题，那么神话的符号结构也就变得一文不名了。在文化系统或崇拜体系中，符号不仅用来表示目标物体，而且用来指引幸福生活的方法和模式，所以帕沃尔的这种方法可以称为实用主义符号学。神话具有意动、情感和认知价值。如帕沃尔所言："认真对待宗教文化体系，就要对其本体论命题及其存在主义理念进行认真思考。"

在拙文《神话与形而上学》（*Myth and Metaphysics*）中，我写道：一些神话故事试图如此描述现实特点，我也尽力为此提供概念工具，以便大家理解这些形而上学的描述。我主张对神话进行形而上学解释，并不是对现象学和经验主义的侧重，也不是符号学对文化语言系统的研究。因此，这篇文章既可以被当作对斯卡伯勒存在主义现象学的新发展，也可以被认为是对帕沃尔的实用符号学的推进，我的方法可以使它们相互补充。正如我在文章里写到的，原则上，形而上学并不关注真实——因为那被认为超出了人类经验和语言的范畴——而关注在其中所发现的特征。如果现象学家或者符号学家仅把神话解释为一种现实倾向，一种真实的世界模式，那么形而上学家就会问，这个模式是否描述了那个世界的特征（据称这些特征存在于任何环境之下）。

在这篇文章中，我尤其着意于展示形而上学和神话研究之间的相关性，包括哲学家之外的人开展的研究。众多宗教哲学家都赞同这一观点，即神话阐释者总是，或者说至少间接地，在一系列评估性假设之下开展工作。因为我认为他们即使不再探讨神话的真假这种规范性问题而把神话解释为亦真亦假，他们也至少需要事先理解，在何种意义上神话是真或假的，以及神话或真或假的特质是如何形成的。我的观点是：许多神话所描述的真实世界的方方面面，其实并非都是确定的。对查尔斯·哈茨霍恩（Charles Hartshorne）作品的形而上学式断言的理解，可以使神话阐释者们充分感受到，神话内容也许是可以理解的。我通过对佛教《起世经》（*Aggañña Sutta*）中苦界的生成的形而上学的解释来论证以上观点。文章结尾，我呼吁大家进行跨文化的形而上学研究。

神话是哲学家们为了展开理性思辨而不得不抛之脑后的东西。帕米拉·苏·安德森在《神话与女性主义哲学》（*Myth and Feminist Philosophy*）开篇即对以上观点予以明确反驳。神话就是将世间众生的实际生活以叙述故事的方式展示出来。结果，无论哲学家们是否接受自己的文本中实际有神话的影子，"实际上连哲学家们自己也成了展示的对象，他们的身份涉及性取向、种族、阶层及民族身份的变化等层面"。通过对人类生息的现实世界的思索或想象，某一群体往往借用神话构建自己的想象，让自己的知识体系有所着落，进而确立自己的身份。这些问题不仅不能忽视，而且因为其重要性而让女性主义哲学家欲罢不能。这样，神话与哲学不仅密不可分，而且是哲学家，尤其是女性主义哲学家的重要资源。简言之，正如后文卡里考特所述，安德森提出神话创作——甚至有哲学家参与的新的神话创作——的必要性。

不过，女性主义哲学并不是整齐划一、铁板一块的运动，因此安德森提出了女性主义研究神话的四种哲学方法（可以简称为构思、超越、颠覆及重塑策略）。安德森的应用类型学，不但有条理地归纳出了女性主义研究神话的各种方法，而且建设性地呼吁社会女性主义认识论方法应展开更充分的研究。沿着这一方向，女性主义哲学家并未放弃神话想象；相反，她们为了揭示与重新描述意义的一般结构而诉诸神话想象，以期能解放式地改造客观世界。

詹姆斯·威泽尔的文章《神话与道德哲学》（*Myth and Moral Philosophy*）为我们提供了一次阅读故事的机会，即从道德哲学家的角度阅读《圣经》中的《堕落》以及柏拉图《会饮篇》中关于性起源的这两个故事的机会。同时，他在文章中也阐明了去神话色彩的观点。我认为这个观点在本文集其他文章中都很模糊。一直以来,这个观点仍被误认为是对神话的诋毁,并负载着超越神话的欲望。但正如威泽尔所说:"我们只对那些充满敬畏而又倍感珍贵的故事去除神话色彩"。他还指出:"我们批判那些幼稚的神话故事(比如童话);我们也去除一些故事的神话色彩,希望通过某种方法把它们融入成人世界"。

我们所爱的对象和对待的方式决定着我们的本性。威泽尔从这一古典角度对以上两个神话进行了探讨。基于这一理解,我们会很自然地把道德生活当成一种追求。随之,道德思维(哲学)与那些探求故事(神话)之间的关系也就变得非常密切了。因此,当从哲学的角度去除故事的神话色彩时,理性的局限性也就表露无遗了(如康德对《堕落》的解读),其结果并不是要放弃神话,而是对哲学进行神话式再加工,使之具有追求完美的品质。

如果说前面提到的文章都据理力争,认为哲学不能对神话置之不理,而且二者联系甚密,那这一点在威廉·道蒂的文章《神话与后现代主义哲学》(*Myth and Postmodernist Philosophy*)也体现了出来。道蒂意识到自己的独特立场,所以并未打算就神话的本质或者神话思维展开既清晰又准确的论述,而是在文章中通过实例阐明:各种观点都有自己的复杂面、残缺处和片面性。因此,他不情愿地放弃了神话研究中所谓的中立批判,进而对其进行剖析式解构。

道蒂认为后现代方法消弭了哲学学科的边界。随着理论与观察之间的实证主义式隔阂的消亡和模糊,哲学特权式的客观性也动摇了。他在文章中通过引用加尼·瓦蒂莫(Gianni Vattimo)说明:从现代到后现代的真正过渡,是对去神话色彩研究的再去神话色彩研究。最终,他的哲学忽视了学术领域之间的现代主义界线,自由地穿越于詹姆斯·希尔曼(James Hillman)的深度心理学,劳伦斯·格罗斯伯格(Lawrence Grossberg)的跨文化研究及其他人的作品以获得信息,进而创造了一种跨学科的神话研究方法。对他本人来说,神话是充满想象力的杰作,对平凡事物和超凡现象都能进行有意义的解释。他在文章中展示出:哲学也具有同样的品质。

杰·贝尔德·卡里考特的文章《神话与环境哲学》(*Myth and Enrironmental Philosophy*)开篇便认为目前的环境危机需要一个环境准则去约束,而这个准则应以某个区域文化为基础,并能反映出各个文化的意愿。但是,卡里考特有许多独到的见解:他不仅认为西方诸如哲学和科学等领域的思维模式与神话相牵连,而且要求二者为塑造新的神话世界观进行合作。但由于我们所面临的是全球性问题,对其反映就不能是零散的文化伦理集合。我们需要协调或精心编排世界众多宗教的神话故事。正如卡里考特坚持的一样，假定每一个神话世界的观点都不仅仅是对同一终极现实的感知［例如，约翰·希克（John Hick）的浪漫现代主义观］，而是对它的构建，那么这个多宗教"乐团"的"指挥者"就要演奏出符合全球文化的"音乐"了。尽管存在争议，卡里考特还是认为这位"指挥者"的最佳候选人是科学，是有建设性意义的后现代科学，而不是充满简化论、机械论和即便已继承笛卡尔二元论的物质主义的现代科学。卡里考特所推崇的后现代神话（或者称之为"宏大叙事"）必须包罗万象、条理清晰、内容真实、引人入胜且实事求是，否则将不为人们所信。

克里斯托弗·弗拉德的文章《神话与意识形态》（*Myth and Ideology*）主要研究神话原理和意识形态原理的交叉部分。他试图阐明自己的"政治神话"，即隐含政治意识并吸引读者认同，甚至有可能遵守其隐含内容的叙述。他提出的这个模式不仅为识别和分析神话话语中的政治内涵提供了方法，同时也为研究政治话语中的神话内涵提供了工具。弗拉德在对待这个问题时别出心裁（尤其与本书中的其他方法相吻合），原因在于他反对政治理论中的非理性传统。在这一传统中，神话信仰成为受感情驱使的、集体的、具有心理驱动的信仰需求的表征。这一需求经常凌驾于理性知识或事实评价之上。作者在文章结尾处写道："没有必要把神话看作对某些特殊意识类型的描写，或将神话信仰置于非理性精神病理学中"，创制神话"是在特定意识形态领域清楚理解政治事件的一个完全常规的方法"。

如果说西格尔的文章很适合作为本书的开篇，那么以玛丽·格哈特与阿伦·罗素的文章《神话与公共科学》（*Myth and Public Science*）收尾恰好可形成呼应之势。西格尔的文章中应用了泰勒的观点，把自然科学作为理性思维的一个范例，认为它是对某个特殊领域的中立思考；相对于此，神话思维的缺陷就很明显了。玛丽·格哈特和阿伦·罗素通过展示大众科学对神话叙述结构的依赖进而调和科学的范式地位。他们采用的方法并不是在后现代的愤恨中否决客观性和理性准则，而是要表明科学的说服力对神话叙事的处处依赖。科学报道和报告中出现的"大众科学"其实是吸收了个人实验的实证性调查和分析性研究结果，并将其转换成叙述性故事；其实就是装点实验研究使其具备故事品质的一些主题。这种大众化的科学内容因载体形式的不同而使得其所暗示的时代背景往往具有神话意味而不是历史真实。因此，当科学为了实现对公众的示喻功能与劝诱功能时，必须诉诸叙事的结构和功能层面，其与神话就牵连甚密了。从这点看来，科学依附于神话的丰富性、解释力、持久性、发展力及虚实交缠的特质。正如作者结尾所论，人们似乎乐于接受以下观点：虚构小说里允许事实成分的存在；纪实文体中夹杂虚构成分往往不为人们所接受。然而，基于它们的内在特性，神话性与科学性的结合是人类理解力的美学诉求而非骗局。

  研究神话的大多数方法都没有明确回答神话的真实性问题。我希望，神话理论者们能去思考自己的假想，得出真实的东西；哲学家们开始欣赏思维中叙事的功用。这样，双方都将会体会到本文集所提供的各种哲学方法的宝贵价值。

参 考 文 献

Aristotle(1995) *Selected Writings*, trans. T. Irwin and G. Fine, Indianapolis, IN: Hackett.

Baeten, E. (1996) *The Magic Mirror: Myth's Abiding Power*, Albany, NY: State University of New York Press.

Blumenberg, H. (1988) *Work on Myth*, Cambridge, MA. MTT Press.

Cassirer, E. (1946) *Language and Myth*, trans. S. K. Langer, New York: Dover.

——(1955) *The Philosophy of Symbolic Forms*, Vol. 2: *Mythical Thought*, New Haven, CT: Yale University Press.

Christian, Sr, W. (1964) *Meaning and Truth in Religion*, Princeton, NJ: Princeton University Press.

——(1972) *Oppositions of Religious Doctrines*, New York: Herder and Herder.

——(1987) *Doctrines of Religious Communities: A Philosophical Study*, New Haven, CT: Yale University Press.

——(1995) "The Logic of Oppositions of Religious Doctrines," in T. Dean (ed.), *Religius Pluralism and Truth: Essays. Cross-cultural Philosophy of Religion*, Albany, NY: State University of New York Press.

Dundes, A. (ed.) (1984) *Sacred Narrative: Readings in the Theory of Myth*, Berkeley, CA: University of California Press.

Eliade, M. (1963) *Myth and Reality*, New York: Happer and Row.

Grorges, R (ed.) (1968) *Studies in Mythology*, Homewood, IL: The Dorsey Press.

Griffiths, P. J. (1999) *Religious Reading: The Place of Reading in Religion*, Oxford: Oxford University Press.

Lincoln, B. (1989) *Discourse and the Construction of Society*, Oxford: Oxford University Press.

MacIntyre, A. (1967) "Myth," in P. Edwards (ed.), *The Encyclopedia of Philosophy*, New York: Macmillan, 5:434–7.

Middleton, J. (ed.) (1976) *Myth and Cosmos: Readings in Mythology and Symbolism*, Austin, TX: University of Texas Press.

Neville, R. C. (1995) "Religions, Philosophies, and Philosophies of Religion," *International Journal for Philosophy of Religion*, 38:165–81.

Patton, L. and Doniger, W (eds) (1996) *Myth and Method*, Charlottesville, VA: University Press on Virginia.

Pettazzoni, R. (1954) *Essays on the History of Religions*, Leiden: Brill.

Reynolds, F. and Tracy, D. (eds) (1990) *Myth and Philosophy*, Albany, NY: State University of New York Press.

Ricocru, P. (1969) The *Symbolism of Evil*, Boston, MA: Beacon.

——(1995) *Figuring the Sacred: Religion, Narrative and Imagination*, Minneapolis, MN: Fortress.

Scarborough, M. (1994) *Myth and Modernity: Postcritical Reflections*, Albany, NY: State University of New York Press.

Segal, R. A. (1980) "In Defense of Mythology: The History of Modern Theories of Myth," *The Annals of Scholarship*, 1:3–49.

——(ed.) (1996) *Theories of Myth*, vols 1–6, New York: Garlard.

Stump, E. (1993) "Introduction," in E. Stump (ed.), *Reasoned Faith*, Ithaca, NY: Cornell University Press.

Sturma, D. (2000) "Politics and the New Mythology: the turn to Late Romanticism," in K. Ameriks (ed.), *The Cambridge Companion to German Idealism*, Cambridge: Cambridge University Press.

Wiebe, D. (1999) *The Politics of Religious Studies: The Continuing Conflict with Theology in the Academy*, New York: St Martin's Press.

第一章　作为原始哲学的神话
——以爱德华·伯内特·泰勒为例

罗伯特·西格尔

一、神话作为科学的原始对立面

神话理论家思考众多有关标准的问题,其中之一便是神话和哲学的关系问题。有关于此众说纷纭,本文结尾将考察诸多论者。现在,我们先简略列出各种观点:神话是哲学的一部分;神话就是哲学;哲学衍生自神话;神话与哲学相互独立,但功能却相似;神话与哲学相互独立,而且功能不同。将这一系列的观点重新整合审视,即会发现,宗教与科学是它们都涉猎的两个范畴。神话与哲学的关系竟和宗教与科学的关系联了起来,针对这一错综复杂的关系已有诸多论争。

英国人类学家的先驱爱德华·伯内特·泰勒(1832—1917)倡导在宗教与科学关系和神话与哲学关系中,采取同一标准①;在这一点上至今尚无人出其右。泰勒将宗教和科学归入哲学的范畴,进而将哲学分为两个体系:原始与现代。原始哲学即原始宗教,不过没有原始科学这一概念。相反,现代哲学分类则有两个分支:宗教和科学。两者中,到目前为止,科学的位置更重要一些。科学本身是现代的,它是原始宗教在现代的对应物。②而现代宗教是形而上学的,它在原始时期没有对应物。或者说,现代宗教属于伦理学范畴。原始人的生活无法离开伦理,但这种伦理与他们的宗教是不同的。

泰勒用"万物有灵论"来称呼宗教本体,而不仅仅是原始宗教。万物有灵论主要涉及信仰和仪式,其最基本的信仰内容即一神或多神的存在。泰勒选择"万物

---

① 在 Tylor 1865 第十一至十二章,泰勒仅仅论述了神话的历史性与传播性。他有关神话的全部理论在 Tylor 1871 第八至十章中有介绍。在 Tylor 1881 第十五章中泰勒总结了自己的观点。哈珀出版社 1958 年重版 1913 年的第五版时引用了《原始文化》。在这次重印中,第一卷的第一章移到了第二章;第一卷单独设标题《文化的起源》,内容包括原版《原始文化》的第一章至第十章;第二卷标题为《原始文化中的宗教》,包括原版《原始文化》的第十一章至第十九章。

② 确切地说,泰勒常常把原始宗教称作"原始科学"(比如参考 1958:Ⅱ,31),还比较了原始宗教和"现代科学"(比如参考 1958:Ⅱ,62)。但是他更经常地比较原始宗教和科学本身(比如 1958:Ⅱ,29)。

有灵论"这一表述,是因为人们对神的信仰源于对灵魂的信仰("anima"在拉丁语中的意思是灵魂)。灵魂存在于物质世界的万物,首先是人类躯体之中;上帝是非神的人类之外的物质世界万物的灵魂。

原始宗教相当于原始社会的科学,因为它们两者都是对物质世界的解释。因此泰勒将原始宗教称作"原始生物学"(1958:Ⅱ,20),他也因此坚持认为"机械天文学是逐步取代低等种族的万物有灵论的","生物病理学是逐步取代万物有灵病理学的"。现代科学取代宗教成了解释物质世界的工具,因此人们只能在原始的而非现代的万物有灵论中找到"万物有灵天文学"和"万物有灵病理学"。现代宗教已将物质世界让与科学而隐身非物质世界,尤其是生命结束的领域,即肉体死亡后的状态。在原始宗教中,灵魂及神都是物质的;在现代宗教中,灵魂被看作非物质的并且只存在于人类躯体。

> 为时不远,动物有灵魂这一观点终将从此处消弭。确实,万物有灵论似正在收缩边界而专注于其最初也是最主要的观点——人类灵魂理论。随着文化的发展,该理论已发生非常大的变化。灵魂已放弃了它超凡脱俗的物质存在形式而变为了一种非物质的实体——"幽灵的影子"。该理论与生物学及精神科学的研究已渐行渐远。后两者目前以纯粹的经验为基础,探索的是生命和思想、理性和智力、感情与意愿等诸现象。一种不再与灵魂有任何关系的"心理学"——具有非常深远意义的智力产物——诞生了。灵魂在现代思想体系中的意义在于其宗教形而上学中的角色;它在这里的特别作用,即装点一种关涉未来的智慧理论。
>
> (1958:Ⅱ,85)

尽管不存在泰勒认为的以非物质性存在的形而上学,但原始思想对泰勒来说绝对是哲学性的。他所谓的"哲学性"关涉原始思想与智力问题,尤其是物质世界问题。他总是将原始宗教称作"哲学",把它的创立者称作"原始哲学家"。

宗教作为解释物质世界的存在已经式微,神话也退出舞台。对泰勒来说,后者是原始宗教才有的。尽管原始宗教和神话都假定控制物质世界的神的存在,但是神话又对这种假定进行了详细的阐述,告诉我们神如何及为什么行使这样的权力。尽管神话是对神的信仰的详细阐述,但当科学兴起时,信仰可以保留下来,神话本身却不能。在现代宗教中,神不再是世界的能动者,就像人的灵魂已变成形而上学的实体一样。因为神话与作为世界能动者的诸神联系过于紧密,以至于不能发生类似(科学)的转化。

现代宗教中的神灵较之形而上学实体更重要,已经成为人类的楷模。人们读

《圣经》是为了学习伦理学,而不是物理学;人们在《圣经》中学到的是戒律,而不是创世说。耶稣被看作理想的人类成员而成为人们学习的对象,而不是被看作一个奇迹的制造者。在原始文化中,伦理学是存在于宗教之外的:

> 宗教的一个重要的元素便是道德元素,这一因素在高级民族中构成了宗教最重要的部分,但在相对低等民族的宗教中的确少有体现,这并不是说这些民族中没有道德观和道德标准。恰恰相反,两者都在这些民族中留下了深深的印记。即使没有形成正式的准则,但至少已经以社会传统共识的形式存在了。我们把它称作公论,并依照它来判断事情的好坏对错。在较高等文化中,伦理和万物有灵论哲学结合得如此紧密,但在较低等的文化中这种结合似乎尚未开始。

(1958:Ⅱ,11)

对泰勒来说,与宗教作为整体的灵活多变相比较,神话再一次显得古板。还有,虽然存在着"现代宗教",但是现代神话却是绝对不存在的——"现代神话"这一提法本身就自相矛盾。

如果我们总结概括,那么泰勒将神话与科学并置的观点代表了19世纪人们的神话观。到了20世纪,这种潮流反了过来:人们努力协调神话与科学的关系。所以对于一个掌握科学的、顾名思义的现代人来说,他既可以接受科学,又可以接受神话。尽管神话与科学无法共存的观点仍然拥有一批当代追随者,这一观点最坚定、最忠诚的"鼓吹者"首推泰勒。因此,今天这种观点的支持者被称作"新泰勒主义者"也绝非偶然。

实际上泰勒本人从未就神话与科学的互不相容性产生过异议。他倒认为二者的互不相容性是不言自明的。他的确提过两者同时存在是冗余的,因为它们两者的功能都是解释物质世界的现象。但是冗余并不意味着互不相容。那么,为什么对泰勒来说神话和科学是互不相容的呢?

答案就在对二者所作出的解释中。对泰勒来说,神话将事情的发生归因于某些大人物的意志,而科学则将事情的发生归因于非人为力量。神话和科学都对同样的事件做出了直接(却不同)的解释,所以它们是互不相容的。神灵不是在非人为力量背后,或通过非人为力量发挥作用的,而是直接取而代之。按照神话的解释,降雨就是雨神——我们姑且称之——将雨水收集于器物中,然后选择一个地方倾盆倒下。而根据科学的原理,降水是由气象过程引起的。人们不能将神话有关降雨的叙述与其科学版本并置。对于雨神来说,他不借用气象过程而是以他自己的力量施云布雨。①

但是尽管神话与科学是互不相容的,为什么对泰勒来说神话是不科学的?答案一定是人为原因不科学。但这是为什么呢?泰勒从未明示,所以人们必须对他的观点进行重构。这就有了许多可能性。

第一,可能在泰勒看来,人为的原因都是精神性的——是神的使者的决定,而非人为原因则是物质性的。但泰勒将在原始宗教中被看作物质的灵魂与现代宗教中被看作非物质的灵魂加以比照。灵魂对原始人来说是"实实在在的物质存在"(1958:Ⅱ,37)。甚至原始人所信仰的神灵也是物质的:"较低等的民族,倾向于把神灵归为一种缥缈的存在,就像他们对待灵魂那样。"(1958:Ⅱ,284)直到后来较发达的宗教才把这种超人的实体看作是非物质的:"德尔图良(Tertullian)和奥里根(Origen)的观点也是这样的,虽然听起来难以令人信服,但天使和魔鬼都是实实在在有形的东西。"(1958:Ⅱ,284)泰勒甚至声称:"后来所形成的非物质性的形而上学理论对原始部落几乎没有任何意义"。(1958:Ⅱ,41)简而言之,在泰勒看来,原始宗教与科学一样都是唯物的。②

即使抛开泰勒的观点不说,任何将唯物主义与科学等同的观点都是值得争议的,至少今天的一些科学家和科学哲学家都是身心二元论者。如果自然科学需要唯物论的话,那么思想与肉体的关系问题就不再既是科学又是哲学问题。科学哲学家阿道夫·格林鲍姆(Adolf Grünbaum)写道:

> 神话,按照自然科学的解释标准,本质上是致力于物理主义的简化,其结果(意图、恐惧、希望、信仰、欲望、期望)等精神状态充其量也不过是附带现象,彼此之间不具有因果相关性。
>
> (Grünbaum 1984:75)

---

① 严格地说,神话中的因果律绝不完全是主观性的。雨神决定在下界某一地方降下倾盆大雨时,必须预先假设该现象符合各种自然法则,其中包括上界中雨水的积累量、雨的体积大小及降雨的方向性。相反,动物世界则的确存在主观性的能动因子。因此,泰勒仍认为神话故事忽略了物理过程而专注于神的意志的决定性。

② 人们公认泰勒严格地区分了万物有灵论与唯物主义:较之于区分万物有灵论与唯物主义这种最深层次的宗教派系主义而言,把世界上几种伟大的宗教分隔为彼此水火不容的不同宗派的那些分歧基本上都是表面化的、肤浅的(1958:Ⅱ,86)。他甚至定义万物有灵论为"灵性存在体的深层次信条,体现了唯心主义的本质,与唯物主义的哲学相对"(1958:Ⅱ,9)但是对于唯物主义,他可能指的是信仰本身。万物有灵论的"灵性存在体"也许本身是物质的,但万物有灵论自身并非如此,像唯物主义,给非物质的实体做前提。虽然万物有灵论是为宗教创造的专业术语,但不仅仅服务于原始宗教,因为它自身强调不断地专注于从原始宗教的精神到现代宗教的发展(比如参考1958:Ⅱ,9-11)。至于他说的"宗派分裂",肯定指的是宗教和科学之间的分裂,这与他的一贯态度相一致。这一分裂或许完全是现代性的,但就宗教而言则既是现代的也是原始的。

泰勒把人为的原因看作非科学的,是因为神不但不可能是而且也不应该是非物质的实体。

第二,或许对泰勒来说人为原因既是不可预测的,又是无法验证的;但非人为原因既是可预测的,又是可验证的。例如,闪电将会引起雷声这一点是可以预测的,但人们却无法预测雷神是否会打雷。但是,根据泰勒所说,原始人最想要解释那些规律的现象;因为有规律,所以是可以预测到的。例如,原始人喜欢解释日升日落这样的日常现象,而不是像打雷下雨这样的不规律现象。

而且,虽然许多科学解释仅仅是概率性的,但它们并未因此在科学性上输于推理性。在医药学等领域,预测的准确性经常会远低于50%;天气预报的误差率也是出了名的,但这并未影响气象学的科学地位。在泰勒所生活的时代,科学的解释都被认为是终结性的;但许多当代物理学家相信,物理学的最终解释将被证明仅仅是概率性的(Salmon 1971:321-6)。

泰勒的确将科学的可验证与神话的不可验证进行过对比,但并未就这种检验的性质进行说明:

> 我们习惯于接受可以反复验证的物理现象。当我们面对无法验证的历史记录,或其所包含的内容令人难以置信时,就会觉得对象与可验证性期待落差太大。

(1958:I,280)

也许泰勒的研究不仅涉及一种"实验性测试","进步中的民族已经开始用这种测试来检验他们的想法"(1958:I,112-3),而且在更广泛的意义上涉及一种批判与质疑的态度。但泰勒必须承认原始人已拥有某种批判的能力,否则,科学又怎能取代神话拥有了这个世界的主流解释权呢?尽管从定义上看,现代人和原始人分别以科学和神话作为对世界的解释,那又是谁最早以科学取代了神话,从而将最后的原始人从混沌之中解救了呢?

第三,也许对泰勒来说,人为原因都是个别的、单一的,而非人为原因都具有概括性。例如,神话像历史和文学一样是具体的,它描述的是神的具体活动,而不是神本身。但是,根据泰勒所言,原始人最想要解释的是那种反复发生的而不是单一的事件。例如,他们愿意解释每天的日升日落,而不是太阳的起源。不像米尔恰·伊利亚德这样的神话理论学家,泰勒认为创世神话居于次要地位。还有,在泰勒看来,神话中反复发生的事件原因都是相同的:日升日落都是神的意志,而神的意志从不改变。在这个意义上,泰勒认为,物理世界中所有事件的发生都是由神决定的。各种神话给所有事件的发生提供了统一的解释。在解释反复发生的单个事件时,泰勒甚至认为神话所起的作用更像是科学而不是历史;不能因为人为原因只限解释单发事件而认为它不科学。

第四,可能在泰勒看来人为原因是终极性的,或者说是目的性的,而非人为因素则是效率性的。神的行为不仅是被动式反应,而且是目的性的。原子的活动仅仅是被动式反应。但科学在牛顿之前在某种程度上是目的论的,生物学在达尔文之前也是目的论的。大多数人类行为的解释仍然遵循目的论模式。神话与科学的区别在于:神话在解释整个世界时,完全是目的性的;其对人类行为的解释和对其他事物行为的解释,并无质的区别。的确,在泰勒那里,神是在人的形象的基础上被虚构出来的。即使如此,泰勒认为神话的对立面不是社会科学而是自然科学,所以在社会科学中沿用目的论解释是不合时宜的。泰勒只需注意到,自然科学从亚里士多德时代发展到今天,是由目的论解释向机械论解释的转变。虽然如此,如果我们认为目的论解释方式在本质上是非科学的,而不仅是缺乏科学性,那就言过其实了。

总之,很难看出泰勒切实或可能捍卫神话非科学这一论断,因为他从未质疑过这一论断。他不但想当然地认为原始人只有神话,甚至还认为现代人只有科学。泰勒提及"文化的神话塑造阶段"这一术语绝非偶然。对于伊利亚德、卡尔·古斯塔夫·荣格(C. G. Jung)及约瑟夫·坎贝尔(Joseph Campbell)而言,神话是永恒现象;对于泰勒而言,神话是转瞬即逝的。神话只能在人类发现科学前存在。那些相信神话的现代人要么是没有发现,要么是不愿承认神话与科学之间的排异性。虽然泰勒未给出科学阶段开始的准确日期,但这一日期与现代化开始的日期相一致,因此也是最近的事情。直到1917年去世,泰勒也未能预想到后现代阶段的情形。

二、从字面意思上解读神话

泰勒将神话与科学对立起来的一个原因是他只从字面上解读神话。他反对诗意式、隐喻式及象征式解读神话——在他看来,这些词大同小异。泰勒认为神话解释功能的实现要求我们从字面意思上进行解读,否则会导致其解释功能的自然缺失,这种缺失又必然会导致神话地位的萎缩。因此他写道:

> 神话思想所依托的基础不应被简化为诗意想象和隐喻变形。它们植根于丰富的自然哲学,尽管原始而粗俗,但富有思想,系统完整,而且意味深长。

(1958:I,285)

泰勒甚至认为现代的理论家之所以会从非字面意义上解读神话，是因为他们自己都不相信原始人。因为他们自己从未认真对待过神话，所以他们也不相信曾经有人这样做过。

要认真地解读神话就必须在字面意思上进行解读，这一点并不是那么显而易见。像坎贝尔和鲁道夫·布尔特曼则持相反观点：要认真地解读神话就必须在非字面意思上解读。泰勒认为，就因为原始人在字面意思上对待神话，所以神话对他们才是可信的；坎贝尔则认为，就因为原始人从非字面意思上对待神话，神话对他们来说才是可信的。泰勒认为，因为现代人从字面意思上对待神话，所以神话对他们是不可信的；坎贝尔与布尔特曼一致认为，现代人从非字面意义上对待神话，神话对他们来说才是可信的。泰勒不反对那些理论家从他们自己的角度以非字面意思来解读神话，但却反对从原始人的角度以非字面意思来解读神话。因此，较之于坎贝尔和布尔特曼对现代人解读神话的批评言论，泰勒对坎贝尔关于原始人解读神话的言论的批评要严厉得多。

根据泰勒所说，那些相信原始人以非字面意思解读神话的现代人不合时宜地将神话理解成了诗歌。

> 目前为止，诗歌仍将旧有的、生动的（比如神话的）自然原理镌刻在我们的脑海中，我们不用花多大力气就可以将无生命的海上龙卷风想象成一个庞大的巨人或海怪，并用一种我们叫作隐喻的方式描绘它穿过海洋的情景。但是尽管这种语言形式常为缺乏教育的种族所接受，对事物准确客观描述（即书面语言的描述）的语言形式现在其实更有市场。
>
> （1958：Ⅰ，292）

与马克斯·缪勒（Max Müller）相比，泰勒的观点最鲜明的不同点是：泰勒将原始人看作科学家而不是诗人。①

同时泰勒指出，像华兹华斯（Wordsworth）这样的现代诗人在把自然人格化时最真切表现了原始人的性情。例如，他们能将大海想象成自然的狂暴：

> 以至于文明的欧洲人可能将自己拘谨而平凡的思想与未开化民族无拘无束的诗歌、古老的神话制造者飘逸的诗歌与传奇相比较，并可能会说他所见到的一切都激发了自己的想象。为了能使自己置身于这

---

① 确切地说，泰勒追随缪勒，认同"神话基于想象的暗喻的实现"（1958：Ⅰ，368），但是这些仅仅构成了神话的很小的分类。对于缪勒而言，所有的神话都是想象的暗喻的实现。

种想象的环境之中，没有诗人天赋的学生于是投身于神话世界的分析之中，但不幸的是他无法透彻理解意义的深度，最终只写出了愚蠢的虚构小说。而那些拥有诗人的天赋，能够将自己置身于古老世界的人们却能够更公正地看待神话，就像演员暂时可以忘却自己，成为他所扮演的角色那样。

(1958：Ⅰ，305)

然而，泰勒坚持主张现代神话理论家误解了自然拟人化中的原始性情，原因可能有两点。要么如引文所讲，他们将字面的拟人化贬低为愚昧；要么更糟糕一些，像坎贝尔等人将字面的拟人化转化为了诗歌。①

泰勒以原始人的名义从两个方面对神话进行了字面意思的解读：神话与社会或人类无关，而是与物质世界相关；神话与物质世界本身无关，而是与物质世界事件发生神的因素相关。但对于与泰勒观点完全相左的非字面解读主义者来说，神话与它们都不相关。

泰勒特别提到的一类非字面神话解读者即犹希迈罗斯主义者（Euhemerist，即"神话即历史论者"）。他们主张神话就是人类英雄的故事，只是这些人随后被神化罢了（1958：Ⅰ，218-82）。英雄既不是神也不掌控物质世界。犹希迈罗斯主义者相信神与世界是神话显而易见的题材，但他们却认为真实存在的东西并非神话的题材。神话对他们来说不仅取材于英雄人物的传记——泰勒也这样认为——而且也是人物传记的夸张版本。"神话传奇"被犹希迈罗斯主义者认为是隐喻掩盖下的客观存在（1958：Ⅰ，279）。例如，太阳神赫利俄斯（Helius）驾着他的战车每天横越天穹这则神话，后来证明是对本土或民族英雄现实生活生动形象的描述。古代犹希迈罗斯主义者声称，大力神阿特拉斯（Atlas）是一个伟大的天文学家，曾教人们如何使用地球仪，因此他在神话中的形象是将整个地球扛在肩上的（1958：Ⅰ，279）。② 甚至宙斯（Zeus）也被看成

---

① 坎贝尔写道：但凡有人从文学的角度将神话类诗歌解读为自传、历史或者科学，它都将被扼杀。活灵活现的各种形象将成为时空间遥不可及的事实。而且，从科学和历史的视角考察神话，很容易看出其中的荒谬性。当一种文明开始用这种方式重新解读自己的神话时，生活与神话有了联系，寺庙成了博物馆，两种视角的联系也消弭了（1968：249）。

② 尽管泰勒因这些人把神解读为人类的暗喻而把他们视作"犹希迈罗斯主义者"，但是犹希迈罗斯主义者自己传统地认为神一旦被假设，就应被解读为神。相反，他们和泰勒认为的一样，仅仅认为神是人类的夸张版本。严格地说，古代的犹希迈罗斯主义者认为第一批神是伟大的神，他们死后被神化。犹希迈罗斯自己也认为第一批神是活生生的神，在他们的生活中被神化。相关术语请参考 Fontenrose 1966：20-3。

是克里特岛的一个国王，克里特岛民还能给外来的好奇者找到他的墓地，墓碑上也的确刻着他的名字（1958：Ⅰ，279）。类似的，现代犹希迈罗斯主义者"则告诉我们，用闪电击打巨人的朱比特（Jove）其实曾是一位扫平叛乱的国王"（1958：Ⅰ，279）。

另外一些不从字面意义上解读神话的学者都被泰勒称作道德寓言化者，他们声称神话是对人类行为的规定（1958：Ⅰ，277-78，408-15）。太阳神神话成了一种非常巧妙地倡导自律的方法："太阳神每天都驾着战车穿越天空。"这象征了"努力工作的精神"。同样，在特洛伊战争神话中为阿喀琉斯（Achilles）所杀的门农（Memnon），则刻画了因为诺言而鲁莽行事的年轻人的命运。珀尔修斯（Perseus）象征战争。当他与三个戈尔贡（Gorgons）发生战争时，只去攻击无法永生的那一个，这说明只有取胜把握的战争才值得一试。当代道德寓言化者或许将珀尔修斯的故事解读为"商业寓言"。珀尔修斯自己是个劳动者，当他发现象征利润的安德罗米达（Andromeda）即将被资本这个怪兽桎梏和吞噬时，他拯救了她，并凯旋（1958：Ⅰ，278）。

对于犹希迈罗斯主义者而言，神话不能作为科学的对立面，因为它所研究的客体是人类而不是神或世界。对于道德寓言化者，神话不能作为科学的对立面，因为它所阐明的是人类应当如何去做而不是人类如何成功。泰勒认为神话作为原始宗教的一部分，它不仅是不合乎规范的而且是不属于道德范畴的。因为这两个原因，神话不能作为道德性的寓言。①

因为泰勒否认神的真实性，他自己或许会把神看成自然现象的拟人化，进而以一种非字面意思的方式来对待神话。但事实上他并没有这样做。不像犹希迈罗斯主义者或道德寓言化者，泰勒认为原始人以朴实的方式来解读神。在另外一点上，泰勒也与他的对手们观点不同，他摒弃了原始人的信念，认为上帝不仅存在于意识中，还存在于现实中。

对泰勒而言，神即物质世界事件的触发者。神话不仅仅描述，而且解释事件。在泰勒看来，神话真正研究的并不是事件本身而是事件发生的原因。如果仅仅为了描述事件，神话就不必要存在。泰勒认为，原始人始终非常细致而独

---

① 泰勒最激烈的反对道德的寓言，就像列维-斯特劳斯反对弗洛伊德学派一样：他们误解神话的性质，目的是发明老神话的新版本而不是仔细研究现存版本。泰勒写道："在这里，解释者认为自己是在（通过例如释读等手段）反转神话创造的过程，事实上等于在神话研究中加速开倒车"（1958：Ⅰ，277）。列维-斯特劳斯写道："假借重回原始神话的由头，弗洛伊德所做的一切一切——就是为了创造现代版本的神话……"（1988：189）也可以参考 Lévi-Strauss 1965：92-3。

立地观察事件，他们创造神话是为了解释自己的观察，而不是仅仅记录它们。他还认为，神源自对自然的拟人化描写，神一旦在人们的脑中形成，便不再仅仅是拟人化的描写。他们是原因，是世界起源和世界运行最朴实的原因。正是因为神话为我们提供了所观察事件发生的原因，所以它才能称得上是原始时期的科学。

三、神话和宗教

泰勒将神话和科学对立起来的另一个原因是他将神话归入宗教。对他来说，尽管现代宗教中并不包括神话，但神话是无法脱离宗教而存在的。因为原始宗教是科学的对立面，所以神话也一定是与科学对立的。因为我们是从字面意义上理解宗教，所以我们也应该这样对待神话。

一方面，泰勒认为神话最终是从原始宗教中产生的，并以它的其他部分作为先决条件。因此他写道：神话产生的最重要的原因是万物有灵论的信条，或者说是对神的信仰（1958：I，285）。另一方面，神话对他来说是对宗教其他部分的补充，没有神话就没有原始宗教。即使没有神话，原始人依然知道他们的神是谁，不同的神分别控制怎样的现象，以及神的等级是怎样的。但是他们却不会知道他们的神的生平如何，神过去有哪些作为，以及神和人之间的关系如何。尽管泰勒对创世神话轻描淡写，但是如果没有创世神话，原始人便只知道世界的运行而不知道世界的起源。他们只会知道反复发生的事情的原因，而不知道最初发生的事情的原因。神话可以弥补宗教其他部分对于世界解释的不足。

四、神话中的理性

在泰勒看来，神话来源于人类与生俱来的求知欲；原始人的求知欲丝毫不比现代人弱："人类非常迫切地想知道他们看到的每件事情都是由哪些因素造成的，以及他们所研究的东西为什么是以那样的形式，而不是其他形式存在。这些并不是高等文明的产物，而是人类在最初发展阶段便拥有的特性"（1958：I，368-9）。这不仅仅是一种无所事事的好奇心，更是一种在原始人当中便已普遍存在的对知识的渴求，"人类满足这一渴求所花的时间从未因战争、赛事、采食和睡眠而减少"（1958：I，369）。泰勒承认宗教具有情感的层面，但他相信智慧层面更突出、更重要（1958：II，444-45）。

在泰勒看来，对最初的灵魂及后来的神的假设都是由论据推理而来："原始人对

27 原始的万物有灵论非常熟悉。他们似乎在各个方面都相信这一信条，并以此解释生物的起源。他们相信唯有这种解释才是合情合理的。"（1958：Ⅱ,83-4）原始人不是将眼前死的和静止不动的现象设想为活的、可变动的现象，而是假设灵魂和神的存在，并以此解释生命和生命活动。他们已经在环境中感受到了一些实例。

> 文明世界的人们普遍意识到了人、兽之间明显的精神差别，而这种差别在较低级的种族中是难以被发现的。对人类来说，兽和鸟的叫声好像是人类的语言，它们的行动好像被类似于人的思想的东西导引，因此人类很容易相信，不仅自己，而且鸟、兽、爬行动物也有灵魂。较低层次的心理学只能在兽类身上发现与人类灵魂类似的特质，即生与死，意愿与判断，或在梦幻和梦境中所看到的幻象。
>
> （1958：Ⅱ,53）

那种认为灵魂和神会存在于木桩、石头、武器、小船、食物、衣服、装饰品及其他无生命的事物之中的思维，被现代人看作鲁莽的、假想性的，因为对我们来说这些东西不仅没有灵魂，而且没有生命（1958：Ⅱ,61）。但是"如果我们置身于未开化部落，拥有他们的知识水平，从他们的角度来检验这种物体有灵理论，就很难说这种理论是非理性的了"（1958：Ⅱ,61）。一块绊脚石也会是自己立在原地的；植物与动物对人类行为做出不同反应时，的确表现得具有某种意志。动物、植物及无生命的物体在梦境和幻觉中出现时的确表现得像是具有主观动因。

因为现代人像原始人一样可以在梦境中看到人类，听到鸟、兽如人类般的鸣叫，而且也会被石头绊倒，所以泰勒并未将现代人与原始人的感官加以区分，但他却将原始人对感官的完全信任与现代人对感官的谨慎态度加以区分。与现代人相比，原始人缺乏一种批评的态度，他们不仅会不加怀疑地接受他们在清醒状态下的某些印象，甚至还会相信他们的梦和其他虚幻的印象。

> 甚至在健康而清醒的状态下，原始人也不能严格区分主观事物与客观事物、想象与现实。这种区分能力是我们进行科学教育的目标之一。更不要说，当他们身心都处于混乱状态时看到虚幻的人类形象，又怎会不相信自己的感官呢？
>
> （1958：Ⅱ,29）

宗教产生的部分原因是原始人试着去解释出现在他们的梦境或幻觉中的一些人，而这些人又被当作真实存在。

28 原始人不仅没有对他们的感官印象进行核实，而且对他们由这些印象所产生的种种猜测也毫不怀疑,针对这一点,泰勒对原始人提出了批评。原始人很自然地将鸟类的声音都当作它们之间的话语;同样,在他们看来,动物不但拥有生命能够移动,而且还拥有智慧,因而也一定拥有灵魂并具有神性。虽然原始人从他们的感官印象得出种种正常的、反常的推论,但他们却从未对这些推论产生过怀疑。正因为如此,他们最终创造出了神话与宗教而不是科学。

一旦原始人假设神灵是自然事物的起因,他们就不仅仅去解释,而是去体验这充满神灵的世界。

> 原始人可能看到火焰吐着火舌去吞噬它的下一个目标,或者看到挥舞的宝剑上所刻的毒蛇正从剑柄向剑尖蠕动;当饥饿来袭,他们可能会感觉体内有一种生物在吞噬他们的身体;听到自己的回音却以为是山中矮人在应答;听到雷声却以为是天神的战车在苍穹中驶过时所发出的嘎啦嘎啦声。
>
> (1958:Ⅰ,297)

不过,原始人起初感受世界的方式与现代人并无不同。他们像我们一样地去听、去看。但他们只相信自己的眼睛和耳朵,并凭借所见所闻推断出灵魂及神的存在,而不依靠假定和预测。原始人或许不具有批判精神,但他们却有自己的思维逻辑。他们一丝不苟地以归纳总结的方式推理——从观察(例如,通过观察发现下雨的规律性)到假设(通过类比人的行为,得出下雨是由某种力量所决定)再到概括(所有自然事件的发生都是由某种力量决定的)。泰勒因此得出:宗教之于原始人,正似科学之于现代人。

五、神话中的想象

泰勒一方面强调理性在神话和宗教中的作用,另一方面也给予想象一定的地位,至少在神话方面是如此。像宗教的其他组成部分一样,神话所起的作用是解释这个世界;但与其他组成部分不同的是,神话是以故事的形式解释的,而有些故事是想象的产物。

正是想象的作用,人们理性信念中的太阳神赫利俄斯才变幻为虚幻故事中的每天驾着马车从苍穹穿过的那个赫利俄斯。不可辩驳的是,泰勒强烈反对神话产生于漫无边际的想象这一点:

> 在众多产生于一知半解的观点中,有一种对人类拥有无边无际的想象的信念;人类如果懂得再多些,这类观点便不攻自破。肤浅的学生为纷繁复杂、无边无际、毫无规律的幻象所困扰,便以为这个物质

世界无论是在本质上还是在形式上都无规律可循。最初他便将这些幻象归结为诗人、预言家、故事讲述者想象的新产物。

（1958：Ⅰ，273）

泰勒甚至还坚持认为犹希迈罗斯主义者和道德寓言化者未能认真严肃地对待神话，因为他们将神话视为不受约束的想象的产物。泰勒将这种想象与诗人般的虚幻等而视之。（比如1958：Ⅰ，285，289-90）。对泰勒而言，如果将神话归为漫无边际的想象的产物，就不可避免地将非物质世界作为它的客体，那么神话的功能也不再是解释性的了，人们也就不再以严肃的态度对待神话了。

然而，泰勒给予受到约束的想象——这里指受到理性所约束的想象——非常重要的位置。泰勒自然地认为，犹希迈罗斯主义者及道德寓言化者都未采信过与此类似的方式（1985：Ⅰ，280-2）。"我们完全有可能根据人们思维方式显而易见的规律性来追寻想象在神话产生过程中的轨迹"（1958：Ⅰ，282；或274-5）。泰勒想当然地认为，不受约束的想象绝不会产生他所发现的神话形式，因此这种规律性也成了想象从属于理性的证据。故事可能是虚幻的、想象出来的，但是它们的虚幻却是以一种统一的方式出现的。泰勒反问道："有什么比神话和寓言中的想象产物更加虚无缥缈，漫无边际？"（1958：Ⅰ，18）这一点他较列维-斯特劳斯在时间上略超前。在他们看来，神话所展现的统一性及这一人工产物所带有的看似微不足道的规律性都证明，不仅神话本身是理性的，它们的原始创造者们也是理性的（Lévi-Strauss 1965：83；1970：10）。二者均认为神话的理性功能一定是有科学性的。

六、评 价

泰勒认为，想象次于推理，这是他整个神话理论的主要局限——他过于强调神话和科学的关系而忽视神话和文学的关系。对他而言，神话只是碰巧采取了叙事形式的类似科学的假设。① 像列维-斯特劳斯一样，泰勒贬低形式就是为了强调内容。他认为神话就像宗教的其他内容一样，是对物质世界的解释；只有当神话作为物质世界的解释时，神话才被严肃地对待；也只有当形式作为呈现内容的一种多彩的方法时，神话才被看作是对物质世界的解释。形式和内容是分隔开来的，单独的内容就有意义。超过这个论断去看待形式，只不过是把

---

① 我直接将"叙事"和"故事"对等互换。关于简单的叙事和完全的故事之间的专业性区别，参见Scholes 1982：59-60。

一套近似真理的理论简化为虚构的东西。

泰勒看待神话的方式与卡尔·波普尔和卡尔·亨佩尔（Carl Hempel）等其他人看待历史的方式一样：都将对象看作事件的偶然解释。对于波普尔和亨佩尔而言，历史记录可以采取叙事的形式，但是形式和记录的目的没有关联，因为记录的目的是为了解释事情发生的原理。其他哲学家认为历史不仅仅是解释，同时认为叙事的形式是历史目的的核心。对于他们而言，叙事不仅是文学工具而且是思维方式。支持泰勒的人回应道，不管怎样，仅把历史认为是一种偶然的解释就让历史显得无足轻重。①

泰勒弱化叙事和想象的尝试失败了。首先，他不能把神话的主题仅仅局限于物质世界或者人类世界。他无法忽视神的世界。众神是被假设出来用以解释物质世界的，他们肯定会对自己的权利（right）感兴趣，要是能对物质世界施加权力就更好了。当然，泰勒狂热认可的原始人类的好奇心，并没有因为神被作为世界事物发生的根源这一假设而弱化。只要泰勒坚持神话是关于神的叙事，神话本身必然关注神。希伯来《圣经》中也许只说明了神和人类及世界的关系，但荷马和赫西俄德描述了众神之间的故事。当然在科学当中，即使微观世界一开始就被假设为宏观世界的解释力源泉，其自身也会让人兴味盎然。

其次，对于神的世界的描述肯定属于想象的结果。神被假设为人类的相似体，但其高于人类。神之为神，天堂之为天堂，都是想象的结果。对神的信仰非但没有排挤想象的空间，而且毫无疑问激发了想象。

再则，神话的内容没有暗示"伴有明显心理规律的想象力过程"（1958：I，282）。显然，泰勒几乎没有讨论神话的内容——除了阐明神话作为自然的解释。他也没有提到解释的形式。他没有为神话提供任何普遍的模式。他唯独给英雄神话提供了一个模式。根据他的说明，在英雄神话中，主人公都是先被遗弃，然后被救，最后成长为国家和民族的英雄（1958：I，281-2）。但是这种模式既不普遍又流于粗陋。英雄神话不是泰勒的主要关注点。他没有为创世神话、洪水神话或者反复发生的自然过程提供任何可比的模型。

很难判断泰勒如果尝试了是否会成功。尽管很容易像古人（柏拉图、普罗提诺）和现代人（汉斯·布鲁门伯格）所说，在神话中任何事情都能发生，无

---

① 把历史看作叙事请参见 Gallie 1964a；1964b：chaps 2-5；White 1963：3-31；1965：chap. 6；Danto 1965：chaps 7, 8, 11；Mink 1987。以上四人都对叙事和随意解释，尤其是波普尔类型和亨佩尔类型的解释兼容性持有异议。

数的辉煌事件都能发生。叙事的限度很容易取决于想象的范围,不论想象是被看作能够自由运行的东西,还是需要认知过程的严格检验①——后者更接近泰勒的观点。文学批评家理查德·蔡斯(Richard Chase)把神话简化成文学也许有点过火了②,但毫无疑问,泰勒忽视神话的文学性显然也过火了。泰勒把神话简化成了情节,他忽视了诸如作者观点、人物、言语、叙事技巧和读者反应等其他文学标准。③

毫无疑问,从后现代主义的观点来看,泰勒的方法不仅片面,而且完全过时。后现代主义认为神话仅仅是故事而不是解释,而泰勒则认为神话是解释,只是偶然才是神话故事。我们需要的不是用作为故事的神话去取代作为解释的神话,而是应该把二者结合起来,研究内容和形式、故事和阐释如何水乳交融。

泰勒的地位长盛不衰,因为他坚持神话的理性内容。他拒绝调和神话和科学。这种观点把神话看作情感的表达而不是对外部世界的解释,因而丧失了神话的阐释力量。对于泰勒,神话要么是一种解释,要么什么都不是。

七、关于神话和哲学关系的其他观点

泰勒的观点仅代表神话和哲学,或者宗教和科学关系的一种观点。苏格兰裔的古典学者兼人类学家弗雷泽与泰勒持论相近。对于泰勒和弗雷泽而言,神话是原始宗教的一部分,是完全现代性的现代科学的原始对应物。对泰勒而言,原始宗教和科学也是相互排斥的,而不仅仅是彼此牵连。但是,对泰勒而言,包括神话在内的原始宗教,其功能对应的是科学理论;对弗雷泽而言,原始宗教对应的是应用科学,或者说是技术。对泰勒而言,原始宗教是用来解释物质世界的;对弗雷泽而言,原始宗教影响世界,尤其是促进万物成长。对于泰勒而言,原始的仪式或者祭祀仪式是解释世界运行原理的,这种解释——现代科学理论的原始版本——是一种荒蛮的或者说是原始的"哲学"(Frazer 1963:306)。对于泰勒和弗雷泽而言,哲学是普遍性的,但包括神话在内的原始宗教则是哲学的初级阶段。对弗雷泽来说,宗教作为物质世界的一种解释,是虚妄却符合逻辑的:

---

① 根据上下文,此处所指的是认知心理学,泰勒称:"我们思维的作用就是发展,整合,派生而不是创造;甚至在想象的不稳定结构下,思维运作的一贯的法则将被辨明。"(1958:Ⅰ,274)

② 参见 Chase 1946;1948:3-22;1969:v-vii,73-4,80-1,110-31。

③ 关于这些问题参见 Lubbock 1921;Forster 1927;Booth 1961;Iser 1974;Chatman 1978;Sterberg 1978;Genette 1980;Rimmon-Kenan 1983;Bal 1985;Prince 1987。

> 尽管原始哲学对于我们来说可能是拙劣而虚妄的，但是否定它的逻辑合理性也是不合理的……哲学系统的致命缺陷不在它的推理，而在它的前提……
>
> （Frazer 1963：306）

法国哲学家兼空想人类学家列维-布留尔则反对泰勒和弗雷泽及被他称之为"英国人类学流派"的观点。列维-布留尔坚持认为神话和科学之间有着很大的差距。泰勒和弗雷泽认为，原始人类像现代人一样思考，只是不够缜密；列维-布留尔认为，原始人类和现代人类的思考是很不同的。仅现代人有逻辑的思考，而原始人类则忽视矛盾律，用前逻辑思考。这里就存在原始特征明显的思维模式。在原始思维中，思维通过感情色彩的概念（或称"集体表象"）来完成。对于泰勒和弗雷泽而言，原始人类和现代人所面对的世界并无差异，仅仅是所构想的世界有所不同罢了。而列维-布留尔则认为，原始人类被他们的表象塑形，理解和构想的世界不同于现代人类。原始人认为在他们和世界之间有个神秘的中间身份。列维-布留尔和泰勒、弗雷泽不一样，后二者认为神话是宗教的一部分，而宗教是原始的，现代人类拥有的是科学而不是宗教。但是对列维-布留尔而言，科学是有逻辑性的，同时也是真实的，而宗教不仅是错误的而且也是不合逻辑的。泰勒和弗雷泽想把宗教和科学融合于哲学之中，而列维-布留尔则把哲学和摆脱原始表象的思维联系在一起。原始思维是非哲学的，因为对世界的认同阻止了哲学假定的那种超脱。原始人类利用包括神话的宗教，不是为了解释世界而是为了与它融合，或者是"参与到"世界中去。更确切地说，他们用宗教尤其是神话去恢复对所有正在逐渐消失的事物的神秘认同：

> 只要是个人参与社会群体可被直接感知，社会群体与其他群体的融合可被切实感受——也就是，只要神秘共生的时期延续下去——那么神话在数量和质量上都不会太高……当思维尽量去实现某个不能被感知的经历时，神话还能同样是原始思维的产物吗？——当它去求助于中间的媒介时，这些传播的媒介还能确保不再是活生生的事实的交流吗？
>
> （Lévy-Bruhl 1966：330）

列维-布留尔从来没有声称现代人类能摆脱原始表象。但是他确曾声称一个现代性探索几乎完全能够摆脱原始的表象，因此近乎客观。那个现代性探索就是理论科学化。

> 最后，让我们来考虑一下最有说服力的例子：仍然在体验逻辑思维演进过程的族群，他们的概念仍然是可塑性的；同时受经历影响可能修正。即使在这种情形之下，逻辑思维仍然不能整个取代前逻辑思维……例如，它远非当前运用中的这些概念，而仅仅表达的是现象和实体之间的客观关系与特征。这些特征所能概括的对象有限，而正是这些有限的对象被运用于理论科学化。
>
> （Lévy-Bruhl 1966：342-3）

对列维-布留尔反对最强烈的是祖籍波兰的美国人类学家保罗·雷丁，他的代表作《作为哲学家的原始人类》（*Primitive Man as Philosopher*）的题名已表明了自己的观点：雷丁从未提及泰勒，但通过完善和拓展泰勒的思想，他事实上复兴泰勒的观点。雷丁承认大多数原始人类并没有哲学头脑，但他同时指出任何文化中的大多数人都是这一情形。他区别了普通人——"行动的人"和优秀的人——"思想家"。

> 前者（比如行动中的人）满足于世界的存在和事物的发生；如何解释是次重要的问题；他最容易有先入为主的感觉。其中的深层问题是彻底的漠视。不过他倒是可以在两种对立的解释中预测其中之一。他更偏爱特别强调一系列事件间纯粹机械联系的解释。假如我可以运用思维节奏这个术语，那么他的思维节奏的明显特征是：要求相同事件，或者最多是同一概括度的多重事件的无限重复。……现在思想家的思维节奏完全不同。他远不满足于仅仅假设事件之间的机械联系。他坚持认为描述要么根据从一到多、从简单到复杂的渐进过程，要么根据假定的因果关系。
>
> （Radin 1957：232-3）

在所有的文化中都能发现以上两种"气质类型"，且二者的比重旗鼓相当。但是原始的"行动的人"表现出与现代人不同的思维状态，以至于列维-布留尔过分地描述他们。但即使原始的"行动的人"也未能在思维上展现出与现代"行动的人"不同的气质，所以列维-布留尔此番描述多此一举。列维-布留尔否定原始社会中存在思想家的观点则更过火。泰勒本人很少认为所有的原始人或所有现代人在哲学倾向上是整齐划一的，但泰勒的确认为人类在思维上是好奇的，也就是哲学化的。雷丁则与之相反。对于具有哲学化思维的原始人类，雷丁较之泰勒赋予了他们更强烈的哲学思维能力。根据雷丁所言，能在神话中最充分发现的原始猜想和推测都是抽象性、系统性的；这些猜想和推测也不仅仅是为了解释物质世界中的事件。更进一步说，原始人类具有缜密的批评能力。

> 原始人类缺乏抽象思维能力、系统安排能力，或者整体上缺乏对自己和整个环境进行客观批判的能力。这种说法显失公平。
>
> (Radin 1957：384)

雷丁很不赞同泰勒关于原始人类和孩童之间的类比。

对列维-布留尔比较正面的回应来自德国哲学家恩斯特·卡西尔。卡西尔追随列维-布留尔，认为神秘主义者或创始神话者思维是带有明显原始特征的知识形态，充满感情色彩，类属于宗教，并将自身的神秘一体性思想展现给世界。卡西尔将神话归于他的四种知识形式——语言，艺术，科学及其他——之内。然而他又肯定神话思维自身的逻辑性，这就使他和列维-布留尔彻底划清了界线。事实上，列维-布留尔也有如是说，并发明术语"前逻辑"以避免给神话思维扣上"非逻辑"或者"不逻辑"的帽子。卡西尔通过强调知识的每一种形式的自发性来更加彻底地与列维-布留尔划清界限。

> 尽管把神话降格为象征符号形式的普通系统似乎迫不得已，但是这样很危险。因为纯粹客观地——完全基于事实对比与联系——进行神话形式与其他文化形式的比较，也许就会导致神话本质（特殊）形式的泯灭。事实上，通过将神话简化为其他文化生活类型——无论是知识（比如科学）、艺术或语言——来解释神话的尝试层出不穷。
>
> (Cassirer 1955：21)

然而卡西尔同时坚持认为神话和科学是水火不容的，科学继神话之后而崛起，"科学是通过排除所有的神话的和超自然的因素后形成自己的模式的"（Cassirer 1955：xvii）。尽管在有关神话的观点方面卡西尔尽力与列维-布留尔划清界限，但他还是沿袭了列维-布留尔的观点：神话是彻头彻尾属于原始性的；科学则是彻头彻尾现代性的。而且，卡西尔把神话的描述看作知识的一种形式——就如人类制造符号、创世活动等——从而把神话还原于哲学领域。

结果，卡西尔的神话观兼有原始性与现代性。现在他把注意力集中到了现代政治神话，尤其是纳粹主义神话。神话在此上升到了意识形态的高度。他之前主要集中关注虚幻的、认识论的话题，而现在则转向了残酷的社会科学方面：政治神话如何获得统治权并保持控制地位呢？卡西尔之前嘲笑列维-布留尔强调神话的不理性的性质，而现在自己竟也接受这种观点："在人类社会生活的各个关键时刻，那些抵制古老神话观念的理性力量再也不能那么自信。每当此时，神话便'生逢其时'。"（Cassirer 1946：280）

卡西尔极力把神话与巫术相连，把巫术与试图掌控世界的活动相连，将对原始神话的详细分析，特别是布罗尼斯拉夫·马林诺夫斯基对神话的分析应用于现代神话：

> （马林诺夫斯基对）原始社会中巫术和神化角色的描述同样适用于人类政治生活的高级阶段。在极端的情形下，人们常常求助于极端的方式。假如理性无益，总还有最后的依靠，那就是超自然和神秘力量的存在。
>
> （Cassirer 1946：279）

卡西尔认为不可控的是人类世界而不是物质世界；他认为神话本身有巫术倾向，最重要的是，他把神话看成现代的。如此，他和马林诺夫斯基便分道扬镳了。但对卡西尔而言，现代神话意味着原始主义的返祖复苏。

之前卡西尔将神话视为类哲学，现在他把神话和哲学分隔开来，为哲学留下边缘角色去研究政治神话，目的是与政治神话斗争：

> 摧毁政治神话，已经超越了哲学的能力。神话在某种意义上是无懈可击的；它是不受理性争论影响的；演绎推理也不能反驳它。但是哲学有另外的更重要的作用。它能使我们理解敌人。为了打败你的敌人，你必须了解它。这是战略的第一原则……当第一次听说政治神话的时候，我们发现它是那么荒唐，那么不和谐，那么荒诞，那么可笑，我们几乎无心认真对待它。现在看来，这显然是个大错。我们不能再犯错误了。我们应该认真地探讨一下政治神话的来源、结构、方法和技巧。我们应直面我们的敌人，只有这样我们才能打败它。
>
> （Cassirer 1946：296；Cassirer 1979：219-67）

很难看出，研究政治神话的提议到底是哲学研究的任务还是社会科学的任务。政治神话好像彻底从哲学中分离出来了。

卡西尔对马林诺夫斯基观点的借用在任何情况下都具有反讽效果，因为这个波兰出生的人类学家曾经和列维-布留尔一样激烈地反对过神话研究的哲学方法。列维-布留尔承认原始人类追求亲近自然而不是解释它，而马林诺夫斯基声称原始人类追求的是控制自然而不是解释自然。双方都把哲学方法和解释性的或唯理智论方法联系起来，再把那种观点与英国人的观点——对于马林诺夫斯基来说，最重要的是泰勒的观点——联系起来；双方都把神话和一般宗教杜撰的概念归为原始人类杜撰的概念。马林诺夫斯基这样写道：

> 泰勒在他著名的理论当中认为，原始宗教的本质是万物有灵论，

是一种精神的信仰……因此，作为原始人类哲学和宗教的万物有灵论，都是基于观察和推断的，尽管这是错误的，但是原始、未开化的思维可以理解它。

(Malinowski 1954a：18)

马林诺夫斯基将泰勒的宗教创造者称作"野蛮的哲学家"。

马林诺夫斯基通过援引弗雷泽"神话和宗教是应用科学的原始对应物"的观点，强调原始社会人类忙于生存而无暇思考。对于弗雷泽而言，原始人类用神话取代了排他性的现代科学；对于马林诺夫斯基而言，原始人类等量齐观地看待神话和科学。原始人类不仅拥有神话而且拥有科学：

假如科学被理解为一系列规则和概念，而这些规则和概念基于实践并通过逻辑推理取得，体现为物质成就和固定的传统形式，通过特定的社会组织得以延续——那么毫无疑问，即使最低级的原始组织生活中都有科学的端倪，无论其程度有多么低级。

(Malinowski 1954a：34)

原始人类通过科学控制物质世界。若科学乏力，他们求助于巫术。

若巫术无效，原始人便求助于神话。此举并非为了确保进一步掌控世界，恰恰相反，是希望自己与自然灾害、疾病、生老病死等其他不可控的力量和解。神话——不仅仅是宗教神话——是将这些不幸归根于神或人不可更改的原始活动。按照典型的神话逻辑，人类之所以年老体衰，是因为我们的两位先祖做了蠢事，让年老体衰自成定律，永难更改：

人类本来拥有现代人渴望的永远年轻和返老还童的能力，却因为一桩妇孺举手之劳就可以阻止的小事而彻底丧失。

(Malinowski 1954b：137)

比如神话把洪水的产生解释为神或人的行为的结果，但原始科学与巫术——不是神话——更关注如何应对洪水。神话里说，面对洪灾，人、神都回天乏力。有其他内容的神话，就有巫术色彩的神话，不过后者因为强调神话的远古性而突出了古人对惯例的尊崇。作为科学与巫术的后备资源，神话的内容主要是自然而不是社会现象，神话让原始人类听命于不可控力。

马林诺夫斯基从来没有阐明，是否现代社会和原始社会都有神话。现代科学较之原始科学为人类提供了更强大的控制自然的力量，对卡西尔而言，任何现代神话都是社会现象的神话，都是意识形态。

马林诺夫斯基认为原始人类讲求实际而不注重理智，列维－布留尔则认为原始人类重感情化而轻理智。法国结构主义人类学家列维-斯特劳斯则大胆地提出与二者都相左的观点，旨在复兴唯理论者有关原始社会和神话的相关论述。若不细究，列维-斯特劳斯似乎是就泰勒观点的老调重弹。因为对于列维-斯特劳斯和泰勒而言，尽管神话是完全原始的，但又是缜密而充满理性的，因而富有哲学意味。原始人"受欲望或需求驱使努力理解周遭世界，采用的都是理智的方式，俨然是哲学家甚至一定程度上是科学家的姿态"（Lévi-Strauss 1978：16）。列维-斯特劳斯这一观点好像和泰勒并无二致。在他们看来，神话是原始宗教的一部分，意在解释物质世界，因此具有哲学意义。

然而，事实上列维-斯特劳斯与泰勒在观点上完全相左。对泰勒而言，原始人创造神话而非科学探索，因为他们还不具有现代人的批评意识；列维-斯特劳斯则认为，原始人创造神话是因为他们与现代人有着完全不同的思维。但是，与列维-布留尔相反，列维-斯特劳斯认为原始人仍在思考，而且是很缜密的思考。

据列维-斯特劳斯所论，原始的或者神秘的思维是具体的，而现代思维是抽象的。原始思维关注自然界可观察、可感知和方便定性的层面，现代思维则关注不可观察、不可感知和注重量化的层面。和泰勒正好相反，列维-斯特劳斯认为神话在科学性上绝不输于现代科学，只不过它属于"具体科学"而非"抽象科学"：

> 这是两种截然不同的科学思维模式。这种差异当然不是人类思维阶段的差异所导致，而是人类在通过科学手段探索自然时所展示的不同水平的策略：策略之一大体顺应感知和想象功能，而策略之二则偏离感知和想象功能。

（Lévi-Strauss 1966：15）

对泰勒而言，神话是科学本真在原始社会的对应物；对列维-斯特劳斯而言，神话是现代科学在原始社会的对应物。神话是原始科学，但不低级。

假如因为神话涉及很多具体、有形的现象而认为它是神话思维的实例，那么也可以认为它是思维本质上的实例，因为它也像现代和原始社会一样分类整理现象。列维-斯特劳斯认为，所有的人类都通过分类的形式，特别是通过成组的对比思考问题，并投射给整个世界。许多文化现象表现了这些对立面。神话在看待，更确切地说，在调和这些文化表现出的对立面时很是与众不同。尽管世界对立面之间的矛盾可以化解到自然状态与人为力量完全伴随张力顺利共存的程度，然而化解能量本身是纯智力行为。神话在助力安顿生活方面就显得乏力——这也是马林诺夫斯基的观点——而更有效地助力解决因对立面之间矛盾难以缓和而出现冲突的逻辑难题。但神话对列维-斯特劳斯和泰勒来说，是在不同的理智层面运作的。对泰勒而言，神话之所以是理智的在于它超越描述而去解释问题；对于列维-斯特劳斯而言，神话之所以是理智的在于它超越描述去解决问题。

泰勒专注于把神话和宗教的解释看作主观的，把科学的解释看作客观的。这一观点遭到了非洲英国裔人类学家霍顿的挑战。在很多方面，霍顿都是追随泰勒的，以至于他被称作"新泰勒主义者"——这一称号意在贬损，但霍顿却欣然接受。像泰勒一样，霍顿也认为宗教和科学都是用来解释物质世界的；像泰勒一样，霍顿认为宗教解释是原始性的，自己更青睐"传统"这一术语；他认为科学的解释是现代的。像泰勒一样，他认为不同解释之间是互相排他的。尽管霍顿没有特别地集中于神话，但毫无疑问对于他和泰勒而言，神话都是宗教的一部分。

霍顿没有就泰勒把宗教等同于主观的解释和把科学等同于客观的观点提出异议，不过他不看重这个问题。对他而言，主观和客观解释的区别仅仅是解释性术语的差异（Horton 1967：69-70）。对霍顿而言，运用个人原因去解释事件，尽管仍然缺乏科学性，但在经验性方面并不输于客观性解释。

泰勒认为，主观解释的出现是因为原始人类不善于批判性思维。他们倾向于利用手头便利的方法进行解释。像孩子一样，他们通过类比解释人类行为的方法，对世界进行主观性解释。相反，霍顿对主观解释的说法则不那么盛气凌人。对他而言，理论主要来源于有待被解释的现象和已经熟悉的现象之间的相似性比较。熟悉的现象表现出规则和规律。因为在"复杂而迅速变化的工业社会，人类的境况处于不稳定状态"，所以规则和规律"似乎少得可怜"。相反，"在无生命的世界里，规则和规律则是很常见的。这就是为什么思维在寻求解释类比时转向了无生命的事物"。非洲传统社会里的情形则相反。在这里，规则和规律在无生命的世界中是"很不明显"的。"在这里人与人的相处若少于人与物的相处是不可想象的。在这里思维在寻求解释类比时自然地转向了人和人际关系"（Horton 1967：65）。因此，非洲宗教将事件的发生归因于像人一般的存在实体的决断。①

霍顿依据宗教解释和科学解释的语境而不是其内容去区别它们，这就完全不同于泰勒。霍顿采用了卡尔·波普尔的术语，肯定宗教解释是在"封闭"的社会进行的，而科学解释在是"开放"的社会中运作的。封闭的社会是无鉴别力的社会，在这个社会里，"没有发达的意识去取代固定的理论原则"。开放的社会是自我批判的社会，在这个社会里"意识是高度发达的"（Horton 1967：155）。在封闭的社会中盛行的信条具有神圣的地位，因为从来没有被挑战过，任何对它的挑战都是亵渎。在开放的社会存在的信条，因为屡遭挑战，很难拥有神圣的地位，因此能够光明正大地予以评价。②

较之霍顿，奥地利裔英国哲学家波普尔与泰勒决裂得更彻底，因为波普尔认为科学源于神话。泰勒从来没有解释科学是怎么出现的，因为宗教包括神话，为物质世界所有可能的事件都提供了全面而看似周全的解释。尽管科学因宗教而产生，在某种意义上是源于宗教的，但是泰勒从未尝试追寻它的出现。而波普尔却实践了：他肯定科学源于宗教，尤其是源于神话。他肯定地说，科学不是源于对神话的接受，而是源于对神话的批评：

> 因此，科学肯定伴随神话及神话批评而产生；不是伴随观察的整理，也不是实验的发明，而是伴随着对神话、巫术和习俗的批评讨论。科学传统不同于前科学传统，因为前者有两个层面。正如前科学传统，科学传统传递它的理论，同时也传递对诸多理论的批评态度。理论不是作为教条，而是伴随着讨论和挑战中的改进不断传承。
>
> （Popper 1974：50）

更进一步讲，波普尔认为既有科学式神话，也有宗教式神话。这一说法和泰勒是完全相对的，尽管波普尔从来没有引用过前者的话。霍顿却从未走到这

---

① 霍顿淡化了泰勒对在宗教中主观或者拟人化的解释的关注，而美国人类学家斯图尔特·格思里（Stewart Guthrie）则复活了这种思想。对于格思里和泰勒来说，拟人化组成了宗教解释的核心，但是格思里不是泰勒派的，事实上他批判泰勒（参考 Guthrie 1993：22-6）。还有，格思里像霍顿一样，尽力去解释拟人化，而不是像泰勒想当然的认为是拟人化。格思里认为拟人化更加接近宗教而不是科学，当格思里发现拟人化运用在科学和宗教时，就彻底和霍顿与泰勒划清了界限（参考 Guthrie 1993：35，163-76）。对于霍顿和泰勒而言，拟人化仅仅是解释世界的原始方式；但是对于格思里而言，拟人化接近普遍的形式。

② 霍顿随后调和传统和现代思维的不同之处。他认为批评将在传统社会甚至在可选择的意识缺失下出现，还认为在现代和传统社会中发现了思维焦虑。现在这种不同更加狭隘了：在传统社会中没有竞争的选择。参考 Horton 1982：201-60.

一步。对波普尔而言，科学式神话和宗教式神话的区别不在于其本身的内容，而在于外界对它们的态度。宗教神话被教条地接受，科学神话则被质疑：

> 我的核心观点是：我们所谓的科学不同于更老的神话，并不是科学本质上区别于神话，而是伴随其中的二级传统——批判性地对神话予以讨论的传统——不同。之前只有一级传统，一个确定的故事被传承。当然，现在也是一个故事被传承，但是同时传递着的是具有二级特征的、无声的文本："我把故事传递给你，但是你要告诉我，自己怎么看待它。思考一下，可能你能告诉我们另一个故事。"……我们应该理解，在某种意义上，科学如宗教一样是在创造神话。
>
> （Popper 1974：127）

尽管霍顿与波普尔一样，把态度而不是内容作为科学的标志，但他并没有完全忽视内容。宗教式解释，包括神话式解释仍然是主观性的，科学解释仍然是客观性的。事实上波普尔也许认为是相同的，但是他认定的唯一的标准是态度标准。①

即使波普尔主张科学源于神话，但他并未提到神话是科学或神话是哲学。德国神学家鲁道夫·布尔特曼和德裔美国哲学家汉斯·约纳斯非常认同把神话等同于哲学的观点，尽管他们完全不认同神话等同于科学的说法。他们两位都是海德格尔（Martin Heidegger）的追随者，对神话进行了大量存在主义的解读。尽管他们的解读难免受到各自基督教和诺斯替教（Gnosticism）背景的局限，但在解读中还是切实应用了神话理论。

布尔特曼认为，如果从字面上去解读，神话就是关于物质世界的，是和科学不协调的，应该像泰勒一样坚定地拒绝神话。但是布尔特曼主张应该从象征的角度去解读神话。从象征的角度或者"去神话"角度解读，神话就不再是关于物质世界的，而是关于人类在世界中的地位问题。神话不再是解释而是描述，描述的不是世界本身而是世界中的人类的经验。

> 神话真正的目的不是展示世界本身客观的图画，而是表达人类身

---

① 像波普尔一样，英国古典哲学家康福德（F. M. Cornford）认为希腊科学是源于神话和宗教，但是他的思考仅限于内容方面，根本不考虑态度的问题。对于康福德而言，科学是永恒的，尽管是在世俗世界中表现为宗教和神话信仰，参考 Cornford 1912。康福德辩称，希腊科学随后切断了和宗教的关系而成了经验科学，随后，康福德又提出更激进的观点，认为希腊科学从未割裂和宗教的关系，也从未成为经验科学，参考 Cornford 1952：chaps 1–11。

居世界时对其自身的理解。神话不应从宇宙哲学的角度去解读，而应从人类的角度，最好是从存在主义的角度去解读。

(Bultmann 1953：10)

神话不再是原始的而是普遍的，不再是错误的而是真实的。它是人类境况的客观陈述。

即使《圣经·新约》一度曾被去神话处理，它仍然部分地涉及物质世界，只不过现在这个世界是被唯一的、至高无上的神统治着。这个神看起来也不像人类，没有在以超自然力干涉或调停人类世界。甚至连撒旦也不存在，相反，它象征的是人类罪恶的倾向。这里不再有任何实际的地狱，地狱象征的是人对上帝缺失的绝望。同样，天堂指的也不再是天空中虚幻的地方而是对上帝存在的喜悦。神域也不再来自外部宇宙的巨变，而是在人的内心拥抱上帝时自然降临。与世界的疏远是人类发现上帝之前的状态；拥有归属感是人类找到上帝时在世界中的状态。

尽管布尔特曼极力希望具有科学思想的现代人认同神话，但他也并不准备在神话阐释中彻底摒弃上帝的存在。一个人必须继续信仰上帝才能去接受去神话色彩的《圣经·新约》。最理想的是，去神话主义能使《圣经·新约》神话与科学协调，但是在接受神话时的虔诚远远超越科学。

像布尔特曼一样，约纳斯尽力去展示古代神话对现代人所具有的意义。对他们二者而言，象征性地阅读神话所得到的是人类接受上帝前与世界疏远的情景。因为不像主流的基督教，所以古代的诺斯替教以非物质论解释物质。甚至在他们发现真正的上帝之后，人类仍然疏离于物质世界。事实上，只有抛弃物质世界的假神，才能找到真正的上帝。诺斯替派通过超越世界才克服了与世界的疏远。

约纳斯不像布尔特曼那样去弥合基督教与现代之间的鸿沟，而是接受诺斯替派和现代之间的隔阂。他把诺斯替神话解释为存在主义的行话，只是展示古代诺斯替的面目和现代存在主义者之间相似而非相同之处：

存在主义的本质是某种程度上的二元论，人类和世界之间的疏远……仅有一种情况……在这种情况中实现了那种状态，同时经历着自然事件的巨变。那就是诺斯替的活动。

(Jonas 1963：325)

在诺斯替派中，至少对于那些能最终找到上帝的人而言，疏远的状态是暂时的。在现代性中——约纳斯也正是从世俗的存在主义立场去解读现代性——疏远是永久的。这就是人类的状态。布尔特曼没有极力让现代人认同基督教,约纳斯也没有极力让现代人认同诺斯替派,而是尽力展示诺斯替神话是如何与现代人对话的,不是作为像布尔特曼那样的现代的崇拜者,而是作为现代的怀疑者。神话之所以有如此能耐,是因为它一旦获得正确理解,它所描述的就不是世界的性质而是世界经验的性质。像布尔特曼一样,约纳斯通过重新定性神话的主题去调和神话和科学。

布尔特曼和约纳斯事实上使神话简化成了哲学。第一,他们从哲学中抽取神话的意义,认为神话仅仅是哲学理论的象征性表达。第二,布尔特曼和约纳斯仅仅关心神话的信息,他们忽视神话的来源和功能。毫无疑问,二者去神话的视角是为了神话的信息为现代人所认同。但是他们从来没有考虑过:为什么神话需要传递那样的信息,尤其当哲学已经做了同样的事情的时候。

参 考 文 献

Bal, M. (1985) *Narratology*, trans. C. van Boheemen, Toronto, Ont.: University of Toronto Press.

Booth, W. C. (1961) *The Rhetoric of Fiction*, Chicago, IL: University of Chicago Press.

Bultmann, R. (1953 [1944]) "New Testament and Mythology," in H.-W. Bartsch (ed.), *Kerygma and Myth*, trans. R. H. Fuller, London: SPCK.

Campbell, J. (1968 [1949]) *Hero with a Thousand Faces*, 2nd edn, Princeton, NJ: Princeton University Press.

Cassirer, E. (1946) *The Myth of the State*, New Haven, CT: Yale University Press.

——(1955) *The Philosophy of Symbolic Forms*, trans. R. Manheim, Vol. II, New Haven, CT: Yale University Press.

——(1979) *Symbol, Myth, and Culture*, New Haven, CT: Yale University Press.

Chase, R. (1946) "Notes on the Study of Myth," *Partsian Review* 13: 338-46.

——(1948) "Myth as Literature," *English Institute Essays* 1947, New York: Columbia University Press.

——(1969 [1949]) *Quest for Myth*, New York: Greenwood.

Chatman, S. (1978) *Story and Discourse*, Ithaca, NY: Cornell University Press.

Cornford, F. M. (1912) *From Religion to Philosophy*, London: Arnold.

——(1952) *Principium Sapientiae*, Cambridge: Cambridge University Press.

Danto, A. C. (1965) *Analytical Philosophy of History*, Cambridge: Cambridge University Press.

Fontenrose, J. (1966) *The Ritual Theory of Myth*, Berkeley, CA: University of California Press.

Forster, E. M. (1927) *Aspects of the Novel*, New York: Harcourt, Brace.

Frazer, J. G. (1963 [1922]) *The Golden Bough*, abridged edn, London: Macmillan.

Gallie, W. B. (1964b) "The Historical Understanding," *History and Theory* 3: 149-202.

——(1964b) *Philosophy and the Historical Understanding*, NewYork: Schocken.

Genette, G. (1980) *Narrative Discourse*, trans. J. E. Lewin, Ithace, Ny: Cornell University of California Press.

Grünbaum, A. (1984) *The Foundations of Psychoanalysis*, Berkeley, CA: University of California Press.

Guthrie, S. (1993) *Faces in the Clouds*, New York and Oxford: Oxford University

Press.

Horton, R. (1967) "African Traditional Thought and Western Science," *Africa* 37:50 – 71, 155 – 87.

——(1982) "Trandition and Modernity Revisited," in M. Hollis and S. Lukes(eds), *Rationality and Relativism*, Oxford: Blackwell.

Iser, W. (1974) *The Implied Reader*, trans. not given, Baltimore, MD: Johns Hopkins University Press.

Jonas, H, (1963[1952]) "Gnosticism, Existentialism, and Nihilism," in his *The Gnostic Religion*, 2nd edn, Boston, MA: Beacon Press.

Lévi-Strauss, C. (1965 [1955]) "The Structural Study of Myth," in T. A. Sebeok (ed.), *Myth*, Bloomington, IN: Indiana University Press.

——(1966) *The Savage Mind*, trans. not given, Chicago, IL: University of Chicago Press.

——(1970[1969]) *The Raw ans the Cooked*, trans. J. Weightman and D. Weightman, NewYork: Harper Torchbooks.

——(1978) *Myth and Meaning*, Toronto, Ont. : University of Toronto Press.

——(1988) *The Jealous Potter*, trans. B. Chorier, Chicago, IL: University of Chicago Press.

Lévy-Bruhl, L. (1966[1926]) *How Natives Think*, trans. L. A. Clare, New York: Washington Square Press.

Lubbock, P. (1921) *The Craft of Fiction*, London: Jonathan Cape; New York: Scribner.

Malinowski, B. (1954a[1948]) "Magic, Science and Religion," in his *Magic, Science and Religion and Other Essays*, Garden City, NY: Doubleday Anchor Books.

——(1954b[1948]) "Myth in Primitive Psychology," in his *Magic, Science and Religion and Other Essays*, Garden City, NY: Doubleday Anchor Books.

Mink, L. O. (1987) *Historical Understanding*, Ithaca, NY: Cornell University of Press.

Popper, K. R. (1974[1962]) *Conjectures and Refutations*, 5th edn, London: Routledge & Kegan Paul.

Prince, G. (1987) *A Dictionary of Narratology*, Lincoln, NE: University of Nebraska Press.

Radin, P. (1957[1927]) *Primitive Man as Philosopher*, 2nd edn, New York: Dover.

Rimmon-Kenan, S. (1983) *Narrative Fiction*, London and New York: Routledge.

Salmon, W. C. (1971) "Determinism and Indeterminism in Modern Science," in J. Feinberg(ed.), *Reason and Responsibility*, 2nd edn, Encino, CA: Dickenson.

Scholes, R. (1982) *Semiotics and Interpretation*, New Haven, CT: Yale University Press.

Sternberg, M. (1987) *Expositional Modes and Temporal Ordering in Fiction*, Baltimore, MD: Johns Hopkins University Press.

Tylor, E. B. (1865) *Researches into the Early History of Mankind*, 1st edn, London: Murray.

——(1871) *Primitive Culture*, 1st edn, London: Murray.

——(1881) *Anthropology*, 1st edn, London: Macmillan; New York: Appleton.

——(1958[1913]) *Primitive Culture*, 5th edn, vols 1–2, New York: Harper Torchbooks.

White, M. (1963) "The Logic of Historical Narration," in S. Hook (ed.), *Philosophy and History*, New York: New York University Press.

——(1965) *Foundations of Historical Knowledge*, New York: Happer & Row.

第二章　神话与现象学

弥尔顿·斯卡伯勒

神话和哲学是一对母子。起初只有神话,后来产生了源于神话母体的哲学。① 文字书写和视觉主义充当了"接生婆"的角色。自此,神话和哲学表现出了问题家庭普遍存在的所有矛盾。哲学诞生后不久,就像渴望快快长大的孩子一样,探索着独立自主的种种可能性。诗歌是神话性的,柏拉图排斥它;但当理性的哲学要素遇到困难时,柏拉图又从神话中寻求庇护。中世纪的基督教尽管没有明确认可圣经中神话的存在,但在信奉圣经神话的同时,又拒绝承认异教神话。中世纪好比一个孩子离家在外,却把一张美化了的母亲肖像挂在墙上;它不完全否认和神话的联系,却又敬而远之。现代以来,哲学鄙视魔法和怪兽等与非理性有关系的任何东西,因此它不仅否认了和神话的母子亲缘关系,而且通过"弑母",试图彻底消灭神话世界。到了 19 世纪,在达尔文的影响下,人类学家判定,当一个人长到不再需要母亲呵护时,承认在幼儿时得到她的照顾是可以接受的。然而,到了 20 世纪,尤其是人类学田野调查和社会学研究发现大量神话发挥实际功能的案例以来,哲学偶尔也温和起来,探寻自己的古代家族亲缘关系。哲学及社会科学发挥了许多神话的非认知功能,但又总是认为科学及其自身的批评方法与神话无关。然而,总体而言,哲学还是忽视了神话。最近,这种状况开始改观,出现了几本赞成哲学和神话间的渊源和持续关系的著作。这暗示了哲学对神话再次发生兴趣的迹象,或许也预示着二者重修旧好的开端(Hatab 1990;Daniel 1990;Scarborough 1994)。

哲学不是一门简单独立的学科,而是一门基于不同方法的实践学科。本文将会借助现象学方法研究神话,这似乎特别适合调解神话和哲学间的紧张关系。

---

① 也有人认为神话和哲学同时产生,并且认为先于这两者产生的是神话和哲学作为对立面的一个共同基质(既不是神话也不是哲学,或许只是这样称呼而已),两者通过对比来定义彼此。对我而言,传统的观点更可取,能满足我的研究意图。

首先，我们将描述研究方法；然后，引入这种方法来部分地解释两个颇有影响的西方神话：《创世记》与柏拉图的《蒂迈欧篇》；最后，我们会简要评论哲学和神话之间不可名状的关系。

一、现象学方法

现象论被称为"倾向""流派""领域""共同信念"，但以上每个术语自身是有问题的。现象论经常被称为包含几个手段或步骤的"方法"。它的创立者是20世纪摩拉维亚哲学家埃德蒙德·胡塞尔（Edmund Husserl）。[①] 在相对论、实证论、历史决定论和还原论并存的时代，胡塞尔希望通过哲学科学化的方法，将欧洲文明确立在更加确定而理智的根基上。他认为，这样做的方法就是消除所有先入之见（例如奥卡姆剃刀定律），详尽阐述理论构建，然后把"回到事实本身"的方法还原到这些事物本身。这些事物即现象，是直接经验的素材。或许赫伯特·斯皮格伯格（Herbert Spiegelberg）在他的《现象学运动》（*The Phenomenological Movement*）中给出了与这一方法相关联的各个步骤的最好总结（Spiegelberg 1971）。

1. 第一步进行现象学的描述。它开始于对意识中的事物进行缓慢、仔细、专注的直觉和注意。然后探究这些现象，指出它们的完整要素及其和周围现象的关系。[②] 人们或许会注意到，瓶中的一朵玫瑰并不是永恒不变的事物，它会随着人移步换景、变换方位而改变形状；也会因为出现在灯光下或阴影下而改变颜色；或对着白墙，或置于打开的窗前，或伴着小提琴乐曲，花的意义都在发生改变；它不仅具有空间性，也具有了时间性。最后，现象学家试图用语言从容地表达以上提及的直觉性的和探究性的内容。这样做不是为消除别人直觉认识和探究的必要性，而是为他们这样的尝试探索方法。通常认为这样的描述是选择性的而不是穷尽性的；然而，描述会很充分。

2. 第二步被称作"本质直觉""本质还原""调查普遍本质""本质直观"等。科学家的终极目标不是个体零散的素材，而是发现其中的普遍法则，因此，胡塞尔希望使哲学科学化。相比对具体现象的兴趣而言，他对现象中显现的普遍本质或类型——例如空间、物质对象或人的本质方面——更感兴趣。这种从

---

① 汤姆·瑞芭（Tom Ryba）认为胡塞尔不是现象学的创始人，见 Ryba 1991。
② 相对于斯皮格伯格的"分析"，我更倾向于"探究"，因为后者暗示了"剖析"，这是被斯皮格伯格自己精心否认的。

具体特例到一般类型的过渡没有摒弃直觉而偏好推理，而是包含了推断直观；探索得来的本质要在"范畴直观"中理解。

3. 如果说第二步的重点是确立个体本质，那么第三步的目标就是确立本质的要素及诸本质之间的重要关系。它利用的是"自由想象变更"理论，即在想象中，省略和取代诸本质要素和关系，从而去发现哪些是重要的本质，哪些不是。例如，正方形的四条边是其本质，但具体的边长则不是。

4. 第四步观察现象出现的方式。例如，一件物体可以从不同视角向我们展示自己：从一个具体的边或角，完全暴露在太阳光下、阴暗处或人造光下；人造光又可能是白炽灯光，荧光，白光或彩光，恒定的光或频闪的光；物体显得模糊或清楚，被一道光边或一道晕圈围着。这样的显现模式本身是真实的现象，并值得描述。

5. 第五步是很有争议的部分。对于胡塞尔而言，现象学不仅研究客体的意向，也研究主体的意向，即意向的行为。在胡塞尔的早期哲学阶段，"构造"指的是现象最终确立的方式和意识的几个阶段。例如，我们对人从最初的表面的印象转变到更深入的了解。但是后来当接受了越来越理念化的哲学时，他认为这一术语指的是主体超验或自我构建现象的方式。

6. 第六步也是有争议的，以"加括号"、"悬置（epoche）"、"现象学还原"、"超验还原"等诸多名称闻名。通过文化的渗透，我们从孩提时代起就获得朴素自然的态度。我们经常认定或否认现象是超越意识存在的。我们会想当然地认为自己理解的活生生的世界是真实的，这个世界中的物质也是真实的。我们或许也认为这个世界中某些特定的物质是不真实的。这一步骤不是否认或怀疑世界和物质的真实存在。现象学家应既不是认识论的无神论者，也不是认识论的不可知论者。"加括号"或"现象学还原"，仅包含毫无偏见的忽略存在，把关于存在的信念、信仰悬置，假定一种对经验内容中立的模式（因此保留"加括号"方法），从而剔除存在的问题（因为已经确实不在，因此启用"削减"的方法）。这种做法的目的仅仅是确保哲学家专注现象，不会被与存在问题相关的偏见分散注意力。例如，通常我们认为妄想症的精神分裂症病人所讲的怪诞故事是假的，这种看法会妨碍我们对这些案例进行严肃的研究，或者在问题定性中误导我们。如果我们（提前）"预知"真实空间是欧几里得几何空间，我们就不可能像现象论学者莫里斯·梅洛-庞蒂（Maurice Merleau-Ponty）那样对患精神分裂症病人的空间进行描述。这样的研究引导他把精神分裂症理解为世界存在的一个完整的、可选择的形式。这种看法对精神分裂症的治疗具有启发意义。梅洛-庞蒂也曾研究夜晚空间和神话空间。

7. 最后一步是解释学，胡塞尔并不支持这一步骤。这一步骤必须处理直观的、正在探索中的、描述相似的"并非直接明了的"意义。相反，直接获得的现象被看作"潜在意义"的线索。解释学的任务就是解释潜在的意义。例如，一般的现象学会关注描述梦境的表象（追赶我们的猛兽），解释学会把这一表象看作深层的或者潜意识的意义（神经取向）的一个线索。解释学也是有争议的。实际上，只有第一个步骤得到所有现象学家的认可，后面的步骤的认可度越来越低。结果，在被公认的或自封的现象学家之间，存在着巨大的方法论分歧。

二、存在主义转向

一开始，胡塞尔的现象学实际上是本质主义的，他追求本质和普遍类型，而且对超验主体性的兴趣越来越浓。尽管大多数德国现象学家仍然坚持本质主义，但是从马丁·海德格尔开始，让·保罗·萨特（Jean-Paul Sartre）、莫里斯·梅洛-庞蒂，甚至胡塞尔自己，也以有限的方式把现象学引导到存在主义的方向上来。1962年，梅洛-庞蒂在他的《知觉现象学》（*Phenomenology of Perception*）序言中就这一转向做了最重要的总结，在强调延续传统的同时，他也指出了自己观点中有显著的差异性。①

对梅洛-庞蒂而言，描述的步骤不再从科学的意义上来理解。科学是二阶式的表达；相比之下，感知不是判断或断言阶段的活动，而是在做出判断以前的非定位、非规定行为。世界先要被感知才能被理解，而被感知的世界更加原始、动态、模糊甚至神秘。对这个世界恰当的描述一定是初阶的、不太科学的，这些描述是存在的表征。

从"把自然世界放在括号内"的意义上讲，存在主义现象学是超验的。② 但因为世界总是先于任何哲学活动开始之前存在，"悬置"显示了现象学还原最终的不可能性。如果存在——尤其是人类存在——不会被完全搁置起来的话，那么存在主义哲学就会成为可能。这一转向的全部含义在于：人类不能被认为是创造世界的超自然的自我，也不能认为人类诞生之前世界就已经井然有序，而

---

① 在关注梅洛-庞蒂的观点时，我并无意暗示他的存在主义与马丁·海德格尔和让-保罗·萨特的存在主义之间没有差别，也无意暗示他们的差异无关紧要。然而他的观点是我最了解的，同时也是我认为最有说服力的。

② "超验"指的是在世界存在之后和它的客体已经被"括"起来之后，对于现象学研究仍然悬而未决的领域。这个领域包括意识，既包含它的行为又包含它的意向客体。

应视人类属于世界且是世界本身的一部分，视人类为"在世"的。正如梅洛-庞蒂所言，"不存在内部的人，人生存在世界之中，只有在世界之中他才能了解他自己"（Merleau-Ponty 1962：xi）。在这点上，或许他最重要的成就就是克服了笛卡尔的人类学二元论：一极是客观肉体，另一极是主观的思维或意识，这二者都是由现代主义非激进的反思所产生的具体化的抽象物。然而，感知让自我成了模糊的、暂时的、前客观的统一体。

然而，梅洛-庞蒂不完全反对本质研究，而是把本质看作手段而非目标。另外，本质部分靠研究，部分靠直觉，不能仅靠发现或完全由超验主体来构建。他把本质比作渔夫的渔网，用它把自发原始存在的"晃动的鱼和海草"捞上来。实际上，通过与本质的对比，存在越来越成为重点。

意向性是由思想表达组成的意识特征的替换物。意向性认为意识不是事物，而是朝向目标的方向性行为。在自我意识的情况下，个体本身是意识的对象。梅洛-庞蒂充分利用了胡塞尔提出的行为意向性和身体意向性之间的区别。前者仅被看作朝向有限目标进行的间歇性、反思性智力行为，后者是朝向并为理解整个世界而准备的连续的、前反思性的更全面的意向。正是后者让人类感知这个自发原始、先于断言的世界和与其共生的人类存在。尤其对于梅洛-庞蒂来说，直觉、感觉、能动和语言分别是人体略有差别的意向性操作模式，它们支持并使行为意向性成为可能。这些模式也暗示现象学知觉对象的类似主观性特点。

最后，梅洛-庞蒂进一步讨论和详尽阐述了胡塞尔的"生活世界"这一概念。人是作为"世界存在"而存在于这个世界上的，这是一个有生命、有方向的世界，先于反思，并构成反思的基础；这是一个操作意向性指向的世界，在这个世界中，人是作为生命体存在的。这是所有行为的终极限度、关系框架及行为环境。在这个世界中，他们理解自己的行为；在这个世界中，人类生存、运动，经历尚未哲学化的一切。

现在读者应该清楚：胡塞尔的本质主义现象学已发生了巨大的改变，现象学和存在主义已相互融合。超验主体性的界限已被突破，个体本质已溢入肉体，同时超越肉体，散布于整个世界。这样情形便更加混乱：对现象学方法步骤缺乏共识及由存在主义引入的更大主观性导致对哲学的科学性质的全面放弃。现在现象学成了表达和说明知觉存在意义的工具。根据存在主义的观点，只要我们是生物体，我们就属同类。然而，正如人类具有独特性，每个个体构成只容纳一个成员的独特个体类别，不能简单地通过一个共同类别特征来描述既是存在主义者又是现象论学者的个体。这不足为怪。海德格尔说,"可能性比现实性站得更高,理解现象学在于把它理解为可能性"(Heidegger 1962:63)。对梅洛-庞蒂来说,"我们会在自身当中发现现象学的力量和真正意义"(Merleau-Ponty 1962:viii)。这些陈述意味着其独立于本质派现象学级进方法的独特性,反映了在表达和说明存在主义的意义上,对现象学概念和方法进行调整的一种更富个性的选择。我们现在将本着这样的态度来探讨神话。

三、现象学与神话

现象学方法如何总体或部分地改善我们对神话的理解呢?为了回答这个问题,我会尝试把它运用到《创世记》中的 P 版①中。其次,把它运用到柏拉图的《蒂迈欧篇》中。在此过程中,我会依赖现象学扩展的、不太严谨的存在主义版本,把它多样性地运用到神话世界、产生神话的文化世界,以及为神话寻求普遍理论的学术界。尽管一些学者认为神话故事、民间传说、传奇故事等诸如此类均为神话,我更倾向于认为这些是关于万物起源的传统故事。这种倾向在重视功能的同时也不忽略形式。本文选择的两个神话自古至今对西方文化有至关重要的影响。

现象学试图在某种可能的程度消除阻碍对现象直觉的先入之见。第六个步骤"悬置"旨在预防一种具体的先入之见,即自然的态度,因为它假定一些事物的真实存在和其他事物的非存在。这一观念在神话研究中尤为重要,"神话"这一术语实际上已成为虚构事物的同义词。神话学通常一开始就将它的普通功能与学界认为的它在社会中履行的严肃而重大的功能相区分。即便那些尽力保护神话使其免受诋毁的学者,最终也通常认为神话与过去、原始、主观和虚构相关联。他们会承认神话不仅出现在自己的文化中,也出现在别人的文化中;过去有,现在也有,而且越来越多地出现在科学和宗教中。但他们又认为自己的理论分析是独立于神话的。我在别处已论证了,任何不考虑其本身对神话有依赖性的神话理论绝不会是完全准确的。如果我们不能完全地"把神话置于括号内",那么正如梅洛-庞蒂所说,我们可以"放松那条(将我们和世界相联系的)意图之线",以便迎接生活世界,感受我们对神话的依赖,以此让人类有机

---

① 在《圣经》研究传统中,根据《摩西五书》成书假想论,《摩西五书》的现有版本是在原来四个版本基础上合编而成,其中最早的版本中上帝的名字被称为 Yahweh(转写为 Jehoval),此即 J 版本命名来源。至于 P 版本则主要因为其中记录的内容经过记录牧师(priest)的主观改动。——译者注

会表达神话的存在。

消除更多先入之见对解释《创世记》的创世故事尤其重要。也就是说，在创世经历中，希伯来圣经中的耶洛因（Elohim）或雅赫威（Yahweh）一定利用了柏拉图的"原型组合"这样的观点站不住脚。这一解释自公元1世纪以来就曾经相当盛行，例如亚历山大的斐洛（Philo of Alexandria）就曾把柏拉图的"原型组合"说作为耶洛因的理念引入圣经故事。这一曲解后期产生了巨大影响。

四、作品的世界

当消除了一些先入之见，运用了"悬置"之后，现在该从现象学视角进行直观感知、探究和描述。随着存在主义现象学的转向，当面临解释性任务时，现象学视角就意味着唤起语言意义的激增，其动因则是——拙劣地套用欧根·芬克（Eugen Fink）的论断——"面临文本时的疑惑"。一生的沉思都将服务于如何理解文本本身，以至于在对文本的推敲中产生了直觉发现的、符合原文的解释性意义。这种解决问题的方式避免了对解释本身的纯主观或纯客观的理解，但同时兼顾了文本和阐释者的作用。

首先，观察唯一神创造行为的方式很重要。《蒂迈欧篇》中的创造神匠和J版本中的雅赫威都不说话，被称为P版本中的雅赫威说"让有……吧"（《创世记》1：1－2：4a），通过言语号召或命令世界存在。用奥斯丁（J. L. Austin）的术语来表达，这是行事性言语行为，由言语完成创世有很丰富的暗示。

学者一般认为言语（包括词汇、句法和语法）使人类思想的最高形式成为可能。言语区分了人类和动物，并为人类自封万物灵长的地位提供保证。没有必要把《蒂迈欧篇》的造神匠或J版本中的雅赫威的创造行为看作仅来源于物质而缺乏智慧的愚钝肉体，被称为P版本中的雅赫威的创造是一种更独特的人类行为。耶洛因的更多能力和资源用于创造行为，耶洛因和创造的关系更加亲密。可以对面包师（比作造神匠）做个不恰当的比喻：面包师傅拿出预先存在的心形饼干切割机，把面团压成饼干，面包师傅几乎没有投入任何个人感情，不会关注任何个别的甚至整炉的饼干。不像诗人会在意自己创作的某一首诗，尤其是那些被公认为"出色"的诗。当创作的诗歌包含另一个诗人的创造力——例如一个与耶洛因相比没有灵感和技巧，但也能用语言创造美好事物的生物（人类）——那么这个诗人和上帝一起属于一个诗人的团体，他们共同参与创造美与善。这样的诗人身上有着上帝的形象，同时也和其他创造物一起，成为神圣艺术家珍视的艺术作品。

另外，如果耶洛因不像柏拉图的创造神一样具有永恒的形象（光辉的典范，因为完全没有内容而十分易懂），那么就有这种可能性：上帝并不清楚"让有……吧"会是什么后果。另一方面，我们也不会认为上帝的创作是无意识的，因此耶洛因的行为类似于神匠和印第安库摩库姆斯（Kumokums）行为的结合。库摩库姆斯是默多克斯（the Modocs）土著，他在玩泥土时无意开始了创造，情不自禁地感叹，"我不知道会发生什么"。与库摩库姆斯相比，耶洛因的创造就不仅是凭借百无聊赖中的好奇心和胡乱涂抹的动作（Marriott and Rachlin 1968：45）。上帝命令的正式语气和六天创世工程展示的结构，暗示了严肃的意图和一个即使没有清晰蓝图但目标确定的大致想法。实际上，耶洛因的创造行为类似存在主义现象学对人类说话行为的描述。让我们设想两个人交谈的情景：说话人的陈述，听话人予以恰当回应，但回应的起源是极为神秘的。不像建构派，总是事先假定自己的立论：我没有回忆词库然后选择正确言语的经验；我也未曾选择并应用某个原则，并按照此原则选择与组织语言，形成意义丰富的应答。实际上，如果没有某种隐藏意义的话，那么选择和组织行为便缺乏引导。尽管我本来可以做到，但我没有在回答之前有意识地检查自己要说的话。相反，如果我表达清楚，那么我专注会话的行为就会从自身某些未知区域传唤出恰当的回应。在我明晰地意识到自己的说话内容之前，我的舌头已将这个回应发送到我们共同的对话空间。事实上，我和你同时听到自己的回答，而没有提前；我对它的惊讶程度也和你一样。对表述行为的这一解释似乎适用于耶洛因创造性言语行为。

从更专业的角度看，我们或许可以说言语是一种意向性模式，甚至当它们表达一种行为意向性时，言语行为也包含在操作意向性中。我们对谈话对象回应的言语是一种前反思行为，言语用于表达我的精神—肉体存在。就像我伸胳膊就可以拍打停在我后颈上的蚊子，而不需要为了拍打蚊子再采用一套笛卡尔式的坐标，进而在欧几里得几何空间中确定我胳膊和蚊子的精确位置一样，我也不需要给我的言语和它们明白易懂的目标之间找到明确定位。如果因为具有明晰的形式而判定神匠行为代表完全行为意向性，又如果因为缺乏明确的目的性而判定库摩库姆斯行为代表完全操作意向性，那么耶洛因的"让有……吧"这种言语行为则表达了一个行为意图，旨在创造了一个包含对背景资源前反思依赖的世界，而他自己甚至也倚重这些资源。另一方面，即使在创世行为之前，神匠也可能已经——仅在柏拉图所指的意义上，即主体上——知悉物质世界将是美好的。因为对柏拉图而言，知识仅仅意味着知识的本质或形式，这是神匠预先就具有的；耶洛因没有这样的形式（即知识），只能拭目以待。

读者会发现，文本中并未直接提供耶洛因的操作意向性，而是隐含的。它的出现是斯皮格伯格现象学方法中最后一个步骤——解释学的结果。正如在《创世记》中 P 版本中的创世描述所揭示的那样，这个意向性是耶洛因的自然的假定本质成分。"假定本质"这个表述或许反映了本质派的调整，准确性明显降低，一种模糊的本质被发现了，这种本质在某种程度上是通过比较《创世记》P 版本中的耶洛因、库摩库姆斯、神匠，以及 J 版本中的雅赫威来获得。比较的作用就如同自由的想象变体，因为他们为耶洛因本质的解释提供了选择的可能性，而与文本直觉意义最相符的选项将是最终的选择目标。

以上对耶洛因创造行为的解释暗示了耶洛因和创造的本质。如果文本符合将耶洛因看作具有意向性的阐释，那么耶洛因是暂时的，或包含暂时性——不仅是内在的、理想或超验自然的暂时性，而是神在进行物质性、历史性创造中所表达的暂时性。它不像许多传统基督教神学家所坚持认为的纯粹不朽的存在。这将暗示，从某种意义上说，耶洛因的身份并不完美，而是和我们一样，是一个不断完善的创作。耶洛因燃烧荆棘的故事中的语言——一个选择性译文——支持了以上观点。摩西请求上帝赐告真名，上帝回答，"我将是我所将是"或"我将造我所将造"。换言之，上帝在说，"欲知我人，细察我行"。而且，如果上帝的行为最终来自一个前反思性的立场，那么他的身份就不会被我们或他自己充分认识。耶洛因的创造行为似乎不断发展，就连他本人也无法精确预见。

一些《圣经》学者把《创世记》的开篇词这样翻译："在上帝创世之初，他创造了天和地。"用动词"创造"代替名词"创造行为"可以理解为暗示自然界和社会的时间特性，也暗示了创造行为的延续性特点，创造行为在继续。相应的，在《创世记》后续章节中，创造神话导向传奇故事，在《圣经》较晚的章节中导向历史主体，不仅反思，同时促发人类史及其历史意识。针对此观点，约翰·普里斯特（John Priest）认为《创世记》中的创造论引起对"神话发生地的重新定位"，以致"对以色列而言，历史本身成为神话学的模式或载体"（Priest 1970：55）。因为雅赫威的行为即使对他自己也不是"透明的"，而且历史仍然不完整，所以创造在某种意义上——正如过程思想所认为的那样——是一种冒险。因此，上帝并不是无限意义上的全能全知，而是像在灭世洪水事件中一样，后悔自己创造了人类。

关于创造，文本中已充分论述了它的积极意义。相对于柏拉图《蒂迈欧篇》中神匠创造的物质世界，耶洛因的创作也是真实的。如果物质既真实又美好，那么——正如柏拉图主义和新柏拉图主义背离形而上学,或认识论的理想主义背离道德禁欲主义——《创世记》P 版本也不会贬低肉体需求、性欲或否定物质享受本身。

将创世行为阐释为上帝珍爱的口头诗歌这一艺术形式,实现了对上帝存在的真切表达,同时惠及表现上帝形象的其他诗人,算是选择了一条中间路线:一方面,顾及了将世界(包括人)刻画为天生之神(如天父与地母)进而赋予其神性的神话;另一方面,也顾及了将世界刻画为只具有物质性的神话。这一阐释虽然未将众生等量齐观,但支持对环境的关切。这体现在,它不仅否认了创造仅是利用自然资源随意开发的观点,而且在论述创造的属性时尽量突出神圣性又能避免将其树立为崇拜对象。的确,《圣经·旧约》中《诗篇》说人类"比上帝差一点"。

耶洛因创造的也是一个偶然的世界。对于物质世界的模型,神匠受限于原型,而这些形式又是永恒不变的:没有新的形式出现,现有的形式不会消失。在神匠简单模仿性、基本惯例性行动之前,这些原型决定了创造的内容,最终的世界是一个必然的世界。耶洛因的创造摆脱了预设的、永恒的形式,是他自己创造力的自由发挥。作为一个被刻画为自由的存在,他本可创造出一个与实际结果不同的世界。

耶洛因的创造不是完全可以理解的,柏拉图的形式是完全可理解的。这些形式从开始便与物质分离,神匠比照这些形式将物质塑形。实际上,创造的可理解性因这一分离而成为可能。基于物质和形式的原初分离,由神匠创造的物质世界中诸物在本质上是复合性的。对柏拉图而言,既然形式单独构成神匠所创造事物的本质,那么创造出的世界的知识是单独由形式或本质的知识构成的。事物的复合性本质意味着本质可以同事物的物质组成成分区别开来。因此,神匠构建的世界是完全可以理解的。如我们所见,耶洛因没有预先存在的、独特的形式,他的创造行为是在前反思背景下的明暗对比与阴影中产生的,因此创造行为也带着这一背景痕迹。

如果没有预先存在的形式,那么是否有先前存在的物质?"从虚无中创造万物"的传统教义坚决否认这一点,因为它的目的是排斥"把物质看作先天邪恶"的新柏拉图主义的观点,反驳"独立、混乱、先前存在的物质能拒斥上帝塑造物质世界的意志"的说法。但是,该教义在哲学性、科学性及文本层面都是有问题的。①《创世记》第一章第 2 节中提到"深渊"和"汪洋",并暗示二者就是雅赫威将赋予秩序的无形的、混乱的材料。这种解释由以下事实进一步佐证:用于描述耶洛因创世行为的希伯来语"bārā"所表达的意思是"切割并塑形",而不是"从无生有"。承认物质的存在便统一了 P 版本、J 版本、《蒂迈欧篇》和美索不达米亚地区普遍传说的相关内容。不过,一个可选择、非二元论、非现实主义、非理想主义的文本阐释还是有可能的。

根据奥斯丁的行事性言语行为模式,"让有……吧"是一个意向性行为,对应的是另一个操作性行为。解释耶洛因的创造行为,至少在传统意义上并不要求"从虚无中创造万物"这一条件。奥斯丁说,当一个有正式资格的牧师说出适当的话,让一对新人从此步入婚姻殿堂成为现实时,并不是说他的话有神奇力量,顷刻之间从虚无中创造出两个个体。存在主义现象学的方法也不支持这样的解释,仿佛我们认为形式和语言或物质和意义的二元论属于耶洛因意识的内质性。从现象学观点来看,语词的运用相对于主体——在以上解释中具体为语词相对于耶洛因——是基于前反思背景的突发表现。形式与物质,语词与意义的区分在抽象的、反思的分析中(至少)是二阶运动。那么,物质是怎样被确认为现实存在,同时既不在现实意义上外在于耶洛因,也不在理想主义的意义上内在于耶洛因(例如仅仅作为观念而存在)?答案需要几个步骤。

第一,"深渊""水""无形或空"可以被理解为指向耶洛因所采用物质的前客观性特点。客观思想包含梅洛-庞蒂所指的"恒定假设"。根据这一假设,世界包含本质上完全确立、固定的事物。一个立方体有六面,每一面都是面积相同的正方形。但如梅洛-庞蒂所示,这样的立方体在经验中并不存在,它只是反思的产物,因为反思行为选择、简化和进一步确定知觉感受。从现象学上讲,当被感知物和客体世界发生联系并共存时,被感知物就是意向性模式和身体主体暂时结合产生的相互关联的事物。因此,主体感受的客体转瞬即逝、若隐若现、虚无缥缈、模糊不清、变幻不断、随境而动。客体并不具有切实的丰富性,因为此种丰富性在体验中并不存在。不像给已经确定的、在大量体验中已经"切割"成熟的客体随意贴一个发明的标签那样,通过言语行为创造世界并不是随意命名那么简单;也不像是先在小人书上用醒目的线条把剪纸娃娃的轮廓精确地勾勒出来,然后依样剪切,通过言语行为创造世界就如同把自己头

---

① 解决这个问题的一些巧妙的建议已经给出了。在宇宙大爆炸论(Big Bang)产生后不久,最新的观点认为"时空本来会在任意的量子波动中和物质-能量的出现同时存在。这种波动出现在真空里,对于所有实际目的来说毫无意义。见 Barbour 1990:138。

脑中构思的风景画展现在油布上，或杜撰新词来表达自己的创见。

第二，不像客观对待的物质，前客观的物质融入耶洛因的生活世界。雅赫威是自我—自然—他人构成的生活与前反思世界的一部分，上帝的行为同样限定于这样的环境。

第三，这个神圣的世界不仅是雅赫威生活的环境，也是他自我存在本身的一部分。梅洛-庞蒂有关人类主体性的观点适用于耶洛因："世界与主体不可分，但与世界的创造可分；主体与世界不可分，但主体与创造世界自身的世界可分。"（Merleau-Ponty 1962：430）换句话说，耶洛因也是一个世界的存在。因此他创造世界就是创造他自己。在创造中，物质和形式基本上难以区分。① 只要耶洛因针对前客观性世界的创造性言语行为产生于前反思背景，而他自身身处其中而又身兼物我，那这一行为即为"虚无"。这使得P版本接近西田几多郎（Nishida Kitaro）等佛教哲学家的思想。对他们而言，"虚无"——大乘佛教的"空"（永久性存在状态的因果性、有条件性虚无）与道家思想"无"（源）的结合——据说是所有存在的源。耶洛因的前反思世界存在就是"虚无"。②

第四，P版本对了悟创世具有启示意义。如果耶洛因的创造行为对他自己来说都不是完全清楚的，如果他不具有先前存在的、作为独立的、理性的客体的永恒形式，又如果物质和创造的形式方面基本一致，甚至抽象的思想也不会将它们严格分离，那么了解创造就需要既熟知物质和形式，以及感官的应用。自然法则的科学性知识，必须是经验主义的。回忆一下，即使耶洛因也必须在判断出新创造世界的善恶好坏之前，对其进行观察；相比之下，柏拉图和《蒂迈欧篇》为有关世界的知识的纯推论法提供了根据。理性存在于它自身堕落在物质之前，它预先瞥见可知世界的纯粹形式，因此它可以通过反思的方式而不是借助感官感知形式。即便知觉适应了客观事物的复制品，它作为辅助记忆的工具或许有用，但在原理上也是没必要的。中世纪的修士试图用亚里士多德的哲学原理去推断马嘴里牙齿的数目，这一内容就在我的大学心理学课本里。这里反映的是《蒂迈欧篇》的影响。然而，有些人提议只需把附近的马抓住，数数它的牙齿即可；后面这些非墨守成规者的行为与《创世记》P版本中所述做法一致。③

---

① 这种解释与传统基督教理论是一致的，对此我并不抱幻想。它与过程神学有许多共同之处。

② 梅洛-庞蒂认为，基于人类肉体的基本属性，生活世界才成为可能。我的解释认为上帝一定存在肉体。如此，则以上所述与过程思维又可彼此印证。

③ 在本节的许多重要观点上，我要感谢福斯特出版的著作（Foster 1969），他更关注神学和哲学，而不是神话。至少他的方法论很显然不是现象学。

五、神话创造者的生活世界

完成了现象学方法在具体神话作品世界中的运用之后,我现在要把它运用到神话创造者的世界中。本章第一小节是现象学在思维学中的运用,研究意向性行为的客体或内容(神话世界);本节是运用理智论研究意向性行为本身。然而,对于存在主义现象学,意向性行为的主体是客观存在;从这一观点来看,生活世界就成了主体和意向性行为的一部分。为了完成这个理智论任务,我将集中考察古希腊自我—自然—他人社会世界的一个层面(这也是神话创造者意向性行为的一方面),指出其在创造一种重要的希腊式"在世"方式中所扮演的角色及其对西方文化的重要性,包括它在神话和哲学之间错综复杂的关系中所起的作用。①

我以讲故事的方式开始吧!在我研究生阶段的最后一年,我的论文指导老师请了一年的公休假去希腊研究绘画艺术。指导老师一回来,我和他的其他几位弟子决定为他办一个欢迎晚会。我们找了当地一家希腊风味的餐馆以充分体现希腊式晚宴氛围,同时还决定给他买一件礼物。既然他研究绘画,还有什么能比一幅画更适合作为礼物呢?我们在邻近的教堂山发现了一位画家,尽管当时囊中羞涩,但他的画我们还买得起。他当时手头已经完成的画作——一幅惟妙惟肖的希腊风景画——正合我们的心意。画中几间白色小屋偎依于峭壁,俯瞰爱琴海。晚宴时刻,大家吃完最后一块葡萄叶卷,我们就把画呈给老师。他的脸上闪过一丝诧异的神情。他问道:"你们究竟从哪里弄到这幅画的?""教堂山。"我们说。"怎么可能!"他说道。"为什么呢?"我们问道。"因为这幅画是在希腊画的。"他肯定地告诉我们。他继续解释说,所有画家都知道,希腊的风景弥漫着一种特别的亮光。如果画家有精湛的技艺,他会把亮光画在油画布上。"看,那儿有光。"他催促我们看过去,可是我们外行人什么也看不出来,于是我们仍然坚持说这幅画不是来自希腊,而是从教堂山买来的。为了了结此事,唯一的办法就是给画家打电话,把问题推给他。结果画家说:"对,是的,我刚从希腊回来,这幅画是在那儿画的。"

几年之后,我给大一新生开设了一门人文类课程,选用的教材是英国古典

---

① 只要存在主义理智论能关注生活世界的自我,它就能解决传统的作者问题。同样,通过关注生活世界体系中的他人,就能解决读者问题。

学家 C. M. 鲍勃（C. M. Bowra）的《希腊的体验》(*The Greek Experience*)。在此书中，我很高兴读到下面这段描写希腊风光的文字：

> 最重要的是光质……希腊风景的美主要取决于光。这已对世界眼中的希腊产生了深刻的影响。正是因为通过了强烈清晰的光线，它排除了变动的、感伤的、模糊的效果，而这正是法国或意大利风景的魅力所在。希腊风光更能激发雕刻家而非画家的想象力，因为这种想象力取决于清晰的轮廓和整体感，主体在空间中被强调的感觉，以及自然曲线和凸体背后的力度与韧性。这样的风景和光给我们的眼光强加了它的秘密准则，使得我们更关注事物的结构和立体轮廓，而不是诡秘的透视图或平面空间关系。以上内容就解释了为什么伟大的雕刻家和建筑师在希腊能够人才辈出，为什么甚至在他们的绘画艺术中，任何设计的基本图都是精确、大胆的线条。
>
> （Bowra 1957：23-4）

这儿提及的"秘密准则"即为感觉系统的创造，即以系统形式存在的感觉的具体的、习惯性构造，它体现了偏爱于视觉的概念性"逻辑"。有了数学与读写视觉技术的辅助，视觉感觉系统不仅影响史诗和戏剧的风格，也促进了哲学的诞生。C. M. 鲍勃继续写道：

> 也不要认为希腊的光在希腊人思想的形成中所起的重要作用是匪夷所思的。正如北欧多云的天空培育了挪威神话或德国形而上学的巨大成就，希腊的光的确影响了希腊哲学中的清晰认知。如果希腊人凭借业已形成的表达抽象思想的术语而成为世界上首批真正的哲学家，那主要是因为他们的思维——就像他们的眼睛一样——自然地寻求明晰和定义清晰的事物。他们的感官因为光的力量而得以敏锐运作；当感官灵敏时，思想也会同样敏锐，同时努力让思维有序地接受感官信息。正如柏拉图在寻求大量现象背后的超验主义原则时，往往把它们看作个体对象，而把他的中心原理比作照耀可视世界万物、显示所有事物的色彩和形状的太阳一样，希腊哲学直到可以用清晰的定义详细阐述思想、清晰而浅显地确立框架时才满意。
>
> （Bowra 1957：24）

从现象学的观点来看，首先，C. M. 鲍勃谈及的光不是自然环境的客观特征而是前客观世界的特征之一。光对知觉和思维的"影响"不是起到客观诱因作用,而是一种主观动机。因为这个前客观世界不是由行为意向性或操作意向性构成的,而是一个生存的世界,本身动机是前反思或操作意向性。

或许希腊可视主义最有特色和最重要的成果是柏拉图的原型组合说。这些形式体现了视觉主义追求明晰,进而通过与黑暗和模糊的分离,以及对关键与动态因素的稳定来获得明晰。不像 P 版本中的耶洛因,他的形式和物质基本上是相互联系的,来自上帝;在可知世界里,原型组合完全不同于混乱的物质,两者也都不同于神匠。原型组合本身完全是分离的,这就完全消除了阻碍达到理想状态的比照与歧义效应。这是排中律(Excluded Middle Law)和逻辑优先于经验的基本原理。如果说阿奎那(Thomas Aquinas)用"在一个层面上一个接一个地排列"来解释"机器",那么早在牛顿之前的数个世纪,这一基本原理就已经为机械论奠定了基础。奥特加·伊·加塞特(Ortega y Gasset)领悟了柏拉图原型组合的重要性:

> 苏格拉底第一个认识到理性是一个新的宇宙,它比我们在环境中自发发现的内容更加完美和优越。看得见、摸得着的现象不断变化,出现和消失,相互转换;白变黑,水蒸发,人死亡……人的内在世界也是一样的:欲望和计划在变化和相互抵触……另一方面,纯粹思想或逻辑构成一套永恒的完美精确的存在。"苍白"这一概念只包含"苍白";运动永远不会成为静止状态。"1"总是"1",就像"2"永远是"2"一样……毫无疑问,已经发现了真正的现实。相比之下,自然的生活呈现给我们的另一个世界经历了自身价值的自动贬抑。
>
> (Ortega y Gasset 1961: 54 - 5)

前文中并没有打算对视觉感官或其在反思过程中的想象力作用进行评判,但是暗示了对视觉主义的评论,例如在忽视其他感官的情况下突出视觉的价值,以及其他感官对认识论和本体论的价值。由现象学的思维原则揭示的希腊神话创造者对视觉的偏爱,有助于理解一种希腊式的存在及由此产生的柏拉图《蒂迈欧篇》的创世神话。

六、关于哲学家的任务

在此我希望仅就哲学与神话相联系的内容如何展开工作提出几条建议。在奥特加的最后章节,我们找到了修复它们两者关系的可能线索。那个"由自发生活呈现给我们的另一个世界"正是存在主义现象学家所指的生活世界,它主要以故事形式呈现出来(Carr 1986)。虽然柏拉图的《蒂迈欧篇》本身也是故事,然而它是终止所有故事的故事,因为它的中心人物是不会说话、无生命、不动的原型组合。它们没有行动,不会说话,不能创造任何戏剧。它们可以用推论的语言表现出来,它们仅作为陌生的、非现实世界的成分进入生活,而且这种生活必须被视为部分的,而不是整体的。《蒂迈欧篇》成为西方支配严肃话语智力标准的神话源头,这就必然导致生活及包括神话在内的、表达生活的故事形式的"自动贬值"。

然而存在主义现象学的解决方案,主要倚重于梅洛-庞蒂努力把"本质重新放回到存在之中",以及他"重新获得与世界直接的、原始的接触"的意图"赋予这种接触以哲学性地位"。(Merleau-Ponty 1962:xii)这一使命要求重新构想生命和思想之间的关系。现象学把这种重新构想的关系称为"根基(Fundierung)"。梅洛-庞蒂对它做了如下的描述:

> 理性和事实,或永恒和时间的关系,就像是反思和非反思之源,思想和语言,或思想和感知的关系,都是现象学称为根基的双向关系:创立项或创始者——时间、非反思之源、事实、语言和感知是原生的,因为被创立者是作为创始者的明确的形式呈现出来的,这阻碍了后者重新吸收前者。不过从经验论的意义上讲,创始者不是原生的,被创始者也不仅仅是派生的,因为正是通过被创始者,创始者才得以清晰明了。
>
> (Merleau-Ponty 1962:394)

当人们认识到神话是创始者的形式时,就有了解决神话和哲学之间冲突的希望。对于已经发生存在主义转向的现象学而言,神话首先是意图形式、操作意向性,其目标是获得对生活世界的全面理解。神话的第一种语言表达采用了故事形式,反映了生存世界的现实特征。它旨在更好地领悟这个世界,更有效地生活在其中。然而,在文字技术的帮助下,视觉主义的突发奇想把口头的、时间性的或叙述性的意义转化为文字的、空间性的、推论性的意义。采用的方式是将意义确定于一张纸的表面,从而使意义得以被深思、分析,并进一步抽象与确定。但是,从它自己的抽象产物来说,视觉主义哲学不再承认或认可自己在生活世界中的起源或其神话表述。但是,存在主义现象学认为生活世界是哲学生存变化的持续性环境,哲学是这一环境的抽象蒸馏物。当然,哲学必须修正和阐明生活世界中产生的观点,但这种合理而有益的改进毕竟有限,不能完全切断和摆脱与产生它的机制之间的联系。这也就解释了其方法论层面的谦卑。如果意义产生于生活世界中身体主体的前反思内在性的话,那么方法论作为二、三阶层次的反思产物，较之于我们向别人证明自己通过其他方式所获得的意义的合理性方面的作用，方法论本身在产生意义中所起的作用就要小一些。最后，文章也暗示自身是依托于神话的：文章借重于《蒂迈欧篇》和《创世记》，但细心的读者会觉察出关键论点上后者的优先地位。

如果认可了神话和哲学间的联系，哲学会更进一步论证神话持续存在的影响，甚至对当代最复杂的思想产物的影响。按照胡塞尔的观点，意向既回顾过去又前瞻未来：作为行为意向性，意向表现为回忆和期望；作为操作意向性，意向表现为核心记忆和预知。通过留意主题身份、结构同源和共同取向，我们就能够辨认出诸如科学和哲学领域的时兴理论与理论学家所反思中的古代神话之间的家族相似性。我在别处已尝试说明了《创世记》和《蒂迈欧篇》各自的影响，包括对宇宙大爆炸论、稳恒态宇宙论、宗教研究中历史和现象学方法论、科学哲学的持续性和法律模式的解释、哲学人类学中的存在主义和本质主义、巴特的结构语言学中的历史和神话等（Scarborough 1994：chap. 4）。我希望本篇研究不仅会使前面提及的神话和哲学间的家族相似性得到认可，而且能阻止"现代性弑母冲动"，实现"母子团圆"：神话承认哲学已长大成人，享有独立自主的权力；哲学认可它的古代渊源及自身仍旧携带的神话基因。

参考文献

Barbour, I. G. (1990) *Religion in an Age of Science*, vol. I, San Francisco, CA: Harper San Francisco.

Bowra, C. M. (1957) *The Greek Experience*, New York: The New American Library.

Carr, D. (1986) *Time, Narrative, and History*, Bloomington, IN: Indiana University Press.

Daniel, S. (1990) *Myth and Modern Philosophy*, Philadelphia, PA: Temple University Press.

Foster, M. (1969) "The Christian Doctrine of Creation and the Rise of Modern Science," in D. O'Connor and F. Oakley (eds), *Creation: the Impact of an Idea*, New York: Charles Scribner's Sons.

Hatab, L. (1990) *Myth and Philosophy: A Contest of Truths*, LaSalle, IL: Open Court.

Heidegger, M. (1962) *Being and Time*, trans. J. Macquarrie and E. Robinson, New York: Harper And Row.

Marriott, A. and Rachlin, C. (1962) *American Indian Mythology*, New York: New American Library.

Merleau-Ponty, M. (1962) *Phenomenology of Perception*, trans. C. Smith, London: Routledge and Kegan Paul.

Ortega y Gasset, J. (1961) *The Modern Theme*, trans. J. Cleugh, New York: Harper and Row.

Priest, J. (1970) "Myth and Dream in Hebrew Scripture," in J. Campbell (ed.), *Myths, Dreams, and Religion*, New York: E. P. Dutton and Co.

Ryba, T. (1991) *The Essence of Phenomenology & Its Meaning for the Scientific Study of Religion*, New York: Peter Lang.

Scarborough, M. (1994) *Myth and Modernity: Postcritical Reflections*, Albany, NY: State University of New York Press.

Spiegelberg, H. (1971) *The Phenomenological Movement: A Historical Introduction*, vol. II, The Hague: Martinus Nijhoff.

第三章 神话与语用符号学

威廉·帕沃尔

最古老的神学观念之一源于古希腊诗人笔下的众神及其哲学阐释。古代基督教基本继承了古希腊人对神学的理解,只是略作修订以反映自己一神教观念中的上帝及一神教观念中耶稣作为上帝的化身符号这一观念,进而确认当下与未来人和上帝可能的身份关系。基督教《圣经》里已或多或少记载了早期基督教社会及以色列充满丰富想象力的游吟诗人创作的有关神话内容的篇章。基督教哲人对这些作品的阐释就构成了基督教哲学。至少这已经是多少世纪以来研究基督教神学最正规的途径之一,为今天人们认识和研究神学提供了一种经典模式。基督教神话或基督教叙事诗,又或上帝和天国的故事(传说),给早期的基督教哲学提供了首要的话语基础,而这种哲学的功能就是阐明并批判性地证实基督教神话中主题思想的本体论含义和存在主义的意义。总之,基督教神话及其哲学阐释给基督教社会提供了一种或许可以用作基督教徒生活指南的世界观。

基于以下理解,即神学和神学观念是有关上帝或众神的思想和言论[可以从希腊语中"众神"(theos)和"上帝"(logos)这两个语词的含义"上帝"与"道"中得到进一步解读],假定我们不认为神话是虚假的,也不认为道是真实的,那么我们还可以从隐晦的或非批判性的角度探讨神话的合理性,也可以从明确的或批判性的角度探讨阐释的合理性。考虑到神话有可能是真实的或虚构的,我们对神话的哲学阐释工作就是用非神话的学术语言表达其学科观点,并证明或试着证明神话的真与伪。如此,我们便可以不割裂逻辑关系就明确地区分话语的两个层次。在查尔斯·桑德斯·皮尔士对术语的解释中,神话的逻辑是日常逻辑而不是学术逻辑(Peirce 2.186ff.)。① 另外,如果按皮尔士的观

---

① 本文采用标注卷号和段落号的办法来标识参考皮尔士著述的相关内容。例如,2.227 表示引文出自第 2 卷第 227 段。

点，逻辑学和符号学合二为一，那么要认识和创立神学，我们就必须理解神话及其哲学阐释的符号结构。正如中世纪先贤运用语法、逻辑和修辞结合的综合方法来理解和研究神学，我们当下也可以很好地运用包括句法、语义、语用三个分支在内的符号学。今天的符号学继承和发展了中世纪的三大学科。用理查德·米勒·马丁（Richard Miller Martin）的话说，逻辑符号学就是"现代三大学科"（Martin 1992：xi）。

本文中，我是在宗教作为文化体系的背景下讨论基督教神话的形式与功能及其哲学阐释的。第一部分主要讨论作为非常有用的工具，当代三大学科在语言和非语言符号的阐释与建构性应用中的作用，其范围和领域几乎涉及人类文化所有形式、语域，包括宗教的文化体系。第二部分讨论作为话语模式的基督教神话。这一模式主要被用以表现谁是人类心中的上帝，并用以唤醒与维系基督教文化体系背景下人对上帝的信仰。第三部分集中讨论哲学阐释作为理论工具的必要性，阐明基督教神话的主旨思想，批判性地证明基督教自身蕴含的隐性真理主张及其与人类自我认识的关联性。

一

1897年，理查德·桑德斯·皮尔士曾写道："从广义上讲，逻辑学……仅是符号学的代名词，是准必要或正式的关于符号的学说"，并进一步解释说：

> 对某个体而言，符号或表征代表着某物的某一层面或某一特性。它指向个体，意即在其头脑里形成了一个对等的，也可能是更成熟的符号。新形成的符号我称之为第一符号的解释项，该符号代表的意思就是对象。

（2.227ff.）

以上是皮尔士最早贡献给当代符号学理论发展的一部分具有深远意义的内容。到了20世纪，这一理论已经得到广泛的阐释与发展。最广泛的符号学理论含义不仅包含人类生产、使用与阐释各种简单的、复杂的符号体系的活动，而且包含各种有机体和动物利用特定事物并将其作为事物的符号，或对与自己繁衍发展至关重要的某些方面而予以回应的活动。

考虑到所有形式的人类文化中，各种或简单或复杂的自然语言运用所具有的核心地位，以及人类交流艺术与行为中运用语言体系的多样性，语言符号本身及其符号化过程与意义在符号学中就具有了核心性的重要地位。其结果是符号学中最发达的形式已经存在于元逻辑或逻辑符号学语场中，即句法学、语法学和语用学三种系统的现代学科之中。早先皮尔士把自己的研究领域视作中世纪三学科的继承，并遵循这一传统，把符号学的三个分支分别定义为"纯粹语法""合理逻辑""纯粹修辞"（2.229）。查尔斯·W. 莫里斯（Charles W. Morris）又将其分别再命名为句法学、语义学和语用学。鲁道夫·卡尔纳普（Rudolf Carnap）接受了这一观点，但把句法学改为句法。不久之后，卡尔纳普开始意识到，与系统的句法学和语义学一样，系统的语用学也是必需的。理查德·米勒·马丁写成了第一部系统语用学著作，其形式可用于研究自然语言的句子，亦可用于哲学性分析目的。实际上，正如系统语义学在理性重构真值对等理论以及区别分析-综合差异，进而实现在逻辑上不仅支持具体科学，而且支撑形而上学（哲学）所发挥的作用，系统语用学囊括了言语行为理论研究的大部分内容，以及当前有关句子或命题认同、信念和理性判断等认识论研究的内容而且支撑形而上学（哲学）（Morris 1983，Carnap 1939，Martin 1959）。

到了中世纪，符号学的科学地位已经确立，人们可以谈论符号学的历史、理论系统构建及应用符号学。进而言之，自从有了皮尔士等先驱在现代逻辑推理方面的成就，系统符号学通常预设了正式的、包括逻辑关系一致性在内的真值-功能和量化逻辑，以及归纳逻辑和皮尔士本人提出的外展逻辑。通过个体或分体论演算和时态或事件逻辑，系统符号学也得以完善。这种蕴含丰富的逻辑学概念可被看作实用主义的特定性，其呈现的形式更像是古典主义而不是新古典主义的，同时对宗教、哲学和方法论来说是非常有用的工具。这门制作精良的工具是对非客观性逻辑的扩展，也就是皮尔士所说的日常逻辑（2.188）。在包罗万象的生活现实中的认知、意动和情感层面，人类借助日常逻辑认识和处理周遭环境中的现实问题。

在近年的几篇文章中，我曾尝试运用理性重构皮尔士式的逻辑，或称作语用符号学。莫里斯、卡尔纳普、马丁等为认识宗教和哲学问题之目的而不断完善它。我想继续沿着这一方向进一步阐明和完善我本人曾提出的观点。具体而言，我将运用逻辑符号学或语用符号学的部分内容来更深入理解基督教神话及其哲学阐释。在历史维度方面，二者都呈现出了由文化、本体论和存在论组成的三角符号结构。文化层面包括基督教社会中的各种符号或表征项；本体论层面包括社会存在和价值观，两者都被看作基督教信仰的对象；而存在论层面则涉及信念、信任、忠诚等信仰解释项，以及幸福、和平、快乐等情感解释项。

众所周知，神话的主要源泉是宗教，就像人们常说神话是众神或上帝的传说。根据个人偏好，还可以说神话是"神圣的"传说。神圣的事物无论多寡，都值得崇拜。人们或许珍视弱小生命，但只会崇拜具有较高或最高价值的对象。只有神圣的对象值得我们满怀信念和忠诚，将其当作价值的来源和守护者。但这一宗教精神家园的本质是什么呢？

从符号学角度看，英语中"宗教"一词具有歧义性和模糊性。从逻辑句法学看，它可以作为一个名称或述谓词出现。但如果你是希腊和拉丁先哲们的信徒的话，就会认为这个词是宽泛的或谓词性的。这样，它似乎指向一个级层，具有了涵盖级层诸成员的丰富内容。然而，这一术语自身的歧义性和模糊性仍使我们感到迷惑。虽然英语惯用法中"宗教"一词具有双重功能，但希腊和拉丁的先哲却用两个词来表达，既区分而又不割裂这一双重功能。希腊语中的单词 threskeia（敬虔的敬拜）和 eusebeia（敬虔）分别对应拉丁语中的 cultus（崇拜）和 religio 或 pietas。threskeia 和 cultus 代表客观存在的宗教信仰习俗；eusebeia 和 religio 或 pietas 则指明了一种生活方式，它是客观存在的宗教信仰起作用后引发、培育和体现出的结果。当然，我们从宗教史中了解到，相应的表达还有希伯来语的"波多"（hodos），印度语的"马嘎"（marga）和汉语中的"道"（dao）。依此，客观崇拜或宗教展示其功能，在整个物的序列中同化人们的生活方式，使之能够生活，进而生活得更好。基于克利福德·格尔茨的研究，以上传统决定了将宗教归为文化体系的惯常做法，尽管其流行度在人群中并不平均。该体系的作用在于培育并宣示一种世界观，而人类基于这一世界观即可考量世俗现实、神圣世界及各种价值观，以期形成某种共性生活方式，进而开始生活并逐渐改善生活，在自己包罗万象的文化和非文化生活环境中实现自身的意义、价值和目的。在此意义上，舒伯特·奥格登（Schubert Ogden）是完全正确的，因为他相信宗教作为文化体系，是"文化的基本形式，清晰地解决了存在论或信念的问题"，或者说宗教作为文化体系使得"终极现实对人类意义的存在论问题得以解答"（Ogden 1982：30，37）。

人们对宗教作为文化体系这一观念有不同的理解，但彼此之间的相似性却又非常明显。然而，如果细读格尔茨、奥格登及 G. A. 林德贝克（G. A. Lindbeck）等学者的著作就会发现，在相似性之外，他们在内容和方法论上见解各异。有的地方分歧很大，这就不可避免地出现了对宗教的阐释互不相容的局面。例如，虽然奥格登相信一种宗教的教义必须根据教义的真值条件来评估，必须从教义对等或语义的意义和教义的规范价值层面进行理解；林德贝克则提出，教义只能根据规范价值来评估——即使他承认至少对传统的基督教来说，评判教义有两种方式。我个人认为，在宗教的真值条件方面，奥格登是一个批判现实主义者，他严肃看待宗教话语的描写式和解释性功能；而林德贝克有点类似康德学派，因为后者认为从指示性和规定式功能方面谈论这类话语更为合适。两者之中，奥格登的隐性符号学因其外部现实主义的背景预设，显然有点类似皮尔士学派。另外，奥格登不同于康德学派，他的精力主要集中于描述和解析现实自身的结构和人类现实的结构。然而，与古典形而上学现实主义不同，奥格顿不认为只有实在的单元属性是必不可少的、必需的，而关系属性是偶然的、暂时的。他确信所有事物的主要属性应该根据个体间的主要关系来理解。皮尔士学派认为，普遍性首先不体现为孤立个体的内在特性，而体现为群居和共同生活个体的特性（Raposa 1989：17）。① 简而言之，关系述谓词已经在凭经验展示的共同世界的描述中取得首要地位，而其在大多数前现代和现代宗教与哲学思想中则缺少这样的际遇。

我个人将宗教理解为具有内在的本体论含义和存在主义意义的多重文化的体系。这极大地受益于格尔茨、奥格登和林德贝克等人的探索，但我更应该感谢前文提到过的皮尔士学派的传统研究方式，因为它很早就引导我从符号学视角来解释宗教人。另外，我曾试着运用涉及由信条、准则、仪式和社会构成的宗教崇拜或文化体系的记忆方法。以上诸构成要素，在实现文化体系的本体论和存在主义功能方面都起着至关重要的作用（Geertz 1973：87 – 125，126 – 41；Lindbeck 1984；Power 1987，1994）。简言之，threskeia 或 cultus 指的是宗教社会及其信条、准则与仪式。如此，它的语言和非语言符号在语义学层面是神性和非神性领域的代表项，在语用学层面则是 eusebeia 或 pietas 的唤醒者和表达者。

信条范畴包括各种语式，在必要、暂时和可能的诸形式中明示或隐含关于语言之外的现实世界和价值的某种真值条件。现实世界中没有可能的事情就是不可能。这些真值条件可能是隐含的也可能是显性的，在如传说、寓言、教义、信条、口述和反映性理论话语等各种文体中都可以找到。这些文体可以发挥其他非肯定性的功能或用途，因此可能和指令类、承诺类、表达类和宣告类等其他不同的语言种类的要旨或目的重合，而后者经常出现在宗教律令和仪式中（关于言语行为分类请参看 Searle 1998：146 – 52）。以上所有的言语行为都属于语用符号学的范畴。准则范畴主要包括宗教的现实和政治层面，仪式范畴——

---

① 拉波萨（Raposa）对皮尔士的宗教哲学进行总体论述是最好的例子。他的著作关于论科学的有神论者和神话符号学对认识符号学怎样被应用到宗教和神学话题上具有无法估量的价值。我把符号学应用到宗教研究，我的神学和宗教哲学著作也受到他的启发，我乐意承认，很感激他的著作对我的帮助。

如果你喜欢也可以称作典礼或祭礼——包括所有非语言性的人造物。它们也行使符号的功能，相应地具有本体论含义和存在主义意义。事实上我们都知道，礼拜仪式的祭奠活动更多被看作一种宗教团体在神话基础上的戏剧式表演过程，其目的是涤除罪恶，净化人类的情感和感情。

理想情况下，理论、实践、模仿、激情和所有意识及感知的感官和非感官语式都涉及宗教社会的教律、准则和仪式。然而，在我看来，因其在符号使用和解释上有隐性和显性的两个层次，符号的表征功能与语言的言说功能具有主导作用，符号在其他语用方面的使用和阐释预设了基督教社会中语言和非语言符号与某些符号所代表的事物之间存在的假定关系。简言之，在宗教领域和在人类文化的其他领域一样，指称、所指、识别、指示、真值、分析真值（必需的）和综合真值（偶尔的）等语义范畴都是预设的。换言之，在事实和价值层面上，我们判断行为和情感的适当性和不适当性是基于自己主观的判断。存在主义的自我认识预设了本体论和价值论信仰。毋庸置疑，我们通常不一定会生活在自己所希望的状态里。

二

我在本文开篇曾提及，基督教《圣经》或多或少表达了以色列浪漫主义诗人和早期基督教社会神话话语。由此，《圣经》以其大量的叙事、故事材料和经典排序，表现了所谓的基督教奠基神话的特点。尽管如此，当论及《圣经》作为基督教神话表达工具这一功能时，我并非想暗示《圣经》中只有基督教神话。事实上，基督教神话是一种理想的口述或书面语言的重构与组建，其中充满了想象力。随后逐渐在原始基督教社会文化生活里出现了许多翻译版本。犹太神话和希腊-罗马神话一样，来源于各种口述和书写传统，并伴随历史和文化情景的不断变化，以各种各样的形式不断被讲述。多年前威廉·比尔兹利（William Beardslee）就指出，直到爱任纽（Irenaeus）时代基督教的戏剧性故事才变得相对完整，并且因为这种完整性教会思想才得以成熟、稳固（Beardslee 1976：19）。毫无疑问，类似基督教神话这样的内容是把基督教经文文本塑造成功能齐全的整体经书的主要因素。或如阿莫斯·维尔德（Amos Wilder）所说，《圣经》是"充满戏剧性的有机经典（canon）整体"，从《创世记》开卷到《福音书》，再到《启示录》收官（Wilder 1947：436）。反过来，基督教教规进一步规范了基督教中史诗故事的内容。事实上，《圣经》中的史诗内容后来通过油画和彩画得以表现，你可以在罗马西斯廷教堂宏大的天花板上和巴黎圣礼拜堂的透光玻璃上看到。以下就其理想性的重构略作分析。

基督教神话或传说具有戏剧性的形式或结构。它具备故事的开端和结局,有一大批各怀伤痛、善恶分明的角色,由众多的分支情节与场景支撑情节的发展,结局是善战胜了恶。人物个性不同,眼界和说话方式不同,生活态度不同;不同的事件或场景出现的时间也不同。像一部编排好的戏剧,故事线索连贯,情节发展遵守时间顺序,情节渐次推进到高潮。既追忆往昔,也憧憬未来,还体味当下。昨日不可追,今日正当时,明日仍可期。

《圣经》题材戏剧最核心的特点是剧中人物出现了上帝。上帝不仅在幕后导演了这场戏,而且作为主演站在了舞台中央。他自报家门,说出自己的想法。尽管所有人都极力反对,他仍努力为这个世界实现自己的目标。简言之,上帝既是剧作家,又是制片人、导演、领衔主演。他是上帝和世界关系这部大戏逐渐展开过程中的主要来源,是核心,也是大结局。

虽说人类是基督教神话里的重要角色,但并不是中心。创造非人类的物种是上帝关切的事情。如果人类只关注自然的外在价值,如果人类因为贪婪而对地球进行掠夺和污染,那就是对上帝的不忠。简言之,基督教戏剧不仅是人类历史的戏剧,也是宇宙历史的戏剧,其中所有生命,无论高低贵贱,都在上帝创世、救赎及神圣化的有限时段内共存。

当然,如果人们过于关注故事叙述行文的字面意思,或以为其所有隐性或显性的真值条件无懈可击,就会误解基督教的史诗式叙述。故事里有太多虚幻、传奇和类似经验-历史的内容,并且对过去、现在和可能事情的很多描述都只能说是讹误。概括地说,《圣经》叙事主要是一种模仿表现的形式。《圣经》中对传说的叙述,过去的就叙述得像过去一样,现在的就跟现在一样,将来会怎样,就尽量接近可能性。总之,故事充满崇拜意味。特定的人、物、事件,事情发生的时间和地点——无论是否属于编造,它们的功能是作为样本和范本,具有普遍性的暗示和意义。

许多人已经指出,基督教传说是分别代表以色列和基督教社会两种意愿的传说融合的产物。对以色列人来说,神话主体以八个部分展开:史前史,家族史,出埃及记,西奈半岛赠予《旧约》全书,羁留野外,占领应许之地,流放和归来,雅赫威日的期望。基督教社会延续了以色列的传说,经过增容和修改,包含了耶稣的故事(作为最早信徒的耶稣被任命为救世主)、教会和其世界使命的故事、启示录的故事。对基督教社会来说,正是各种耶稣传说提供了至关重要的提示,让我们了解了上帝对全人类和教会的意义,以及人类和基督徒在上帝面前如何生存。每一则故事都印证了上帝的礼物、允诺和指令，每一则故事都会唤醒人类的信念、希望和爱，而这三者一起构成了人类真正的虔诚。依此，伯纳德·安德森（Bernard Anderson）在谈论基督教戏剧时曾论及：

> 《圣经》不是一部古代史。它更像十六世纪意大利流行的即兴戏剧。这种戏剧要求演员表演时即兴发挥，将自己融入戏剧情节。
>
> （Anderson 1988：16）

用亚伯拉罕·赫歇尔（Abraham Heschel）的话说，"《圣经》不是用来读的书，而是一部需要众人参演的戏剧"（Heschel 1955：254）。

请允许我将以上对基督教神话太过简洁的阐述再概括一下。基督教叙事体以其成熟的艺术形式将以上内容完全囊括，也就是说，呈现了一个完整的故事。教会的奠基性或经典神话，在最全面的叙述框架内表现了基督教的丰富想象力。如此，它呈现了一种全面的世界观，追求一种完美的生活方式。因为上帝是剧中的主角，戏剧呈现出来的经典原始模式旨在帮助理解上帝与其他创造物之间的关系。简言之，用阿莫斯·维尔德的话说，基督教神话"使我们置身于以宏大时空为背景的伟大传说中，从而与伟大的戏剧家和讲故事的人——上帝自己——建立起联系"（Wilder 1978：57）。

不用说，无数人已经接受了一个或多个译本的基督教神话，并把它们作为语言地图，指导自己穿行于上帝世界的时空。再者，他们觉得这些传说在表现智慧、道德、美学和情感层面都有可称道之处，尽管他们这些想法的背后或许有心照不宣的理由。不过，从皮尔士学派的角度出发，我个人认为：我们在接受故事和运用常识时的信仰和逻辑须在理论和批评性常识的双重意义下进行阐明。也就是说，人们不可避免地在当时最充分的本体论和存在论理论的语境下开始反思宗教的奠基性故事，无论该理论是否源自这个宗教共同体内部。有人也许会补充说，这也是艺术和科学领域的情形。概括地说，每遇到新的时代和社会文化语境，宗教社会中的奠基神话就须不断地被阐明并进行批评性的解释。借用维尔德的话来讲更为合适，"精神永远都需要接受考验"（Wilder 1976：102）。从实用性和存在主义层面考验宗教神话之精神的缘由非常简单。只要我们基于对现实的洞察力判断自己行为与激情是否得体，并考虑到所有的可能性和善恶交织的复杂性，我们就应该不遗余力地、最大限度地发挥正确信仰的力量，同时最大限度削减或完全消除错误信仰。如果我说的没错，这也是很多（即使并非全部）基督教哲人努力的方向——即使他们可能往往以失败告终。

三

完成一项"宇宙间伟大的传说"的哲学阐释工作使人感到不可思议。熟悉基督教历史及哲学和系统神学历史的人对此应心知肚明。当人们逐渐了解了犹太教和基督教历史，特别是经文创作和教义化阶段的历史，他们就更能意识到，犹太教堂和基督教堂故事在不同的场合，面对不同的观众时，如何一次次地以各种方式被讲述。现在也可以理解，基督教故事和颂唱中何以经常误解以色列传说中的观点；更糟糕的是，基督教以令人难以置信的方式讲述诋毁和攻击犹太人的传说，更不必说其他社会团体。如果人们可以认识到讲述传说和倾听传说的多样形式，知道传说既可以使人变得野蛮也可以使人变得开化，他们也必然会注意到犹太教和基督教会通过过滤意识形态和野蛮比喻的方式来继续讲述他们数不胜数的传说。事实上，纵观基督教神学史，从古代的寓言解释到当代疑惑的释经学取向，基督教哲人一直努力使自己的话语与自己对神的完美性及人的理性的认识相协调。虽说经过了种种改写，但基督教中完整的传说仍然是教堂教义、忏悔词、教本、准则、艺术和典礼的根基。这一点在下面双方的关系中表现得最明显：哲学阐释或神学建构的传统场域，反映了教会奠基性和经典性传说的形态学。如果不是全部，至少也是大部分基督教哲人曾尝试解释宇宙论、人类学、基督中心论、救赎论、教会论及末世学等圣经语词和意象中突出表现的内容。所有这些场域都可被纳入包罗万象的神学本体场域，作为批判性反思的环境，考察神本身和神作为世界的造物主、救世主和圣洁的化身，在世界的存在状况及与世界的关系。

除了基督教神话的整体性与多样性及其启示的文明性和野蛮性问题外，一直以来围绕着形而上学式猜测的角色、意识与感知的神秘模式在教会信念的表达、解释和维护方面还有一些问题。一直以来，主流传统中的基督教神话和圣经戏剧被纳入某种哲学框架内，并至少从目的上经过了理性和经验的推理证明。众所周知，奥古斯丁（Saint Augnstine）在柏拉图哲学的框架下解释基督教戏剧的创世、赎罪和圣洁情节，而阿奎那或多或少也是在亚里士多德哲学的框架下这样做的。传统犹太教和伊斯兰教神学家在此方向上也可以说是大同小异。许多新教自由主义已转向德国唯心主义，当下许多神学家转向存在主义或怀特海（Whitehead）或哈茨霍恩哲学研究来重新建构自己的解释框架。和主流传统相反，以神学家爱任纽、希波吕托斯（Hippolytus）和德尔图良等为代表的另一传统则反对异教徒哲学破坏正统的天主教教皇信条。另外还有彼得·达米安（Peter Damian）派的有神论观点，认为逻辑是撒旦的成果，而信仰问题则超出了直接或间接证据的理性认识。

那些认为基督教英雄叙事诗的哲学阐释已经过时的观点，大多从未使我信服。我长期以来遇到——现在仍然存在——的问题是：从圣经角度看，时空顺序里哪种哲学和上帝及他与创造物之间的关系最相容。也没有人让我信服，即认为在宗教的神圣殿堂需要牺牲掉逻辑或符号学。用赫歇尔（Heschel）的话说，"没有理性，信念就变得盲目"（Heschel 1955：20）。简言之，基督教哲学必须运用当下最发达的逻辑工具，忠诚服务于创造了基督教神话的文艺女神的丰富创造力与想象性，忠诚服务于批评性地进行基督教文化体系中神话主题的哲学阐释工作。

用奥格登的话说，如果宗教是"文化的主要形式，这种形式中关于存在论的问题或信仰的问题被清晰地提出，也被清楚地回答"，或者宗教是"文化的某种形式，其中关于我们对最终现实意义的存在论问题被提出和被解答"（Ogden 1982：30，37），那么，基督教神话主题的哲学阐释工作就是去理解信仰的现实和上帝的现实。在逻辑符号学的词汇里，基督教神话的哲学阐释将阐明叙事结构中戏剧句法的语义和语用功能。在本文的剩余部分，我首先集中讨论基督教信仰的存在或语用范畴，然后讨论基督教社群话语的本体论或语义指向。

宗教唤醒和培养好的生活方式，既意味着引领美好生活，也意味着享受美好生活，尽管享受美好生活的愿望较之引领美好生活的愿望显然更强烈。再者，尽管一些消极的价值观或无法预料的事情会动摇我们的信念与信心，如果不是全部，至少大部分人在现实中预设生活是值得过下去的。自杀行为本身或宣称生活是一团糟的言语行为，但执行起来似乎是矛盾的，因为执行行为的主体实际上预设了这些行为的意义。事实上，如果生命不值得活下去，自杀就将成为惯例，而不是人类历史的例外情况。同样，没有任何动机、宣称生命是一团糟的叛逆者实际上是有动机的！这样，宗教的目的是影响技术、技巧，或享受美好生活的实用智慧，它指向多个来源、多个中心和多个目的，它们将我们从邪恶中解放出来，在善良中获得自由（这就是人们信心的根基，认为生活值得活下去）。这种从属性和功能的角度来理解宗教文化体系的观念并没什么新意。它仅仅是表达了一种非常传统的观点，认为宗教教育或宗教培养或宗教教化对人类的知识、智慧和幸福至关重要。人类有强大的认知真、善和美的能力，但却仍然愚蠢，生活也还会不幸，这也是不言自明的。

如果说宗教对于存在论问题或信仰问题或终极现实的意义问题的回答，只能通过某一宗教类别中的具体宗教来完成，而非一般意义的宗教，那么或许我们可以就人类信仰问题多谈一点，因为信仰似乎渗透于人类现实生活与文化环境的方方面面，更不用说那种似乎在非人类世界都存在的直觉式信仰了。

像英语中"religion"（宗教）这个单词一样，"faith"（信仰）一词也有歧义。后者派生自三个拉丁语单词 fides（善意），fiducia（信仰）和 fidelitas（忠诚或忠实），分别暗示了该英语派生词的三种基本用法。按照皮尔士的观点，人们大抵可以说信仰是逻辑解释项，信任是情感解释项，而忠诚是体力解释项。如果换作人们更熟悉的表达方式，即"信仰"和"相信"是认知层面的，"信任"或"信心"是感情层面的，而"忠诚"或"忠实"是心理层面的。例如，我可以相信某人或某个人说的话或某件事是否属实。我可以信任某人或某事，我也可以忠诚于某人某事。如上所述，我们基于自己的信仰来判定情感和行为的得体性。至于信仰问题，它们可能是现实中我们预设的，或多或少是可以质疑的。大卫·雷·格里芬（David Ray Griffin）称前者是"硬性核心常识理念"，称后者为"软性核心常识理念"（Griffin 1990：119）。如果我相信有一个外部世界，这属于硬性核心信仰；如果我相信在银河系的其他星球上有生命存在，这属于软性核心信仰。如果信仰——按皮尔士的观点——是一些习惯，基于它们我便可以做好行动的准备，那我就是随时准备行动的状态，并且是基于硬性核心信仰的行动；但根据软性核心信仰就不是这样的情况。另外，理查德·尼布尔（H. Richard Niebuhr）指出，信任是信仰较消极的一面，而忠诚则是较积极的一面（Niebuhr 1960：18；尼布尔在其 1989 年的著作中提出的一种信仰现象理论，其实深受詹姆斯和罗伊斯的影响）。

如果以宗教作为主要形式的文化，在关乎人类终极现实的重要问题上，其功能是为我们探寻、培育和表达信仰、信任和忠诚。如果它本身没有终极现实，也没有终极现实属于它，除了我们之外，它没有自己的终极现实（虽然后者或已隐性预设，又往往被明确地猜测、确定和发展），那么尽管这种信仰的实体可能是不同的、相似的甚至相同的，信仰在所有宗教中的存在则都不可避免。此外，信念的真实或非真实性可能会根据宗教的差异而不同，因此，基于语义内涵，不同宗教或同一种宗教内部的不同派别的观点必然会涉及信仰缺失和信仰迷失等问题。

我在开篇提到，系统语用学可以解决有关信仰、承诺和理性判断认识问题。人们还可以在调查人类意识和感知模式时应用语用学。任何有关宗教信仰的较成熟研究都不能对这类问题置之不理，我本人也曾屡次尝试。尽管如此，我并不总能精确而清晰地阐明被称作宗教经验的所有范畴（Power 1992b）。① 在最近许多有关宗教经验的阐释中，人们会经常听到或读到以下内容：经验——包括宗教经验——里没有非中介元素。事实是经验里有很多高度智能、抽象和选择性的元素，它们很大程度上依赖于习惯、风俗、符号和语言，而这使我们相信所有经验都是中介性的。我则认为以下观点更精确：所有经验出自中介和非中介两种元素。经验里有即时的（直接的）和中介的（间接的）元素，前者是后者的基础，后者与符号应用和符号解释有关。尽管如此，必须清楚地看到，这些非中介或即时的元素并非清晰明确而是非常模糊的，变化万端而非一成不变，非常具体又充满情感而非抽象，是给定的而非选定的。这些非中介元素是我们的感知、信仰、认识和知识等中介元素的基础。

　　什么是非中介元素呢？我认为有四种类型：第一，我们身体过去状态的非中介经历，这些经历除了其他作用外，至少将我们和外部世界联系起来。这些所谓的"机体感官"或我们从感官上体验身体的方式不应被解释为非感官感知，因为感知在很大程度上依赖于符号。如果有人愿意，他可以说自己有一种模糊而具体的意识，似乎自己的身体是别人赋予的。第二，我们具有现实经验中感觉特质的即时或直接经验，以及感觉特质来源于我们身体的即时或直接经验。这些感觉对身体具有一定的指导作用。这就是为什么我们感觉自己会用眼睛观察事物，用耳朵倾听声音，用身体感知事物和支配这个世界。这就是怀特海所说的身体的"功能"。第三，我们对刚刚发生的事情也有即时或直接的经历，这会形成我们的记忆，而记忆依赖于符号。刚刚发生的经验特质似乎会迁移到现在的经验里，就像身体里刚刚产生过的感情会迁移到现在的经历中一样。作为学生我曾上过查尔斯·哈茨霍恩的课，有一次他说，"你不可能一瞬间就摆脱过去的愤怒"。这些背景性的、模糊而又具体的、具有情感性的经历，让我们与外部世界和自己的过去联系起来，并提供了关于外部世界和过去的意识。这些经历给予我们置身世界之中的感觉，让我们的经历有连续性，奠定了我们畅想未来的现实基础。结合我前面的诸多讨论，这些经历是许多背景信仰的来源，现实中我们都预设出来了。这就是皮尔士的"本能信仰"（5.423）和格里芬的"硬性核心概念"的理论依据。在非宗教或世俗世界里，我们的非宗教文化生活或日常生活大都源于这些非中介经验。第四种，也是最后一种非中介经验，即

---

　　① 在该文中，我有关"包括宗教经历在内的所有经历都是中介性的"的表述太过莽撞。我将在这篇文章的第二部中努力纠正自己的过火言论。

我们对圣物的即时或直接经验。在这些经验中，我们和众神或上帝、圣洁或神圣联系起来，并意识到他们的存在。这些让·加尔文（Jean Calvin）称作"神圣感应"的非中介经验，给我们的宗教文化生活及人们认为的终极现实里的生活打下了基础。在语义学上，谓词"神"，专名词"上帝"及术语"圣洁"和"神圣"有许多意义和内涵，可用做指示者或表明、暗示出波亨斯基（I. M. Bochenski）所谓的特定"宗教实体"（the object of religion, Bochenski 1965：31-2），它其实是对经验中展示的普通世界的一种假设。

神圣感应的意思经常被解释为一种神圣的非感官的感知能力，而我认为这一解释并不确切。虽然我对这些事情并不太注意，但现在，考虑到感官与非感官感知的符号依赖性①，我打算讲清楚神圣意识和神圣非感官感知之间的区别。意识是一种双重关系，而感知是一种三重关系。像我前面提到的各种即时或直接的经历，神圣或终极现实的即时经验，当然是模糊的、具体的、有情感的，处于几乎无区别的经历背景中。人的神圣感应无处不在。这种不太被关注的意识，引用《古兰经》中的话来说就是，"比我们身体里的颈静脉距离我们还近"（50：16）。借助符号学和我前面提到的术语来进行感知、象征和概括的正是"那种"经历。从宗教学上说，这种当下的、伴随人类经验的现实是支撑存在意识的最终源泉，也是支撑我们对未来生活充满憧憬的最终根基。我们可能最终依赖于此，也可能最终誓死忠诚于此。这种现存性是我们依稀记得的最初启示，它唤醒或探寻我们原初的预先关注或预先主体化的信念。

正因为神圣环境存在神圣感应或意识，我们才会根据各种宗教文化体系来对其关注、感知和解释。我进一步引用让·加尔文的观点，认为宗教文化体系至少从设计上来说是"眼镜"，使我们能看清楚，而若没有这种体系我们会看得很模糊。信仰的眼睛需要合适的镜片，耳朵需要合适的助听器，借由它们可以很清楚地辨识神圣事物；而它们一直都在，等待辨识。

像我们的世俗经历一样，神圣经历是非中介和直接元素的副产品，也是中介和间接元素的副产品。如早期的约翰·拜里（John Baillie）和其后的爱德华·史利贝克（Edward Schillebeeckx）确认的那样，宗教经验具有一种"中介的非中介性"（Baillie 1939：181；Schillebeeckx 1987：66-7）。认真考虑唤醒或探寻

---

① 有意思的是，我注意到阿尔斯通（Alston）《感应上帝》（*Perceiving God*）一书的导言部分第一句话把意识和感知等同起来。普劳夫特（Proudfoot）撰写的阿尔斯通书评好像也有同样的问题。请参看 Alston 1991：1；Proudfoot 1995：588-91。

非符号学中反馈的非文化符号就是理解皮尔士的"第二重性"范畴和怀特海的"身体理解"范畴，从而在实施行为和被实施行为的能力中，在和其他一切事物的重要联系中，去证实特定事物的实质。如此一来，人类信任和忠诚的反馈就可能被认为是对普天下所有人都适用的最初启示的索引性符号。事实上，像世俗信念一样，神圣信仰具有一种意识结构和中介特征，因为它的目的是带来反馈，或是赋予我们一种终极性认可能力，一种义无反顾坚持求生的信念。进一步说，研究宗教文化体系就是细察体系内本体论承诺的符号学解释和存在主义信念的认识。在这种宗教文化体系内，规约符号的种类和基于分析的符号，分别指的是皮尔士所说的标记和类似记号，现存于基督教神话之中。而作为标记的名词"耶稣"，代表了耶稣这个人，可能被认为是类似记号的符号，说明谁是人类的上帝，以及通过恰当地与上帝建立联系，来确认我们是谁或可能会是谁。

最后不能不提的是，若把让·加尔文的神圣感应和宗教文化体系的"眼镜"和"助听器"理论结合起来，则可能会给非空的神圣领域部分地提供认识合理性。正如许多人提出，包括神圣意识和神圣感知的信念，在其最广泛的意义上，尽管是通过中介符号来认识的，其实也是一种认识的方式或记录簿。通过基督教礼拜中的再现体，你可以思考或注意到人类外部价值观中的神圣现实性，更不用说其他生命形式。认识信仰可以让我们知道，对我们来说谁是神圣的，什么是神圣的。如果确实证明信仰是真实的，那么这种认识也是暂时的，因为人类本可能就不会存在，也可能将来不会存在。但这也是不全面的认识，因为我们的认识总会发展。如果你认真考虑皮尔士等的语用符号学，就一定会承认人类总是爱犯错误的。再者，从某种程度上说，如果宗教信仰是基于非中介意识的模糊证据，基于感官或非感官方式的中介证据上，那么在最后的分析中，你可以确信宗教信念的基础不是倔强固执、个人权威和喜好、流行时尚，而是人类的经历和理性。简言之，从大的范围来看，科学的方法不仅是修正信仰的最好方法，也是证明信仰的最好方法。用皮尔士的话说，"最终经过所有人调查仍同意的见解才是我们所说的真理，被这种观念所表达的实体才是真实的"（5.407）。像其他文化形式的观念一样，宗教观念也符合以上标准。

尽管如此，我的理解是，宗教自身已经拥有或努力寻求的有关信仰的不完全认识，在某种哲学或形而上学理论的背景下需要进一步证明或确认。如此才有可能恰当地处理神圣本身的性质、定义、存在性及存在方式的问题。就像我谈到非神圣本身时一样，当说到神圣本身的时候我并不是想排除一切事物与周围其他事物紧密联系的可能性。即使如此，其联系性也不是偶然的。例如，真的会出现一神论者磨灭掉万事万物的区别，上帝不让自己成为最初的来源、中心和任何可能的最终结果，而只是他自身的可能性吗？传统语言里，上帝真的会决定不创世、不救世和不使世上万物个体得到圣洁的洗礼吗？我也提到了某种哲学或形而上学的理论，因为我想公开讨论关于神圣的宗教观念问题。有些观念是关于宗教社会的一种或多种相对完美的和暂时的神圣或圣洁实体的存在性，还有些是关于绝对完美和必要的神圣或圣洁实体的存在性。也可能还有其他可能性。不管是何种情况，人的本体论和存在主义的信念密切相关。

很早以前，马丁·路德（Martin Luther）在《教理问答》（Larger Catechism）中写道：

> 只有拥有内心的信任和信仰，才能成就上帝和偶像。假如你的信任和信念是对的，那么你心中的上帝就是真正的上帝。相反，假如你的信任是错误的，那么就没有真正的上帝。因为上帝和信仰两者是结合在一起的，联系着你的内心，使你相信自己内心的就是我所说的真正的上帝。
>
> （Luther 1959：365）

在这段著名的引文里，路德试着把鲁道夫·布尔特曼所说的"真正的"和"非真正的"信念做了区分。从这种意义上说，二者都不是非信仰者，因为人类的本性就是信任某件事情并忠诚于此。尽管这样，对于一个人有无真正的信仰，明智的做法就是保持沉默。一个人完全有可能既否定大多数宗教世界观而又有真正的信仰。在关于什么是众神或上帝方面，以上一种或多种宗教观都可能是正确的。一个人也完全有可能相信一种世界观，因为它可以切实佐证上帝的存在，然而这个人却没有真正的信仰。上帝仅知道谁的虔诚是真诚的，谁的是虚伪的！另一方面，在关涉真正虔诚的原因、中心和目标的问题上，哪个宗教或哲学假设是最有说服力，哪个通过最充分的感知证据和说理必然或可能会被证明和确定，对此人们无须也不能保持沉默。

基于我们人类对意识与感知的神圣感，基于我们对生命值得延续的信念，你就可以从外延性方面推测某人或某事，以此解释该种经历和信念，就好比你从外延性方面推测某人或某事，以此解释环境的存在、秩序及其作为一种支撑体系让我们生活，让我们生活得好，以及让我们生活得完全适宜——尽管生活其实就是一场大冒险。这类假设应当经得起检验，并且应当在某种经验或形而上学的理论框架下进行检验，其中宗教假设在最好的逻辑工具支配下就得以阐明，具有被提出的可能性和暂时性，或可能性和必要性，最终被证明具有正当性。当然某种理论也会就某种宗教或哲学假设提出质疑。例如，假如某人是一位休谟式的古典经验主义者，即使有休谟（David Hume）提出的著名的"二选一"论点存在，他也几乎不会被非感官意识和感知所吸引，更不会被谁是自我存在或必需的事情这样的思考所吸引，尽管他可能会被其他存在或不通过任何事情——也就是一类无法解释的解释者的存在——所吸引。再者，如果说所有的价值判断标准都是主体化与个性化的，那么将很难确定相对完美或绝对完美事物在精神之外或语言之外的存在性。

如果基督教哲学忠于基督教神话内涵的话，那么就能很清楚地看到，在否定任何非感官意识和感知或否定形而上学推断的哲学阐释框架下，神话诗学篇章就不能得到阐明和证实，因为形而上学推断是把上帝的神话模型解释为超级或完美的主客体关系，在任何一种世界里上帝都是创世主、救世主和圣洁的化身，是人类信念的终极原因。不管怎么说，基督教哲学似乎都涉及类似于詹姆斯学派的极端实证主义，它让人认真考虑意识和感知的非感官模式和一种我在第二节中讨论的宗教经验，以及一种形而上学概念或描写，即把上帝看作万能完美的人，他具有自在性和必要性，并且一定是存在的最初来源、中心和最终结果，对所有非空类别的生物也有价值。在这样一个形而上学思想体系框架下，基督教哲人会不遗余力地展示这一系统整体的可能性和必要性。如此，上帝的概念和对上帝的描述可能会是一种外来的概念，就像亚里士多德的"第一哲学"或怀特海的思辨哲学。如果在基督教或《圣经》的神话中有一种隐形的形而上学主义，那么就需要被解释清楚；如果没有，那么基督教哲人就要寻找到一种既不违背基督教神话的主旨，又用或多或少非神话的方式来表达自身世界观的形而上学主义。如是，谈论宗教的方式就变成了谈论隐喻的方式和真实传说，它可能从崇拜角度代表上帝的现实模型及世界和人类存在的结构。

我清楚地知道，还有其他方式来概括、表现和暗示人类认为的终极力量和价值以及对人类信仰根源的最好解释。可以确定，除了基督教神话外，还有其他的一些神话，但基督教神话的确在有限的范围内具有启发性。至于哪种神话、哪种世界观和哪种生活方式是可信赖的之类话题，在我们这个宗教多元化或世俗化时代尚无定论。我个人认为，神学主义和自然主义是20世纪的主要选择；我相信新古典神学和后现代生态自然主义极有可能是我们这个时代宗教和哲学方向的主要选择对象，同时它们能够给我们的宗教信仰提供最好的哲学和形而上学的结构框架。如此，21世纪就会继续20世纪的研究工作。

在形而上学层面，我的观点倾向于怀特海的过程哲学。我曾经更倾向于哈茨霍恩学派而不是怀特海，然而现在却正好相反。我不仅发现怀特海的形而上学比哈茨霍恩学派更可信,同时发现他对基督教信念及其客观解释也有充分的支持作用(Power 1992a)。我对宗教的认识深受约翰·拜里、H. 理查德·尼布尔和奥格登三人作品的影响,他们都接受了某种詹姆斯学派的激进实用主义,倾向于非感官意识或感知,或两者兼而有之。三人都承认创世、救世和圣洁感化的普遍获得性与真正信念的普遍可能性,二者或多或少指向基督教神话的语言和非语言符号,并用这些符号来进行表达。① 拜里和尼布尔有点怀疑形而上学或沉思哲学,而奥格顿却不然,并且他正确地指出,尽管基督教神学和形而上学是不相同的,但它"包含或蕴含了作为其自身抽象一面的形而上学"(Ogden 1996:6)。如此,基督教话语涉及的批评性解释既有上帝自身心中的上帝,也有人类心中的上帝。传统语言里,基督教神学涉及的话语是上帝的永恒的和暂时的机体。简言之,基督教哲学随着自身本体论和存在主义的可信性而兴衰。

如果根本没有上帝,上帝充其量也是想象的产物,而他(它)作为人(或物)既以某种方式区别于,又必然而不可分离地联系着这个或别的任一或许已经切实存在的或切实性尚待检验的可能世界,那么我们依旧生活在一个超大环境中或生态系统中,在其中靠善良获得的机会要超过邪恶风险。果真如此——其实我也坚信——那么我们真正的信念和虔诚就该是宏观的信念和虔诚:我们珍视辉煌的过去和灿烂的未来,同时,满怀大自然或宇宙赋予我们的信心迎接生活,坚信我们身处其中的大环境的善。这就是自然主义的宗旨。

尽管这样,我很清楚,宇宙是一个相对完美的体系。假如有神论的某种版本是错误的,至少我们还有宇宙。但有一个问题反复困扰着我。如果大自然就是现在这个样子,那么它是早就存在的和必需的,还是说它的存在是一种不需要任何事物的终极事实呢?如果是后者,那么大自然以前可能不是这样,将来也不会是这样。我更愿意相信没有这种万物虚空的可能性,因为这种情况下就不存在上帝或大自然。假如大自然存在而上帝不存在的话,那么大自然就一定是早就存在的和必需的。从理性、道德、美学和感情的方面来说,形而上学的世界观和存在主义的生活方式这两种观点哪一个更令人信服呢?只有时间知道。

---

① 约翰·麦奎利(John Macquarrie)在《二十世纪宗教思想》(*Twentieth Century Religious Thought*)一书中把拜里和尼布尔看作"后自由神学家",之后奥格登也把自己归于这一传统。这三位基督教神学家试图从基督教信念证实的传统解释角度转到现代世界,从现代世俗性的整体世俗解释转到基督教信念的重要真值条件,以此调和传统解释和基督教信念的真值条件。这样,他们三人都认真考虑到现代科技的进步,社会、政治革命对自由的寻求,以及历史意识的觉醒。由此,他们以基督教修正神学的名义来反对反动的正统学说。而基督教修正神学恰巧肯定了我曾提及的母题。关于麦奎利讨论后自由神学的问题,参看 Macquarrie 1963:337 – 50。

参 考 文 献

Alston, W. P. (1991) *Perceiving God: The Epistemology of Religious Experience*, Ithaca, NY: Cornell University Press.

Anderson, B. W. (1998) *The Unfolding Drama of Bible*, 3rd edn, Philadephia, PA: Fortress Press.

Baillie, J. (1939) *Our Knowledge of God*, London: Oxford University Press.

Beardslee, W. A. (1976) *Literary Criticism of the New Testament*, Philadelphia, PA: Fortress Press.

Bochenski, J. M. (1965) *The Logic of Religion*, New York: New York University Press.

Carnap, R. (1939) *Foundations of Logic and Mathematics*, Chicago, IL: University of Chicago Press.

Geertz, C. (1973) *The Interpretation of Cultures: Selected Essays*, New York: Basic Books.

Griffin, D. R. (1990) "Some Reflections on Method," *Process Studies*, 19:119.

Heschel, A. J. (1995) *God in Search of Man*, New York: The World Publishing Company.

Lindbeck, G. A. (1984) *The Nature of Doctrine: Religion and Theology in a Postliberal Age*, Philadelphia, PA: The Westminster Press.

Luther, M. (1959) "Large Catechism," in *The Book of Concord*, trans. T. G. Tappert, Philadelphia, PA: Fortress Press.

Macquarrie, J. (1963) *Twentieth Century Religious Thought*, New York: Harder & Brothers.

Martin, R. M. (1959) *Toward a Systematic Pragmatics*, Westport, CT: Greenwood Press.

——(1992) *Logical Semiotics and Mereology*, Amsterdam: John Benjamins Publishing Company.

Morris, C. W. (1993) *Foundation of the Theory of Signs*, Chicago, IL: University of Chicago Press.

Niebuhr, H. R. (1960) *Radical Monotheism and Western Culture*, New York: Harper & Brothers.

——(1989) *Faith on the Earth: An Inquiry into the Structure of Human Faith*, New Haven, CT: Yale University Press.

Ogden, S. M. (1982) *The Point of Christology*, San Francisco, CA: Harper & Row.

——(1996) *On Doing Theology*, Valley Forge: Trinity Press International.

Peirce, C. S. (1935–58) *Collected Papers of Charles Sanders Peirce*, C. Hartshorne, P.

Weiss and A. Burks(eds), Cambridge, MA: Harvard University Press.

Power, W. (1987) "Homo Religious: From a Semiotic Point of View," *International Journal for Philosophy of Religion*, 21:65–81.

——(1992a) "On Divine Perfection," in J. F. Harris (ed.), *Logic, God and Metaphysics*, Netherlands: Kluwer Academic Publishers.

——(1992b) "Religious Experience and the Christian Expeierience of God," *International Journal for Philosophy of Religion*, 31:176–86.

——(1994) "Peirean Semiotics, Religion, and Theological Realism," in W. C. Peden and L. E. Axel(eds), *New Essays in Religious Naturalism*, vol. II, Macon, GA: Mercer University Press.

Proudfoot, W. (1995) "Review of William P. Alston's 'Perceiving God,'" *Journal of the American Academy of Religion*, 63:588–91.

Raposa, M. L. (1989) *Peirce's Philosophy of Religion*, Bloomington, IN: Indiana University Press.

Schillebeeckx, E. (1987) *On Christian Faith*, trans. J. Bowden, New York: Crossroad.

Searle, J. R. (1998) *Mind, Language and Society*, New York: Basic Books.

Wilder, A. N. (1947) "New Testament Theology in Transition," in H. R. Willoughby (ed.), *The Story of the Bible Today and Tomorrow*, Chicago, IL: The University of Chicago Press.

——(1976) *Theopoetic: Theology and the Religious Imagination*, Philadelphia, PA: Fortress Press.

——(1978) *Early Christian Rhetoric*, Cambridge, MA: Harvard University Press.

第四章 神话与形而上学①

凯文·斯齐布瑞克

一、形而上学在神话中的确切含义

本文赞同以下论断：对形而上学世界的不同理解是传授、灌输与标举宗教思想的部分内容；而这些形而上学思想往往通过宗教神话而得以传授、灌输与彰显。因此本文的中心思想与主要观点就是：形而上学的哲学原则可以顺理成章地用以解决神话理解的问题，而且会收获颇丰。

大约 30 年前有一批人都赞同这种说法：宗教思想主要包括形而上学思想，宗教思想主要通过神话来表达形而上学的观点。例如，历史学家亨利·富兰克福德（Henr Frankfort）和 H. A. 富兰克福德（H. A. Frankfort）开始研究古代近东叙述体文学时，并没有把故事的表意功能与认知功能分开（Frankfort and Frankfort 1946）。②尽管他们自己承认神话中的推理或许缺乏"独立性和客观性"，但他们认为"神话是诗体的一种……宣示某种真理"。神话提供了"宣示真理的诗"（1946：8）。例如以公牛、雄鹰、神仙或英雄等代表宇宙力量的神话意象，为人类文化提供了反思自己世界经验的种种表述手段，而反思的内容不仅关涉暴风雨或死亡等自然力量，而且关涉因果、时空等抽象概念。神话思维中存在物与意象密不可分，因为它是通过意象表达的思维。"因而我们应该严肃地看待神话，因为它揭示了一个即使无法证实但却重要的真理——我们甚至可以称其为形而上学式真理。"（1946：7）

无独有偶，米尔恰·伊利亚德认为神话中包含一个无可挑剔的、饱含智慧

---

① 本文曾载于《国际宗教哲学杂志》（*International Journal for Philosophy of Religion*）。经荷兰克鲁威尔出版集团同意，在此重新刊登。
② 伊瑞克·沃格林（Eric Voegelin）在对待赫西俄德与荷马的创作时同样如此（1957：136-7）。沃格林这样写道：两位诗人的神话诗体著作是一场精神与智力的革命；因为神话诗体著作在确立宇宙与伦理力量及其关系与张力类型时，就以神话的形式创立了有关人在世界中位置的高度理论化的知识体系——它正是哲学家开展玄学分析与辨析的起点。

的哲学形式。正如他所说：

> 显而易见，古时世界的形而上学思想并非总是以理论性语言表述，象征符号、神话及仪式在不同层面上以其恰当的形式也表述了对大千世界这一复杂体系的整合性确认。可以说该体系构成了形而上学思想。
>
> （Eliade 1971：3）

神话中一般不用"存在""形成"或者"不存在"这些字眼，但是据伊利亚德所说，神话中描述形成于那些时代（拉丁文：inillud tempus）的各种现实特征时，并不描述未经证实的史前事件，而是描述形成人们世界观的原型。通过这种方式神话语言把"人类历史现状"的结构存入不可磨灭的叙述中。（Eliade 1963：11，cf. 91）

克利福德·格尔茨关于神话与形而上学关系的论说也许是最系统化的。根据格尔茨的观点，宗教的确切定义是：宗教连接了世界观与人，连接了价值观与玄学思想。宗教形而上学的一面"将道德和审美倾向描绘成一个有着特殊结构的世界中所隐含的某种强加的生命外在条件，一个确定现实中众人皆知的常识，从而将二者客观化"（Geertz 1973：90）。神话在其中的作用举足轻重。正如格尔茨所说：

> 意义只能"存储"于象征符号中，如一个十字架，一轮新月或一条长着羽毛的长蛇。这些宗教象征符号在仪式中被戏剧化，或已经与神话不可分割；对于能够感受到符号深远的象征意义的人而言，这些宗教符号似乎是在总结真实世界的已知内容、真实世界中情感生活的质量以及人在真实世界中的行为规范。
>
> （Geertz 1973：127）

格尔茨甚至说形而上学在所有宗教中都是一个关键因素，因此他对宗教的确切定义中就包含了形而上学的内容（Geertz 1973：90）。以我所见，这是宗教比较准确的定义，然而人们还没有很好地发挥其价值。不过本文中我并非主张神话必须包括形而上学，只是说神话中可以包括形而上学观，因此神话阐释者应以其博大的胸怀，接受以这样的方式解读神话的可能性。

这种非常典型的形而上学式阐释能够为研究神话创设大量的假说，其中包括一些重要的哲学问题，如猜想在多大程度上可以诉诸叙事形式？不同文化对于现实的理解有何区别？关注神话中的形而上学还可以发现（当然不会妨碍人们思考）重要的社会学问题，如：神话的形而上学式解读是为了解释特定的社会现象吗？对某种特定的形而上学式神话的关注是否与社会不同阶层相对应，抑或与不同的社会类型相对应？

尽管富兰克福德兄弟、伊利亚德和格尔茨都赞同这种观点——宗教神话或显性或隐性地提出形而上学学术主张——但他们并不是从哲学视角提出这种观点。他们没有清楚地表达出形而上学世界观的含义，也没有说明如何表述其正误。任何哲学观点——如果其主张阐释者在试图理解神话时应该关注形而上学——都必须对形而上学有比较可信的理解。做到这一点并不容易。我想自从康德以来的西方哲学家的一致观点是：探究已知现实特性意义上的形而上学——无论是因为关于现实的论断不可信，还是因为虽然论断可信却又不能证实因而就无法获得形而上学的知识——已不能算作真正的形而上学。尽管他们的观点有明显分歧，但康德学派的大部分人、现象学家、批判理论家、分析哲学家、新语用学家和结构学派却认同这一观点。正如一位朋友所言：在后现代这样一个连合理性自身都被质疑的语境里寻求为形而上学辩护，就如同把正在下沉的船上的椅子放回原位一样困难。这位朋友偏爱的处理宗教神话的方法是像阅读引人入胜的虚构小说一样阅读神话。他的这种处理方法很典型。他们几乎不关心神话的认知层面。20世纪后25年来，从形而上学角度或隐或显地解读神话这种方法的衰落，原因或许就在这里。本文旨在呼吁重新回归这种方法。

二、神话的形而上学解读

"一个特定的神话是形而上学的"到底意味着什么呢？神话的形而上学解读到底意味着什么呢？简言之，第一，这种方法认为神话具有提供模型的功能；第二，其中的部分模型包罗万象。

所谓神话提供模型是指那些模型提供了人可以借以了解世界方方面面的隐喻意象。这个观点在格尔茨的著述中尤其表现突出。他认为神话的作用在于提供现实的模型（主要表现为展示现实的结构），并为现实提供了模型（主要表现为展示其应有的结构，Geertz 1973：93 - 4，95，123）。然而，就我所知，对神话作为宗教模型这一观点最有益的哲学探讨来自伊安·G. 巴布尔（Ian G. Barbour 1974）。① 巴布尔认为，神话中的宗教模型把人的注意力集中在自己所经历的过程中的某种模式，并用显著的方法将其相互连接，起到解说框架的作用。

---

① 巴布尔的思想借重于伊恩·拉姆齐（Ian Ramsey 1964），而前者的观点已经为萨丽·麦克法圭（Sallie McFague 1983，1987）所用。不过巴布尔和我本人关注批判现实主义，他们则不是。托马斯·M. 奥雪夫斯基（Thoms M. Olshewsky 1982）对巴布尔有些批判性反思。

用宗教模型解释的都是那些令人敬畏的、有神秘的会合内容的、关乎道德义务的、人们改邪归正和重归与好的、人际关系的、关涉重要历史事件的、关涉世间秩序与创造的经历类型。在所有这些例子中，模型都与巴布尔所指的"解释为"这一解释过程有关。例如，从神话观点来看，死亡经历被解释为一种惩罚。正是由于这一点，有宗教信仰的人不经历那些没有宗教信仰的人也未曾经历的；不过，从神话的角度来说，他对经历的解释发生了变化。也就是说，死亡经历被解释为具有一定特征的圣人显灵过程。

一些模型的解释力不足，或者仅适用于特定区域。例如，它们将暴风骤雨来临解释为神仙发脾气，或者将统治者说成神的化身。另外一些模型则有着更广泛的解释力。布尔特曼认为在象征层面宗教神话将人类作为整体看待，伊利亚德对此表示认同。然而，从形而上学的高度解释神话，表明模型的范围更广，包括所有现实。根据亚里士多德对形而上学的定义，一个形而上学式神话概括的是迄为止存在的任何事物的特性，而不是迄为止存在的特殊事物本身。因此，形而上学的观点可以概括为一个公式："所有具体的实体"都可以是"被赋予灵魂的"或"由上帝创造的"或"由气形成的"。简而言之，用形而上学的观点解释神话就是要表达这样的观点：神话为理解现实提供了认知框架。

但要明确一点，本文中的形而上学并不涉及超自然的力量。当人们从前康德式的意义来理解、探寻形而上学，将其视为超自然的、经验之外的事实时，一些宗教似乎包括形而上学，而另外一些则不包括。比如，《论语》和佛教中的《中阿含》（Majjhima Nikaya）就因对此类形而上学不感兴趣而闻名。因此对形而上学进行前康德式的理解并不适合于所有的宗教，因为一些宗教是实用的或偏世俗的。前康德式派的另一个局限在于，这些观点似乎只适合于研究涉及（通常是有闲精英）知识分子的宗教传统，他们对探求理论有兴趣。就我指向的形而上学而言，它不牵涉超自然实体而是涉及现实世界的普遍特征。现实世界具有人们应予以考虑的普遍特征，一种宗教只要涉及以上观点，它就具有了形而上学思想。

有时人们会说，神话中并不会包含形而上学，因为远古时代人类不可能有兴趣或有能力去探求知识本身，因为纯粹的知识与满足人们实际需要的知识迥然不同。在知识本身与"为我们自身"的知识之间确实存在明显的不同，而且所有的社会都义无反顾地执迷于后者。但是我们不应该过分强调这种差异，否则我们将无法解释任何宗教中存在的形而上学思想。有一点是确定无疑的：宗教其实对形而上学知识本身几乎不感兴趣，但宗教对转化人的感知、情感和性格，从而使之符合事物的真实本质的形而上学知识，确实表现出了富有自身特色的兴趣。①

人们在神话里发现的形而上学观点对于这种转化起了很大的作用。比如，神话经常描述那种令人仰慕、进而希望效仿的典范行为，或被告诫应该加以避免的行为。一种行为如果被描述为值得崇拜或值得模仿，是因为这种行为与事实相一致；与之相反，一种行为如果被描述为应该避免，是因为这种行为与事实不一致，那么这种神话内容就具有了形而上学的一面。回想下面这些故事，它们的主题思想是：财富、美貌或地位的获得，其实得力于（因缘、神灵的意愿或安排、道、天命等）终极的力量。如果这些力量不是偶然而是事实的表现，那么道德观就与形而上学结合起来。创世神话的形而上学维度也同样有转化作用②，也就是说，创世神话如实描述了现实中的原则与力量，而神话的表演型、仪式性语境尤其会清晰地展示：形而上学的知识不仅仅是对某个智者问题的答案，而是一个人能够自如地面对这个世界所凭借的知识。

三、神话中的形而上学是否可能真实

开卷至此，或许有的读者会同意以下解释：至少一些神话提供了让人们在现实生活中定位自己的世界模型，但人们却不愿提出这样的形而上学观是否正确的规范性问题。事实上，这是两个截然不同的问题。我同意马林诺夫斯基的观点，认为神话的真实性问题及神话是否成功地反映了神意的问题，是"形而上学的或者神学问题"，而不是社会科学问题。"当人类学家展示出某一现象在社会完整性和文化连续性层次的价值，那么他已经完成了自己的任务。"（Malinowski 1948：62）

但是，如果我与富兰克福德兄弟、伊利亚德和格尔茨这几位大师不谋而合，一致认为至少在一些神话中包含形而上学的观点，那么形而上学命题正确与否就不仅仅是哲学家考虑的问题了。所有研究神话的人——所有的神话阐释者——都带着自己的一套假想接受文本，其中有些假想就属于哲学层面。神话阐

---

① 格尔茨也持有这样的观点："（宗教）从来不仅仅是形而上学，宗教也从来不仅仅是伦理学。"（1973：126）

② 查尔斯·H.朗（Charles H. Long）与伊利亚德的观点一样，都认为创世神话渗透着形而上学。用他的话说，创世神话往往描述的是"实事求是的宣言"或是"逻辑层面"（1963：9, 27）。还有，伊利亚德主义者把所有的神话都看作创世神话。正如基斯·博勒（Kees Bolle）所说，"无论神话的主题是关于神的行为的还是其他特别的事件，总是让人们想到'所有的事物的开端'"（1987：262；cf. Eliade 1963：6）。

释者引入神话研究领域的一个最基本的哲学命题就是神话阅读是否需要坚持认知的层面，即是否在认知层面上有意义的标准去阅读神话，也就是要么断言其真或假，要么根本不做断言。如果有人接受神话提出或暗含了可能正确的形而上学命题这样的假说，那么他至少需要一些隐性认识的理解来解释命题的真实性，也就是说，他的解释需要形而上学的真理性和标准。① 神话阐释者无须因判断宗教形而上学的真伪而烦扰（宗教方面的人类学家、历史学家、心理学家及社会学家也可以理所当然地不去探究这个问题），然而如果有人将神话解释为"在某种程度上正确"或"可能是事实"，那么他就必须对"何以正确"有一些了解。

当然，对于神话中的形而上学是否真实这一问题，许多阐释者明示或假定答案是否定的。有人认为，既然形而上学不能通过感官经验被证实存在或不存在，从定义来看神话不是认知性的，也不能判断它的对错，那么形而上学观就不能与诗体分开。这是逻辑实证主义者的观点，尽管在宗教研究中几乎没有人把自己视为那场令人匪夷所思运动中的一员，但有的神话研究者显然认同这个观点。正因为他们认为神话的形而上学论在认知上空洞无物，所以他们便把神话解释为意识形态或神职权术；也就是说，他们试图寻找社会学或心理学的理据来解释人们为什么会讲述或真或假的神话。其他的阐释者则认为，形而上学的观点在想象中或对或错，但却不能被认知为对或错。这种观点大有市场，例如约瑟夫·坎贝尔②、阿兰·沃茨（Allan Watts）③和埃里塞奥·维瓦斯④都属此类，而他们各自的表述都可以追溯到康德的这一观点，即超越所有人类可感知的经验范围，仍有可以被思考的本体现实，尽管它们不可知。接下来我会论证康德的本体论观点是站不住脚的，因此实证主义者所持的形而上学不可证论等同于康德派的不可知论的形而上学观。但至此，如果我们可以明白以下论点，那就足够了：实证主义者与康德派研究神话的方法所反映的标准，正是神话阐

---

① 正如查尔斯·朗的简要说明，"如果神话是真实的故事，我们就要问神话的哪个层面是真实的"（1963：12）。

② 约瑟夫·坎贝尔的观点明显借重于康德《形而上学导论》（*Prolegomena to Any Future Metaphysics*）。他提出，形而上学实体"绝对地、永恒地、从任何人类经验的角度来看都是不可知的"。见 Campbell 1960：387。

③ 沃茨援引坎贝尔的观点认为，人们在神话中所发现的形而上学是神学有意歪曲了的知识形式，并且形而上学观念本身在表述上是矛盾的。见 Watts 1968：27-8n1，57-63。

④ 埃里塞奥·维瓦斯（1970）追随卡尔纳普（后者在这一点上又追随康德）于1970年提出，因为神话组织经验，那么神话叙述可能是真的也可能是假的，但神话本身并无真假之分。

释者理解论证正确性的标准。不过对于以上两派来说，这个标准排除了真实的形而上学论存在的可能性。在本节接下来的部分，我会向大家展示一个可信的可选择的答案。

由于篇幅有限，我不可能就形而上学存在的可能性进行彻底的论辩①，但也不至于无言以对。形而上学家们或许同意康德的观点，认为物的知识本身，即不能体验的物的知识不可得的观念。康德认为任何试图描述他所谓的"物自体"的形而上学都是不可信的。在这一点上他也并没错。事实上，形而上学家们可以比康德探究得更深，并进而与黑格尔、尼采和杜威等就实体分类本身的不可理解性进行辩护。"事实"被称作可信的但却不能被经验证实，这本身就是逻辑不清的观点。形而上学家们能够也应该摒弃这种观点，而将可理解性陈述的范围局限于可信的经验。②

然而，考虑到可信经验的哲学的"有限性"，我相信关于现实的一些理性探求的解释还是站得住脚的。下面关于形而上学的定义出自哈茨霍恩的著作。③

要正确理解形而上学必须区分两种存在论的关键性差异，那就是存在是什么的问题。哈茨霍恩认为有两种存在性观点：一种认为，"关于什么存在"是有限制的，即只是在某种条件下才能被认为是正确的；另外一种观点则认为，"关于什么存在"是无限制的，即在任何条件下都能被认为是正确的。第一类观点中的某一论断的真值是偶然性的，因为它还可能是错误的。这一论断之所以可能错误，是因为它们指定事物的一种可能存在也可能不存在的特殊状态。这一类观点相对而言问题较少，主要包括历史论、科学论及大量的其他绝大多数存在论。"某时某地正在下雨"就是这样的一个例子。属于第二种存在论中的某一特定论断的真值性则是必要的，因为如果它是真的，那么它就没有可能是假的。这是因为这一真值没有指定事物的某一特殊状态，而是相反，指定了事物的所有状态的普遍特征。这样的例子包括"每个可能的存在物都是物质"，"每个可

---

① 我提供了三种基本的反形而上学观，每种都附有评论，见 Schilbrack 1994。

② 我对此的理解与唐纳德·戴维森（Donald Davidson）的形而上学观一致。他写道：当我们放弃对未经阐释的、被认为是超越了所有的观念和科学的事实的依赖，我们并不是要放弃客观真实的观念，而是相反。在观念与事实二元对应的教条之下，我们得出了概念式相对性，真理相对于神话和形而上学观念而存在。舍弃了这一教条，这些相对性也就不存在。当然，句子的真实仍与语言相对，但也有足够的客观性。放弃了理念与世界的对立性，并不意味着放弃了外在世界，而是重新建立了与熟悉的客体之间无介质的接触，那些客体的古怪之处确定了我们的句子的真假。相关见 1984a：198；Davidson 1984b；Schilbrack 2002。

③ 有关哈茨霍恩向对形而上学本质的简洁阐释，见 1970a，1970b。同时应该关注，我只是从哈茨霍恩那里借用了他对形而上学的理解，而不是他的"现实即社会过程"这一结论。

能的存在物都是一个事件"，"每个可能的存在物都是意识的产物"，以及"每个可能的存在物都是由事物组成的"，等等。在这种形而上学的定义中，形而上学试图描述所有事物。换言之，形而上学论标榜自己在任何情况下都是真的。这种结论是必要的，因此如果它们都是真的，就不能推翻；因为它们不能被推翻，所以形而上学不能被当作一种将假设与事物的实际状况做对比的实证学科来理解。恰恰相反，形而上学是一种逻辑探究形式，提出对现实本质的理解是逻辑的需要，以此作为任何事物存在可能性的条件。形而上学论标榜自己对时空维度中一切的适用性。换句话说，形而上学论关心的是所有条件下现实的性质。

这一定义避免了当代哲学对形而上学的惯常批评。形而上学论在这一问题上假定没有"上帝视角"，没有"本然的观念"，对事实没有直观或特别的介入方式，也并无意刺穿"观念的面纱"。他们不相信科学主义关于所有知识都是经验性的主张，但也没有打破实用主义或现象学的意义准则。因此，我倾向于用亚里士多德关于形而上学的观点来将现实的特征视为本然，而不是像康德一样将其视为"物自体"。基于此，形而上学抛弃了"物自体"的概念，却没有费力去解释：除了借助人类自身理解的规律，我们究竟如何获得世界的真知。

根据哈茨霍恩的看法，我们可以为神话中的形而上学真理定一个标准：当形而上学代表普遍特点时，它就是正确的，因此它不能被推翻（前引 Ogden 1963）。按照这个标准，一个人能用两种方法推翻已被宣称正确的形而上学论断。一种是证明这个观点并不是在每种情况下都成立，也就是说有特例，对于特例而言，那个论断是可变的。另一个方法是，当人们考察形而上学论断的隐含意义时它是不连贯的，是自相矛盾的。从积极方面来看，人们要想证明一个形而上学观是正确的，应该尽可能大量地应用它来阐释各种经验，以此来表明其对经验的适用性。或者人们证明形而上学论连同其隐含意义是有连贯性的，从而否定了对其自我矛盾性的质疑。

四、示 例

当然说某一特定的神话具有或暗含形而上学观，并不意味着详尽无遗地阐述了神话的意义。一个神话会有多重相关的意涵，每一重又都与现实的不同层面有关。威廉·道蒂分辨出四个层面：心理学层面、社会学层面、宇宙学层面、形而上学层面。（Doty 1986：52－6；cf. Campbell 1970：138－75）根据威廉·道蒂的分析，心理学层面为不同生命阶段和角色提供了范例，社会学层面研究劳动、性别和权力的社会分工，宇宙学层面刻画出了宇宙的意象，形而上学层面则对存在、不存在与生成做了区分。

这四个层面对于理解某一既定神话都具有举足轻重的作用。然而，人们很少关注神话的宇宙学层面和形而上学层面，并且容易把两者搞混，结果它们经常被统一称作"世界观"。根据我以上提及的形而上学定义，神话中的宇宙模式是实证的而非形而上学的（有关宇宙模式与宗教神话的关系，见 MacCormac 1976；Wright 1995）。宇宙模式必然与这个特殊世界的特点相关，而真正的形而上学则必然与任何一个可能世界的特点有关。换而言之，世界宇宙的特征或许截然相反——现存世界或将来宇宙时代里可能的世界已经出现了或将会出现宇宙特征的变化——但世界的形而上学特征是必需的，而且二者只能居其一。神话的形而上学解释主要集中在神话之不可消除的现实性。

关注形而上学有助于我们更好地理解神话，下面是一个例证。《起世经》中记载佛教关于世界生死轮回的故事。尽管这不是一个"创世"神话，因为在佛教中凡存在并无开端，不过这一故事也可被看作现存世界的开端。故事是这样开始的：

> 啊！各位修道，经过了很长一段时间后，最终整个世界开始逐渐缩小，在这个世界逐渐缩小的同时，大部分生物开始在光芒万丈的神的国度重生。又经过了很长一段时间，这个以前已结束的世界又开始重新演变。在重新演变、稳固并确立的同时，为了做出因果善报，一些生灵从光芒万丈的神的国度降临到人间。他们在本质上是自我发光的，在空气中自由飘动，他们有思想，拥有欢乐与幸福，可以自由穿梭于世间。
>
> （Strong 1994：101）①

在世界开始稳定下来时，众神中一个天性贪婪、喜怒无常的神开始贪食这个世界，其他的神也模仿他。他们越吃形体越稳固，继而成型。这些生物开始注意到他们之间的不同之处：其中一些比较引人注目，另外一些则不那么显眼，从而导致前者产生了骄傲和自大的心理。他们越吃越强大，直到产生性别。这样就产生了性欲与违禁行为。他们所吃的东西也变得越来越"世俗"，直至变成一种很好但必须收割的谷物。收割与贮藏谷物也就引发一些好吃懒做的生物的偷窃行为，继而又产生了由于愧疚而撒谎、施暴的行为。就在这种逐渐堕落的状态中，生灵们决定选出一个领袖来维护和平，伸张正义。故事结尾，得票最

---

① 另一个评注丰富的译本见 Collins 1993，其他的英译本可参见 J. J. Jones 1949 和 Rhys-Davids 1921。

多的成为领袖,那个逐渐缩小的、被称为"轮回"的世界又恢复了原先所熟知的争吵、焦虑及苦难。

像这样的故事我们又应该如何阐释呢?显而易见,至少道蒂描述的四个层次在此都呈现出来了。尽管这个神话并没有塑造代表成熟、健康精神的英雄或救世主,但从心理学角度讲,它仍可被视作对自我发展几个阶段的描述,其中包括欲望、自我形象及性的产生。社会学角度的阐释或可集中于社会契约理论及其处理君王地位合法化的方式。神话中交代王权制并非必不可少或自然而然,王权制是社会为了统治需要而创立的。宇宙学角度的阐释或可集中于其间存在的不同领域及出现的不同物类。①

这则神话也包含形而上学的内容吗?其核心内容是演变与反演变的连续不断的周期性过程,神话本身清楚地表明这一过程不仅关涉人类生命的起源,而且也是世界自身出现的过程。这一过程不仅仅是独立于人的发展的宇宙演化过程(如星星的出现),宇宙演化和人的欲望与行为交互影响。看到这里,有人可能会这样解释这则神话:它并不是佛教相互依存的起源学说(缘生)创世的另一种记录,而是一则佛教相互依存的起源学说的示例。这个教义的古典形式如下:

> 此在彼在,此起彼起,此无彼无,此止彼止。也就是说,痴是行缘,行是识缘,识是名色缘,名色是六入缘,六入是触缘,触是爱缘,爱是取缘,取是有缘,有是生缘,生是老死缘。如此,大患所集。

(Reynolds 1985:206;译文略有出入的译本可见 Rahula 1974:53-4)

这则神话告诉我们,任何事物都有一个起源,没有什么东西是起源于自身力量,只不过神话是以艺术化手段表现这一主题。

相互依存的起源学说是形而上学式的说教吗?判断取决于我们如何定义形而上学。在本文中,形而上学所描述的是任何事物的共有特征。相互依存起源似乎很符合这一描述,因为至少在这则神话中,相互依存起源过程并不局限于人类精神,也不局限于社会,甚至也不局限于宇宙形态。作为这一语境下的现实中一个不受局限的层面,相互依存起源在以上三个层面中呈现并且又通过它们呈现出来;否则,它们也将不复存在。只要相互依存起源说真值被推定为先验性,而宇宙学真值是实证性的而被推定为后验真值,那么二者就泾渭分明。

---

① 弗兰克·瑞诺兹(Frank Reynolds)把这一经文内容解释为造物型退化宇宙观(devolutionary cosmogony, Reynolds 1985; cf. Reynolds 1982)。

例如,"在宇宙中有一个地球"是一个实证说,而对"在宇宙中的任何东西的起源要依赖相互作用"的这一阐释则是形而上学的说法。如果是真的,无论有什么都是真的。

我们回头再来考察"真理"的问题。重申如上所说,阐释者无须探求神话是否真实的问题。然而,如果阐释者想要说明神话对现实的描述既非不知所云的胡言乱语,也非彻底的天书奥义——换句话说,如果阐释者想要理解这些论断是如何被相信它们的人接受为真实论断的——那么关于形而上学如何才可能被证实的问题就不是毫无关联的。

如果有人提出神话中(从实证角度解释宇宙的意义上)的宇宙论是不真实的,那么他就要努力去证明该解释与另外一种更深入人心的解释相冲突。这里尽管有猜想的因素,但其实质上是物理学家研究的问题。但如果还有人提出神话中的形而上学是不真实的,那么他的论辩方法必须是逻辑的而不是实证的。他将试图证明:无论是"任何事物都是互相依赖生成"这一观点,还是"没有事物是独立存在"这一观点,都有矛盾性。相反,如果有人提出神话中的形而上学是真实的,那么他就会辩称以上观点并无矛盾性,他反而可能会提出:"物自生息"的观念自相矛盾。

通过上例人们即可明白,神话是如何被解读为给现实提供模板的。事实上我认为,人们由此可以明白,神话叙事的阐释者们如何从叙事当中解读出一种显性的、非叙事性的形而上学观。无论阐释者是否归属于解释神话的宗教传统,这一点都是成立的。在这一点上,无论是西方的托马斯·阿奎纳(Thomas Aquinas)或东方的商羯罗(Sankara),他们的阐释任务似乎与当代学人没什么区别。正如我在本文第一小节中所说,形而上学研究的兴起不仅因为热衷于研究真理问题的哲学家,还因为每一个希望理解神话的普通人。

五、形而上学式神话解释的意义

我希望这一点是清楚的:我并非认为神话只应该被解释为形而上学式的,而不能是社会的、心理的或宇宙的,而是说形而上学式解释应是对现有的神话解释方法的丰富与补充。这也就意味着,如果有人发现用形而上学解释神话可以让人茅塞顿开,他便可以使用这种方法;而那些不应用这一方法的人也不应该把它视为禁区。

将形而上学阐释列入神话阐释的方法中,不仅对神话研究而且对宗教哲学研究都将有重要意义。只要神话中涉及形而上学的内容,那么在神话研究中,任何排除形而上学的方法都可以说是歪曲和扭曲了其研究对象。很明显，如果认为神话中并没有包含形而上学，那么就有使人看不到神话描述了对事实本身的文化理解的可能性。如果看不到这种可能性，就会使人关注神话的其他方面，例如神话中的形而上学经常在宗教中发挥解释的功能。也就是说，形而上学论经常使得宗教认为的正确的态度、实践和信仰得以成立。它们宣示或暗示人们自己应该规范个人行为，因为基于物性，只有那样才是合适的行为。格尔茨清楚地看到了这点，所以他说某一宗教的教义总是基于宗教的形而上学观。正如他说的：

> 一种宗教的道德准则是否有效，取决于其对于自然事实的解释是否可靠。强制性的"应然"被视为源自对现实"存在"的理解，宗教以这种方式将人类大多数的具体行为限制在人类存在的普遍语境之中。……这种为价值观寻找形而上学依据的行为在不同个体或不同文化之间呈现出巨大分歧，但那种为自身信条寻求某种现实基础的愿望却在实践中具有普遍性，单纯的传统主义在任何文化中都几乎鲜有信徒。
>
> （Geertz 1973：126，131）

因此，在阅读神话时关注其形而上学层面有助于我们考虑到神话的证实功能：神话通过描写世界事实的方式来使生活方式正义化。如果忽略了其认知层面，我们对神话的理解则会被过度简单化为意识或文学。注意到形而上学层面可以帮助我们避免这一点。

对神话的形而上学阐释还对理解宗教哲学，尤其是对宗教形而上学的哲学研究有启示作用。以此，形而上学阐释可以对已经被称为"民族形而上学"的哲学研究层面予以补充。[①]"民族形而上学"将以下观点设为自己的起点假设：不同的文化有着不同的形而上学观，因此对任何文化的研究，其中必须包括的部分是对现实的认知取向。这种研究基于以下假设：对现实必要特征的理解不限于西方哲学传统甚至所谓的"高级文化"。道格拉斯·拉布（Douglas Rabb）和丹尼斯·麦克弗森（Dennis MacPherson）试图用避免相对主义的方法来阐释清楚"民族志形而上学"。他们提出，哲学家应该采取他们所称的"多中心角度"，其中所有的文化都代表了对现实进行特定概念化的处理方法，其概念化的

[①] 我认为哈洛韦尔（Hallowell）是第一个（1960 年）使用"民族形而上学"这一术语的人，雷丁 1957 年的著作被视为他这一灵感的来源。可里克特（Callicott）和奥弗霍尔特（Overholt）1982 年的著述发展了这一观点，麦克弗森和拉布 1993 年的著述试图摆脱相对主义而将其确立为一个学科。戴维斯在其 1984 年的著述中运用这一术语时，并没有很强烈的哲学色彩。

有效性不受与他者的可比性或通约性的限制（MacPherson and Rabb 1933：10）。他们认为这一视野弱化了"拯救蛮族"的观点，因为后者假定完整而真实的形而上学早已在科学主义唯物观或基督教神学形而上学体系中被认定，而且假定当我们发现那些异质的形而上学体系时，我们应将其信徒从这种信仰中"解放"出来。这两种观点都很难使学者们认真对待"民族志形而上学"体系中或许包含真理这样的观点。我个人认为，自己对神话的形而上学解释与他们目标相同（尽管我认为"民族志形而上学"研究中如果去掉"民族志"的累赘，或许就可以最大限度地发挥它的作用）。

在对脱离文化语境［保罗·格里菲斯（Paul Griffiths）将这个情形称作"去自然化话语"（Griffiths 1990）］的宗教"信仰"进行研究的过程中，因为影响到宗教话语的其他哲学形式，而导致宗教哲学这一学科有被污名化的危险。对宗教的形而上学研究还容易对可能性持一种过于偏狭的看法。目前，需要认识到在多大程度上全球范围内人类还在预测物的性质，还需要认识到预测所采取的种种形式。我们必须将宗教哲学视为一种开放性的求索，并展开与人类学家和宗教史学家的合作对话。我希望自己的这篇文章能对宗教哲学向这个方向的发展有所裨益。

参考文献

Barbour, I. (1974) *Myths, Models, and Paradigms*, New York: Harper and Row.

Bolle, K. (1987) "Myth: An Overview," in M. Eliade (ed.), *The Encyclopedia of Religion*, vol. 10, New York: Macmillan.

Callicott, J. B. and Overholt, T. (1982) *Clothed-in-Fur and Other Tales: An Introduction to an Ojibwa World View*, Lanham, MD: University Press of America.

Campbell, J. (1960) "Primitive Man as Metaphysician," in S. Diamond (ed.), *Culture in History*, New York: Columbia University Press.

——(1970) *Myths, Dream, and Religion*, New York: Dutton.

Collins, S. (1993) "The Discourse on What is Primary," *Journal of Indian Philosophy*, 21: 301-93.

Davidson, D. (1984a) "One the Very Idea of a Conceptual Scheme," in *Inquiries in Truth and Interpretation*, Oxford: Clarendon Press.

——(1984b) "The Method of Truth in Metaphysics," in *Inquiries in Truth and Interpretation*, Oxford: Clarendon Press.

Davis, R. (1984) *Muang Metaphysics: A Study of Northern Thai Myth and Ritual*, Bangkok: Pandora.

Doty, W. G. (1986) *Mythography*, Tuscaloosa, AL: University of Alabama Press.

Eliade, M. (1963) *Myth and Reality*, New York: Harper and Row.

——(1971) *The Myth of the Eternal Return or, Cosmos and History*, Princeton, NJ: Princeton University Press.

Frankfort, H. and Frankfort, H. A. (1946) "Myth and Reality," in H. Frankfort, H. A. Frankfort, J. A. Wilson, T. Jacobsen, and W. A. Irwin (eds), *The Intellectual Adventure of Ancient Man: An Essay in Speculative Philosophy*, Chicago, IL: University of Chicago Press.

Geertz, C. (1973) *The Interpretation of Cultures*, New York: Basic Books.

Griffiths, P. J. (1990) "Denaturalizing Discourse: Abhidharmikas, Propositionalists, and the Comparative Philosophy of Religion," in F. E. Reynolds and D. Tracy (eds), *Myth and Philosophy*, Albany, NY: State University of New York Press.

Hallowell, A. I. (1960) "Ojibwa Ontology, Behavior, and World View," in S. Diamond (ed.), *Culture in History: Essays in Honor of Paul Radin*, New York: Columbia University Press.

Hartshorne, C. (1970a) "What Metaphysics Is," in *Creative Synthesis and Philosophical Method*, London: SCM Press.

——(1970b) "Non-restrictive Existential Statements," in *Creative Synthesis and Philosophical Method*, London: SCM Press.

Jones, J. J. (1949) *The Mahavastu*, vol. 1, London: Pali Text Society.

Long, C. H. (1963) *Alpha: The Myths of Creation*, Chico, CA: Scholars Press.

MacCormac, E. (1976) *Metaphor and Myth in Science and Religion*, Durham, NC: Duke University Press.

McFague, S. (1983) *Metaphorical Theology: Models of God in Religious Language*, London: SCM Press.

——(1987) *Models of God: Theology for an Ecological, Nuclear Age*, Philadelphia, PA: Fortress Press.

MacPherson, D. and Rabb, D. (1993) *Indian from the Inside: A Study in Ethnometaphysics*, Thunder Bay, Ont.: Lakehead University.

Malinowski, B. (1948) *Magic, Science, and Religion and Other Essays*, Garden City, NY: Doubleday Anchor.

Ogden, S. (1963) "*Myth and Truth*," in *The Reality of God and Other Essays*, San Francisco, CA: Harper and Row.

Olshewsky, T. M. (1982) "Between Science and Religion," *Journal of Religion*, 62: 242–60.

Radin, P. (1957) *Primitive Man as Philosopher*, New York: Dover.

Rahula, W. (1974) *What the Buddha Taught*, 2nd edn, New York: Grove Press.

Ramsey, I. (1964) *Models and Mystery*, London: Oxford University Press.

Reynolds, F. (1985) "Multiple Cosmogonies and Ethics: The Case of Theravada Buddhism," in R. W. Lovin and F. E. Reynolds (eds), *Cosmogony and Ethical Order: New Studies in Comparative Ethics*, Chicago, IL: University of Chicago Press.

——(1982) *Three Worlds According to King Ruang: A Thai Buddhist Cosmology*, trans. F. E. Reynolds and M. B. Reynolds, Berkeley, CA: Asia Humanities Press.

Rhys-Davids, T. W. (trans.) (1921) *Dialogues of the Buddha*, vol. 4, pt III, London: Oxford University Press.

Schilbrack, K. (1994) "Problems for a Complete Naturalism," *American Journal of*

Theology and Philosophy, 15:269–92.

——(2002) "The Study of Religious Belief after Davidson," *Method and Theory in the Study of Religion*, 14:1.

Strong, J. (ed.) (1994) The *Experience of Buddhism: Sources and Interpretations*, Belmont, CA: Wadsworth.

Vivas, E. (1970) "Myth: Some Philosophical Problems," The *Southern Review*, 6:89–103.

Voegelin, E. (1957) *Order and History*, vol. II, Baton Rouge, LA: Louisiana State University Press.

Watts, A. (1968) *Myth and Ritual in Christianity*, Boston, MA: Beacon.

Wright, M. R. (1995) "Models, Myths, and Metaphors," in *Cosmology in Antiquity*, London: Routledge.

第五章　神话与女性主义哲学

帕米拉·苏·安德森

一、西方哲学中的神话

读过西方哲学史的人也许会得出一个结论,即神话和哲学是两个完全不同甚至意义相悖的术语。这部历史中记录了一个假定的事实,即自哲学在古希腊萌芽之时,哲学家们为了从事理性论述(logos,逻各斯/理性思考)总是将神话(muthos,秘索思/虚构的故事和诗歌)置之不理。这个假定认为哲学替代了神话,所以较之于秘索思,逻各斯被认为具有更大的价值。哲学号称是冷静的论述,由此纯粹的理性控制着混乱,摒弃混杂的经验;相反,神话则包含了关于化身、生死、激情与欲望的故事。

与以上解读相反,当代哲学家米歇尔·勒·杜弗(Michèle Le Doeuff)已经令人信服地证明哲学中神话与理性相伴。神话出现在米歇尔·勒·杜弗所定义的哲学意象里(Le Doeuff 1989:esp. 1 - 20)。如此,神话包含的意象与叙述——尽管多么让人不情愿——必须伴随哲学文本中的理性话语。哲学也无法完全清除神话的意象。尽管神话的创造过程一直被视为处于纯理性的边界上,但将其定义为与哲学推理完全对立是错误的。

追随勒·杜弗的思想,我想提出一个观点:尽管哲学家们非常不愿意承认他们的文本之中存在神话,哲学中的神话其实仍是激情与理性交织的产物。神话用叙事的方式将理性与激情塑造成生活经历中不可或缺的、相互关联的两个方面。尽管哲学家们因性取向、人种、阶层和民族等可变因素的差异而存在身份的不同,但理性与激情对哲学式展示形象事物的真实性来说都是必不可少的。哲学家们若宣称他们对现实的论述与神话的不同在于自己的论述完全是理性的,而对其中所体现的激情绝口不提,这似乎有违初衷。然而具有讽刺意味的是,当哲学的神话内涵为女性主义变革提供内容及形式时,它们却仍旧不被承认(Anderson 1998)。

长久以来，女性诗人和小说家们就发现古典神话时常改头换面重新出现的现象，古典神话以极具特色的方式塑造着诗歌和文学话语。① 近来，女性主义哲学家们开始揭示并挑战神话在哲学中的地位，证明父权制的神话是如何将女性从西方哲学中排除出去，西蒙娜·德·波伏娃（Simone de Beauvoir）也许是20世纪第一位完成此举的女性主义哲学家（尽管她的女性主义者地位和她作为哲学家取得的成就都曾引发争议）。波伏娃在《第二性》（1949）中揭示出，欧洲文化的古典神话有意无意地贬低了女性的价值，剥夺了她们自主思考与行动的可能性。尽管二者可能明显的不相容，我还是要进一步证明，在西方哲学史演进中，神话和女性主义哲学牵涉数套紧密结合而非彼此对立的术语。

我建议对神话的充分论述应包括两个特性，既允许由哲学传统的中心文本来传达神话，也允许由这一传统不断变化的历史来改造神话。第一个特性是神话叙述核心的稳定性，它使得通过传统传播神话成为可能。这种稳定性意味着神话可以在宗教仪式和艺术表演中获得再生产，并展示自身。第二个特性是神话的人物、主题和情节的变异性，从而使得历史对神话的改造成为可能。神话的变异性使得对神话的不断阐释成为可能。如同音乐，神话的主旋律当中有可能会出现变奏（cf. Blumenburg 1985）。神话在哲学中持续出现的现象对女性主义者们有利有弊：一方面涉及创新的可能性，另一方面则关涉传统的种种限制。

至少，梳理哲学中的神话即可明显看出，神话的持续出现提供了更丰富、更具历史性的哲学解读材料。首先，当下语境中的神话不是通常谈话中所设想的虚假存在，也不是一个单独的故事或者单独的形象集合，而是以发生在不同时间、地点、内容各异的故事为本质结合而成。其次，神话及其意象、叙述、人物和情节可以成为哲学家们个人和哲学社团建构自身的手段，即确定他们自己特定的身份，这样就出现了确定个人和团体身份的奠基性神话。但是这一身份建构也暗含将那些不掌控神话制造过程的人排除为他者。例如，古典神话赋予了哲学文化特色鲜明的身份，但是主要是那些受过古典教育因而身份独特的西方男士们享有在哲学写作中改造神话的机会，女士们要么身份受到贬损，要

---

① 例如，帕米拉·克莱米（Pamela Clemit）争论说，玛丽·雪莱（Mary Shelley）的《弗兰肯斯坦》为小说开拓了"一个神话制造形式，它能够批判地检查政治理想"；玛丽·雪莱"改写了戈德温式的情节，使其成为一个富有创造性的故事。它是希腊、罗马普罗米修斯神话与犹太人基督教神话的再加工，正如《失乐园》所改造的故事"（Clemit 1993：154，155；cf. Shelley 1993［1818］）。

么被排除在外。① 还有，神话仍然是哲学史的一部分，然而神话的使用总是具有十分明显的时代特征。

在下一小节，我将通过简评三种女性主义哲学家重塑神话的方法，展开自己对神话和女性主义哲学的观点。在第三小节，我将会提出第四种选择，即带有解释现象学、女性主义认识论和美学色彩的后康德主义论述。在最后一小节，我将概括总结神话和哲学意象提供给女性主义立场的可能性。

二、女性主义哲学家及其神话研究方法

21世纪，女性主义哲学家对神话的重新塑造，标志着她们已参与到身份形成的历史进程中，同时也标志着她们为改变性别等级不对等现状而展开抗争。性别等级不对等在西方哲学中占据统治地位的神话中建构，并经历几个世纪强化。女性主义哲学家们已经逐渐成为女性身份建构过程的参与者，她们已经开始用自己独特的方法重写神话。尽管可能会有对各自特征区分不精确的危险，我还是希望给出三种类型以帮助读者理解女性主义哲学家们研究神话的方法差异。围绕各自的政治哲学特点，我将每种女性主义研究方法大概描述如下：（1）保守本质派或激进本质派的女性主义研究方法；（2）自由存在主义或自由文化主义的女性主义研究方法；（3）渐进后结构主义的女性主义研究方法。② 不过，在另外一节里，我将会为社会认知论女性主义神话研究方法进行辩护。如上所说，该方法是基于后康德主义的一种探索，阐释方法受到现象学、女性主义认知论及美学启发的一种探索。

在讨论第一组特征时，运用本质主义方法研究哲学中的神话意味着将保守派和激进派两种持有不同政见的女性主义者聚合。不论在其他方面有多么不同，保守本质派和激进本质派女性主义者都坚持神话中存在正面的、自然的女性形象，表现得十分"浪漫"。如果说一位浪漫的本质派女性主义者在维护过去神话

---

① 例如，安提戈涅（Antigone）神话在现代西方哲学著作中的出现，象征着生活中公共和私人范围、国家和家庭、普遍和特殊、男性和女性之间的社会性别分割。这些社会性别分割仍在塑造着西方政治哲学的身份与理想，导致了对女性行为无法避免的双重束缚。参看 Anderson 1998：184-92，196-200，205n36；Anderson 1997：51-68。

② 每种方法都由一对从罗斯玛丽·帕特南·童（Rosemarie Putnam Tong 1998）的著作里衍生出的政治哲学形容词来修饰。罗斯玛丽·帕特南·童遵循爱利生·雅格（Alison Jaggar 1983）的习惯，运用政治形容词来表达女性主义立场。但是，与雅格或罗斯玛丽·帕特南·童都不同的是，我一开始就用存在主义的标签来鉴别早期以来长期衍化的、浪漫主义的立场。而如今这一立场因其用法差异而游移于激进和保守两个极端之间。之后，我区分了两种自由的女性主义，然后鉴别了两种不同的渐进后结构主义神话研究方法的例证。

中本质上永恒的女性形象时可以很保守，那么另一位本质派女性主义者在认同神话表现女性的永恒真理时可以表现得很激进。但与前者不同的是，后者坚决要求对旧的神话进行彻底地再生产以产出新的描述，目的是扭转家长制中的各种混乱现象。保守本质派与激进本质派女性主义者们拥有一个共同的目标，她们都力图洞悉神话中的父权形象，以便揭示女性身份缺失和遭受诋毁之前的事实真相。尤其值得注意的是，保守本质派和激进本质派女性主义者们都认定最初的母权制在父权制的历史中已被遗忘或压制。保守本质派者从历史优先论的意义上认定母权制是原初的，而激进本质派者则在一套更原始的价值观的基础上持论。用神话术语表述的话，这两种类型的浪漫女性主义者都在寻求揭示母亲女神被父权制扼杀的事实，其目的是让原始神话里所描述的那种女性以与自然密切联系的正面形象复活。

尽管简·哈里森（Jane Harrison）并不是哲学家，但这位英国古典学与历史学专家提出了 20 世纪早期具有影响力的报告，揭示了父权制之前的女性神话形象（Harrison 1963 [1924]）。① 哈里森在她的著述《希腊宗教研究导论》（*Prolegomena to the Study of Greek Religion* 1903）中，讨论了奥林匹亚众神父权崇拜取代古希腊早期母权崇拜的过程。追随哈里森的说法，美国女性主义者艾德丽安·里奇（Adrienne Rich）宣称男人首先以一种负面的含义运用"神话"，以此证明父权制是一个神话而"并不是不争的事实"（Rich 1996）。不过，借助于哈里森的开创性著述，里奇认为，如果从积极层面来理解对母系价值观具有建构意义的预兆性，那么神话中更原始的母权制隐藏于父权制构造的背后（Rich 1996 [1986]：56 – 7n*，59 – 62，72 – 3；cf. Harrison 1980 [1903]；Bochofen 1967 [1861]）。只要在本质上二者都寻求保存女性化身的永恒形象，那么无论哈里森和里奇在其他方面有多大的差异，她们都可归于以保守本质派方法研究神话的阵营。她们都在维护女性与自然紧密联系这一真相，而这是女性哺育的自然形象等父权制建构所不能容忍的。

有位女性主义哲学家基于这一传统追索了某一原始母权制，以揭示其被父权制消弭的真相。她就是意大利人阿德利亚纳·卡瓦丽罗（Adriana Cavarero）。卡瓦丽罗翻译的《无视柏拉图：女性主义重写古典哲学》（*In Spite of Plato: A Feminist Rewriting of Ancient Philosophy*）一书延续了里奇对母性的关注并展开对

---

① 这部有关女神起源先于父权制的作品对女性主义的发展产生了影响。女性主义者将女神神话拓展为她们精神的中心，并在更广泛的意义上将其拓展，以利于女性经验的叙述。参看 Christ 1992：273 – 87。

古希腊四位女性形象的重新塑造（Cavarero 1995）。卡瓦丽罗宣称要将珀涅罗珀、得墨忒耳、狄俄提玛和一位不知名的年轻女性等四个神话人物从父权制的建构中解放出来。自从古代哲学家将这些女性形象劫掠，这种父权制的建构就一直在西方哲学中占据着统治地位。在设法将这些女性形象按照母权制秩序还原到她们原始文本的过程中，卡瓦丽罗也许会显得保守。尽管如此，她在重新塑造家庭妇女、母亲、女神职人员和年轻女侍者形象时表现得非常积极，每位女性神话形象在社会秩序中都获得一个自主角色。

另外一位同时期的女性主义哲学家玛丽·达利（Mary Daly）积极主张用更加激进的方法研究神话，其对古老神话的深入挖掘旨在给予其新的诠释。即使一些女性主义者可能会将达利视为激进存在主义者，我则坚持认为她是一位激进本质派哲学家。而我将达利的神话研究方法归为本质派是因为——与拒绝任何种类的本质派特性的存在主义者不同——她认为以女性为中心的文明是不变的事实。在《女性/生态学：激进女性主义的元伦理学》（*Gyn/Ecology: The Metaethics of Radical Feminism*）一书中，达利断定透过父权制的神话，可以窥到以女性为中心的历史。她提出：

> 激进女性主义分析所能达到的深度，就是要认识到在最深层的意义上父权制神话是谎言，是对人类本质的曲解……透过雅典娜从宙斯脑袋里蹦出的重生，或者夏娃生于亚当的肋骨这些明显的神话，女性可以得到一些信息。我们纠正他们所颠倒的——这是一个复杂的过程，不是仅仅需要转向一个简单化的结论：男性神话的"反面"便是我们寻求的"深层本质"……
>
> 为了完全拨乱反正，我们必须面对以下事实：父权制神话包含着神话力量偷窃现象。这些神话有点像变形镜头，透过它我们可以观察到背景。……为了能看清事实我们必先看到谎言。我们可以把父权制神话准确地理解为颠倒的镜像，理解为女性统治文明中更古老、更透明神话的苍白衍生物。

（Daly 1991：46，47；cf. 111）

我将达利描述成一位神话研究方面的本质主义者而不是社会建构主义者的另外一个理由是：她断定女性透过她们真实的自我形象可以看到自然精神或宇宙范围内的潜在性。对达利而言，这些神话形象提供了形成中的女性形象，但要在"更古老、更透明的神话中看清她们的真相"也就意味着要辨识某些本质特征。

在此我想强调一下自己遇到的难题。在寻求理解女性与自然所关联形象的过程中，无论是揭露父权制背后原始的母权制，还是推翻基于女性自身的父权制神话，本质派女性主义研究方法总会有很多问题。第一，这种方法假定那些关于女性的永恒真相超越了历史和文化，但仍出现在神话中。第二，它倾向于模糊或忽视重塑神话的偶然的、历史的外表。第三，它无法辨识决定神话出现的具体因素，诸如性取向、性别、种族、阶级和民族等方面的差异。第四，它保留甚至强化男性与女性的对立。激进女性主义表现为对性别歧视进行颠覆的倾向，而保守女性主义则表现为接受必要的男性与女性本质的倾向。该方法研究神话的任何一条路线，都倾向于将男女性别差异解读为建构身份对立的主要因素。

这算是以上讨论中的一个决定性问题：有关神话的浪漫假设可能会让保守本质派和激进本质派女性主义者望而却步。伊丽莎白·舒斯勒·费兰札（Elizabeth Schüssler Fiorenza）称之为神话的"抑制作用"。如费兰札所释：

> 如果神话是提供一个共同愿景的故事，那么女性主义者就必须寻找新的神话和故事以便使自己的目标和价值判断形象化。……然而……神话也有稳定、抑制功能：通过保障共有身份和为社会组织与教会机构准备理论基础，神话认可现存制度并为其权力结构辩护。
>
> （Schüssler Fiorenza 1975：620）

如果这一功能被认真对待，那么女性主义哲学家就无法心安理得地接受对神话的以下构造，因为它提供了一个共有身份，并为某一社会秩序中潜在的不公正权力结构辩护。说得宽泛些，研究哲学中神话的合理方法必须在重塑活动中融入一个持续不断的评论过程。

保守本质派和激进本质派对古代神话进行的女性主义式重塑，也许其中最大的身份危险就是"无意地"排除性别差异。一方面，保守本质派女性主义者假定女性身份具有如神话揭示出的普遍性，如此便可能有无视两性、人种、民族、文化和阶级差异性的危险。另一方面，激进本质派女性主义者在神话的新形式中颠覆性别主义的同时，同样可能无视和贬低男性身份。例如，为颠覆神话中对"女神，也即女性的自我肯定存在"（Daly 1991：111）的谋杀，达利提供了一个有力的论据。她对颠覆这个神话及其所伴随的宗教仪式的策略给了如下解释：

> 为了揭示女性具体生活中女神谋杀最真实的、存在性意义，我会分析大量古老的和现代的野蛮式宗教仪式。……那些声称在我对那些

残暴行为的控诉中看到了种族主义或帝国主义的人,仅仅是因为他们无视以下事实:对女性的压迫是超越民族、国家或宗教边界的。

(Daly 1991:111)

显然,尽管她希望抵制种族主义和帝国主义,但达利在以上陈述中认定:存在着关于女性的普遍事实,它超越了种族、性别、宗教、民族和阶级并导致了对女性的压迫。不过,尽管达利已经予以反驳,但我们仍要追问以下问题:是否有可能在建构女性的关键陈述中包含差异性?有关身份单一含义的神话群不正孕育了种族主义和帝国主义吗?

第二种研究神话的女性主义方法对前一种方法的危险与问题予以了回应。但是,最终这种方法可能也不会多么成功。与保守本质派或激进本质派女性主义者相反,自由存在派或自由文化派女性主义者研究哲学中神话的方法是,寻求揭示并消解神话,尤其是有关女性品质或女性他者角色的神话。① 特别是对于存在主义哲学家来说,没有根本的本质。存在主义派女性主义者的任务就是揭示并超越一直以来为父权制社会辩护的神话,以此复原女性之人性本质。对于自由主义者来说,这种人性本质等同于个人自主权与形式平等。从根本上说,自由存在主义派女性主义者主张,神话仅仅是强化了错误性的概念化行为,将女性定位为缺乏自主权与平等权的他者。

为说明这种方法,请允许我回到波伏娃对欧洲哲学的存在主义解读。依据波伏娃的观点,哲学将男人定义为理智的主体是为了与女性形象形成对比,这样就使女性成了"无关紧要的他者"。波伏娃暗指欧洲女性已经认定了这种神话,它将她们描绘得既天真纯洁又性感妖娆,是永恒柔弱而又贪婪的大地母亲。这些矛盾而神秘的形象是创建西方父权制神话的中心,而此种神话阻止女性成为理智主体。

然而或可质疑,波伏娃解构的哲学文本中的女性形象是地方性的。也就是说,神话形象反映哲学式虚构,而后者则对她与一生的伴侣让-保罗·萨特就法国存在主义哲学所展开的影响深远的讨论具有决定性意义。② 尤其基于他们对女性身体的存在式解读,波伏娃得出妊娠本身是普遍性的污秽不堪这一结论。

---

① 必须承认,将自由主义者描述为存在主义者或文化主义者具有一定的反讽意义,因为他们宣扬非常正规的人道概念。因此在添加"存在主义者"和"文化主义者"之类的形容词时,我便暗示自由主义的不足,以此避免给神话中的女性本质赋予实在的意义(例如,女性作为母亲的角色)。

② 西蒙娜·德·波伏娃的最新研究正努力修正任何将她的哲学看作让-保罗·萨特存在主义的衍生物的误读行为。参看 Fullbrook and Fullbrook 1998, 1994。

波伏娃过度概括了人性对怀孕肉体剧变的自然反应，此处之虚妄不堪一击；她所确定的对人类肉体的偶然性恐惧，只是一种有文化边界的偶然性经历。但是她却未能认识到神话的共时性，因而认为它是自然的和普遍的。波伏娃在解释童贞、月经、沾污、怀孕和生育等相关仪式时，因无法摆脱欧洲模式而显得过时。然而，即使波伏娃没有完全认识到神话的偶然性和共时性，她却开始揭示并超越那些将女性从所谓的纯粹哲学排除出去的神话，这一点仍然意义深远。她允许神话表达永恒真理这一点，则或许在一定程度上出于无心（Okely 1998）。

最终，波伏娃的自由存在派女性主义神话研究方法，试图达到这样一种对哲学的批判式解读：它不仅可能排除父权制神话，也会排除性别。其逻辑就是，性别中立会恢复女性的自主权和作为理性存在的主观性。换句话说，女性将会成为个体自主、平等和友爱的自由典范，而这种典范会给出一种性别中立的身份。因此，波伏娃寻求超越将女性作为无关紧要的他者这一哲学神话。

关键的问题是：我们可以超越神话吗？波伏娃仅是超越了女性身体的神话形象，但具有讽刺意味的是，其立论基础是认为神话包含了有关身体的普遍真理。不过波伏娃的方法仍是自相矛盾的，因为如果有关女性身体的真理具有普遍性，那么它尤其不能被随意超越。无论其多么善意，自由存在主义派女性主义方法宣称男女性别身份中立的努力，甚至不能实现二者的平等。波伏娃计划送给女性的"人性"礼物，最终却成了抵触男女平等的概念。

然而自由派女性主义内涵远非存在主义方法论能够涵盖。为了理解这一点，不妨考察我称之为自由－文化派女性主义神话研究方法，其对波伏娃的矛盾假说的批评更加深入。这种方法超越了波伏娃，在于其揭露了隐藏在自主与平等个体之间的公共契约神话背后的秘密，不过它仍然属于自由派理论体系。它的代表人物是女性主义政治哲学家卡罗尔·佩特曼（Carole Pateman）。

对让·雅各·卢梭（Jean-Jacques Rousseau）、托马斯·霍布斯（Thomas Hobbes）、约翰·洛克（John Locke）、约翰·斯图尔特·密尔（John Stuart Mill）等人的社会契约论，以及20世纪仍然处在自由主义文化范式内的其他哲学家特有的弱点，佩特曼都予以证实。如佩特曼所揭示，自由主义哲学的弱点在于由父权制起源神话所确立的性别偏见。按照佩特曼的观点，作为启蒙运动的产物，自由主义神话——作为启蒙运动（the Enlightenment）文化的产物——确定了这样的事实：社会契约是兄弟间为确保男性性交权进而反对父亲而订立的协定；按照她的说法，社会契约隐藏着"一个性的契约"；因此，神话为将女性限制于私人的（家庭）生活而辩护（Pateman 1988）。佩特曼揭示了启蒙运动以来哲学家们用何种手段重新诠释高贵野蛮人的古典神话,从而为将女性从公共生活的协定中排斥的行为而辩护的种种手段。例如,卢梭的起源神话所描述的自然是充满天真之所;根据卢梭的描述,人类占有了财产就产生了不平等并因此失去了天真;契约变得必要是为了保护私有财产及公民的平等权。然而,这种建构公民身份和权利的契约,却将女性排除在外:作为妻子和母亲,她们是丈夫和父亲的财产。

波伏娃或许会赞同后者的论述。波伏娃呼吁在自由主义民主政治中赋予女性自主和平等,然而,佩特曼的解读阐明了波伏娃没有认识到的一个问题。面对家庭之爱应该超越平等与自主的普遍原则的道德诉求,如果当代女性要对此做出回应,那么这种女性母权制思想对公共生活的影响仍是一个问题。

从根本上说,佩特曼认识到神话可以展现有关性别的文化假说(包括自由理想中的),因而改进了早期自由存在主义神话研究方法。性别契约中所暗示的性别假说在启蒙运动哲学中根深蒂固。由此更能说明,我们也许不能人为根除性别差异。母系思想或许的确有其与众不同之处。回归激进本质派方法是回应自由女性主义不足之处的一种可能选择,后结构主义方法是另一种可能选择。至少就自由主义而言,参与拟定公共协定的个体必定性别中立这一假设是错误的。而在自由主义神话框架内,又假定个体是享有私人财产——包括妻子在内——的男人。另外更紧迫的问题是,需要打破并改造个体自主和脱离实体的推理概念中的性别偏见,但无论佩特曼还是波伏娃都未对此做出回应。最终,佩特曼未能保持她对女性化身的特殊性和具体自由特征的可能洞察,而它们会对女性思维产生很大影响。然而,一个关键性问题仍留给了任何一派——无论是存在主义还是文化主义——在女性主义神话研究中,具有性别观念和性别关系的神话能否被超越?如果父权制或性别歧视假说能被揭示,是否意味着这些假说就被消解?

为了回答上面的问题,我求助于第三种女性主义神话研究方法。与保守本质派女性主义或激进本质派女性主义、自由存在派的女性主义或自由-文化派女性主义不同,哲学中的渐进后结构派女性主义神话研究方法旨在解构,以便颠覆父权制神话话语。同时该方法坚持认为神话不能简单地被提取、揭露或否定。这种渐进后结构派女性主义方法的代表人物之一是法国哲学家卢斯·伊利格瑞(Luc Irigaray)。伊利格瑞宣称:

> 从一个时代过渡到下一个时代不能仅仅依靠否定现实存在……
> 如果将神话展现现实的意义看作不过是偶然结果,那么此举无异

于抑制和破坏某些因性别差异带来的差异性经济的文化层面。这种方法还会导向偏狭的、还原主义的和虚无的历史观念。

(Irigaray 1993a:24)

神话需要否定,而需要伊利格瑞破坏性"模仿"意义上的重塑;但是神话即使以它被重塑的形式出现时,也总是历史的一部分(Anderson 1998:143-52)。

理想状态下,渐进后结构主义者对神话的女性主义重塑,不是想要创造一个排他性女性身份,相反,其目的在于颠覆所有普遍的和单一的身份,而颠覆过程将会伴随产生具有特定性别的身份。此外,与其说后结构派女性主义哲学家们的目的在于终结历史、终结历史中男性性别身份的神话表征,不如说他们要求进行模拟式重塑——如此便扰乱并改变了历史。比以上引文更早的作品中,伊利格瑞强调要改变神话塑造的社会秩序的必要性,同样也强调要改造对材料的技术研究:

> 人们有时带着怀旧的情绪去研究神话和传说之类的神圣文本,但很少怀着改变社会秩序的思想去解读。……阅读、翻译和解释技巧占领了神圣的、宗教的和神话的领地,但是技巧本身揭示的世界并不能满足其自身正在消耗或正在完善的材料。

(Irigaray 1993b:81)

不能"满足其自身正在消耗的物质世界"可能暗指自由派女性主义者,而"满足其自身正在完善的物质世界"指向保守派或激进派女性主义神话研究方法。自由存在主义方法将努力去"消耗"或根除神话材料,而本质主义者会寻求"完善"或完成它。与这二者相反,伊利格瑞的策略是模拟文本,尤其是模拟父权制神话,为的是揭示一个新的社会秩序(Anderson 1998:153-8)。

在改造哲学神话方面,伊利格瑞有着丰富且多样化的背景,这些神话则构建了男性性别身份史。她有哲学的学术背景,这一身份为其"神话是历史之一部分"这一论断增加了分量。伊利格瑞接受过哲学史的一般训练,又专门研究过现象学和后结构主义。我们留意到,渐进后结构主义女性主义神话研究方法的特征是对简单回归母权制古老神话传说的拒绝,而母权制古老神话则是父权制文本的对立面。伊利格瑞充分阐述了以上观点:

> 大多数古希腊神话要么源于亚洲,要么不知所出。阿芙罗狄忒、得墨忒耳和科尔(即珀耳塞福涅)等都是这种情形。这些神话的演化应被视为经历不同程度改编因而地域化及历史化的结果。因为神话与历史不是完全割裂,前者用生动的叙述表现后者,进而展示时代的主

流发展趋势。……因此，神话与空间、时间和化身的表现形式之间保留了特殊的关系。

(Irigaray 1994：101)

神话不仅拥有一个不可知的、文化的渊源，而且还是揭示时代趋势的历史本身的一部分。神话中大量涉及时空关系，因而具有启示意义。因而，神话对哲学具有深远意义，帮助其更真切地洞察化身现象。按照伊利格瑞的说法，神话的内涵一定而且必须被挖掘，而这不会终结哲学或神话制造。

美国哲学家多纳·哈罗威（Donna Haraway）也可以被看作渐进后结构主义女性主义者。哈罗威一反陈规，建构了关于神话与时空关系的颠覆性方法，不过她运用了与法国后结构主义相似的解构主义策略，试图瓦解二元逻辑和父权制神话特权，同时颂扬建构主观性所突出的差异性。罗西·布莱多蒂（Rosi Braidotti）将多纳·哈罗威与伊利格瑞作了比较：

露西·伊利格瑞突出从女性形态学和性征中抽离出的形象，如双唇暗示关系密切而又拒斥封闭。多纳·哈罗威则提出电子人外形，即一个高科技假想物，其中电路触发连通和契合的新模式。然而，二者都着力于颠覆传统观念与人类形象，尤其是女性主观性这一重要任务。

(Braidotti 1994：2)

伊利格瑞和哈罗威都将重塑神话的可能性作为冲破传统与哲学观对主观性的叙述规范。但是，伊利格瑞破坏性地模拟古代神话，哈罗威却只是拒斥刻画原初统一与纯真的亚当和夏娃神话所规定的西方自我结构。哈罗威从科学和技术角度渐进地重塑人类身份，从而取代自然起源神话。然而，需要注意，对伊利格瑞来说，科技术语恰恰是问题所在：它们是父权制现实突出的、占支配地位的特征；女性主义抗争的也正是这个。

尽管女性主义反对父权制下的科学和技术，哈罗威确立了"忠实于女性主义、社会主义和唯物主义的具有讽刺意味的政治神话"。在《电子人宣言》中，她宣称：

电子人是一个自动化的有机体，是机器和生物的混合物，是社会实在的创造物，也是虚构的创造物。……到20世纪后半期，我们的时代，一个神话的时代，我们都是嵌合体，机器和生物合力完成的、理论与制造的混合物；总之，我们是电子人。电子人是我们的本体论，它给予我们政治信仰。电子人是压缩了想象和物质现实而获得的形象，而想象和物质现实这两个联合的中心建构历史变革的任何可能性。

(Haraway 1990：190 – 1)

在西方语境下，电子人没有倚重集原始统一、充实、幸福和恐怖于一体的神话起源故事，其典型代表为阳具母亲形象，而所有人类必须与此分离才能完成个人发展与历史进步的任务。这两个影响深远的神话在精神分析和马克思主义研究中被特别强调。……电子人恰恰出现在神话中人和动物的边界被模糊的地带。

(Haraway 1990：192，193)

通过以上论述，我认为电子人作为一个政治神话而出现，代表着女性主义的社会和物质知识主题。

伊利格瑞和哈罗威的渐进后结构主义都有潜在的问题。关于前者，我们也许会问：伊利格瑞对神话的破坏性模拟是否足够精确，可以作为一种方法得到建设性使用？在这里我不会为伊利格瑞提供任何答案①，我只是通过突出哈罗威的神话研究方法突出女性主义研究的特殊议题。首先，电子人的政治神话所运用的技术已经确立了操纵人类，尤其是统治女性的固定模式。其次，电子人形象——至少部分地——是从军国主义和资本主义衍生出来的，而此二者被许多女性主义者视为属于雄性和危险的，因而试图否认。再次，对电子人神话的接受可能暗示否认诸如原始的、天真的、理想的、正直的形象，然而这些形象正代表女性主义者未必会放弃的价值观。尽管如此，我将接受哈罗威观点——关于神话在社会认知中角色的理解——中的合理因素（有些议题在哈罗威 1997 年的著作中提及）。我也认可伊利格瑞对哲学中神话的破坏性模拟重塑的相关研究。这些影响了我对女性主义哲学的重新思考。

三、重新思考神话与女性主义哲学

我所倡导的是神话和女性主义哲学研究的第四种方法。这是基于我在本文第一部分所提出的观点：神话将生活经验中理智与情感等必要的相关层面用叙述形式表现出来。用这种方法，神话构成了具体人物的真实世界，他们的性别身份包括性取向、种族、宗教、阶级及民族等物质和社会变量。

我将这第四种选择称为社会认识论女性主义神话研究方法。此方法本质上采取了一种后康德主义的视角，其中神话想象的美学形式塑造了某种社会认识

---

① 对伊利格瑞的评论性看法，包括她的"模拟"论，参看 Burke et al. 1994：*esp.* 79 – 87, 120 – 1, 156 – 61, 258, 263 – 63。

论。换句话说，这种认识论是社会的、伦理的和空想的，因为其为神话中性别的存在设想了新的可能性。① 所以后康德主义并不是以康德形式主义为前提而改进了的自由主义神话研究方法，相反，我脑海中的后康德主义接近于德鲁塞拉·康奈尔（Drucilla Cornell）对康德政治哲学的女性主义美学视角的重读，尤其是康奈尔对神话和想象域内想象的生产功能进行的重读。②

康奈尔为想象域提供了一个女性主义论点，从而使所有男女实现康德所谓的自由成为可能（Cornell 1998）。对康德主义者来说，实践理性是自由。康奈尔在讨论"妇女的自由从哪里开始？"这一问题时，给出的答案是："只有我们要求自己摆脱用性别比较作为理想的平等观时，妇女就获得自由。"（Cornell 1998：3）按照康奈尔对康德的重读，实践理性可以构建自由探究性别身份和角色的场所。如果女性主义哲学家要着手改造有关现实的诸多假说，而它们又暗含于女性和男性性别存在的社会表述中，那么哲学家们的理由就必须在现实和理论两个层面都站得住脚。因此康奈尔将想象域定义为：

> 我们对自己性别存在自由的定位受到伊曼努尔·康德律法意义上自由定义的启发，尽管自他的时代以来我们对"性别"已经了解很多。当然，普遍认为性别不只是强调我们的自然存在这一简单事实，因为我们的生理性别、社会性别和性不仅仅是被赋予的，我们需要空间让我们的想象驰骋天际。……为了追求我们性别存在的自我描绘，我们需要去自由探索而不必害怕周围已有的描绘。这个能自由探索性别身份和角色的场所就是想象域。
>
> （Cornell 1998：8）

和康奈尔一样，我更坚决地主张，女性主义哲学家们应该运用想象的生产功能来创建空间，用以改造有性别偏见的神话。这一空间因重塑神话而使得重塑人类身份和行为成为可能。神话的这种可能性让人们有可能设想不同性别的心理和道德元素。

基于对神话的这一理解，我将在一定程度上借助阐释现象学来阐明感觉、感情、欲望和理性如何引发生活经验的不同层面。这些生活经验的不同层面可以从现象学视角运用三种不同层次的语言予以描述：象征的（包括宇宙的和精神的符号或象征）、神话的、哲学的（Ricoeur 1967：7 - 8，25 - 150；Anderson

---

① 我赞同康奈尔"性别存在"这一定义，见 Cornell 1998：6 - 7。
② Cornell 1991：165 - 96，224 - 7；1998：ix - xii，8 - 11，14 - 28，194n38。重读康德想象相关的其他文献，参看 Arendt 1982：79 - 89；Kearney 1991：55 - 73；Kearney 1998。

1993：xii，101 - 10）。这些层次的划分不是固定的，而是运用现象学对感觉、感情、欲望和理性的描述，说明哲学中从更具体的符号到更抽象的概念的变化状况。神话作为激情与理性生活体验的叙述形式，处于更具体的符号与更抽象的概念之间。二者的形成和描述都是从现象学视角出发。神话协调了具体事物真实世界的意义形成过程。因此，神话的现象学解读可以成为女性主义的一个工具，用以揭示意义的一般结构。而这些结构则构成了生活经验的宗教、性别及家庭等不同维度。用后康德主义术语来表述，神话既可实现我们的身份意义，使我们成为理性的、有欲望、能行动和可信任的复合体，也可以限制我们现实经验的知识。最终，如果现象学只描述与我们生活经验有必要联系的层面，那它对女性主义哲学是不够的。在她们征引象征和神话的过程中，女性主义哲学家为了获得新知识，需要就西方哲学神话中被父权制歪曲了的人类经验进行改造。

哈罗威曾分析了神话在建构女性主义社会情境知识中的重要角色。在此，我也承认自己倚重于他的这一研究。不借助女性主义认识论的各种理论工具，性别等级的改造将无法进行。现象学将描述生活经验，即描述"什么是"，这一任务留给了女性主义哲学家，但是女性主义认识论则向我们展示了"我们如何知道""什么是"和"什么应该是"之间的差异。哈罗威准确地将神话看作改变行为与社会现实的工具，尤其认为神话会极大地影响我们的想象。例如，哈罗威的电子人神话为深受当代性别技术影响的女性主体提供了新的形象。女性主义者在拥抱新技术时可能会面临诸多危险，然而我坚信，恰恰是神话在想象的生产性功能中的作用在认识论方面启发了我们。也就是说，想象的生产性功能在神话制造过程中表现突出，而这一功能可以帮助我们获取女性主义在社会层面与物质层面的相关知识；这一功能让我们能够理解，在全面考虑目前高度细化的社会与物质条件的前提下，男女获得自由前后不同背景之间存在差异。

哈罗威对社会神话的现象学解读中有一个特殊的例子，将其与康奈尔对神话和想象域的描述联系起来将大有裨益。哈罗威和康奈尔的共同目标是揭露不公正的神话并重塑神话形象，而人们的自我观念及利益观念的形成有赖此类神话形象。在一篇非常有启发意义的文章中，哈罗威利用神话形象发现了新的更合适的表现方式，从而为她所谓的"非一般人性"概念指明了方向（Haraway 1992）。哈罗威提出：

> 人性一直以来都以男性的面目出现。女性主义的人性必须有不同的面目，不同的姿态；但是，我相信其必须要有女性主义特色的人性形象。他们不能是男性或女性；他们不能是普适的人，因为历史叙述

已经展现了那样的普适性。

(Haraway 1992：86)

用她的话说，女性主义表征（feminist representation）一定不无嘲讽地"抵抗表征，抵抗平面定形，但仍旧爆发出强有力的新比喻，新辞格，以及历史可能性的新转向"（Haraway 1992：86）。

哈罗威的例子中，一名非裔美国女性在白人种族主义社会语境下发问道："难道我不是一个女人吗？"哈罗威将这一女性主义的痛苦叙述比作受苦仆人的创始神话：

> 我的焦点集中在一个受伤的、遭受痛苦的人类形象上，它代表着——在经历了模糊、矛盾、盗用的象征主义及无休止的恶意翻译序列后——一个可能的希望，但同时也意味着隐含在古代及现代历史上的种族灭绝和大屠杀行径中的一系列无休止的模仿性虚假事件。然而，正是其中的非原创性、戏仿手法、嘲弄及破碎性才使我关注到这一形象及其诸多变体。

(Haraway 1992：87；also 88-90)①

在创作中暗指犹太人和基督徒经文中人类之子的形象时，哈罗威塑造出非裔美国人形象来打破并置换西方哲学与宗教中"人类"这一分类的无标识普遍性。但是，与人类之子不同，哈罗威塑造的形象更明确地指出"女性"概念如何被人为建构而成。作为不幸者与被肢解者的典型代表，这名黑人女性抗拒其字面形象，不仅揭示了"男性"的性别主义建构本质，也揭示了"女性"的种族主义建构本质。

这个形象的传记性叙述同样揭示了命名行为的认识论力量。正是黑人女性伊莎贝拉·鲍姆弗里（Isabella Baumfree）在 1830 年代发问："难道我不是一个女人吗？"然后她称呼自己"索杰纳·特鲁斯"（Sojourner Truth）②，以此作答。通过对自己重新命名，索杰纳·特鲁斯将真理相对语境化，同时让神话与女性主义哲学处于流动状态，这在某种意义上是不矛盾的（Collins 1998：229-51）。这一复杂的叙述成为哈罗威、贝尔·胡克斯（bell hooles）和帕特里夏·希尔·柯林斯（Patricia Hill Collins）等女性主义者的索杰纳·特鲁斯神话，而对这一叙述的复述揭示了命名新事物与创造新现实的神奇力量。索杰纳·特鲁斯破坏

---

① 试与作为受难奴仆的人类之子这一神话人物形象比较，见 Anderson 1993：97-101。
② 英文中 Sojourner 字面译为"暂住者"，若 Sojourner Truth 视为同位关系，则可按照字面意思翻译为"暂住者真理"，这一行为可理解为通过命名对"真理"进行解构。——译者注

并置换了"人类"这一类型内涵,从而赋予人性中的"我们"以新的内涵。但并不是只要任何一名女性站起质问:"难道我不是一个女人吗?"就会有破坏相关普适性的效应。索杰纳·特鲁斯打破了有关女性和人类范畴中普遍接受的女性和人类概念或分类。哈罗威对这一有关性别身份的神话的重要性做了如下总结:

> "性别"被用作类属概念以探究"女人"的本质属性,进而对先前的理所当然进行问题化处理,从而重新构建什么是"人类"。如果女性主义的性别理论沿袭西蒙娜·德·波伏娃的论说,认为女人不是"生而为女人",那么这样的洞见所引发的所有后果,从马克思主义与心理分析(以及种族主义与殖民话语批评)的视角来解读,即使可以理解,任何最终连贯的主题也都成了幻象,而个人和集体的身份在变化中不断地经历社会重构,进而贝尔·胡克斯1981年出版的著作中,其煽动性书名就呼应了索杰纳·特鲁斯的"难道我不是一个女人"这一句的主题,充满了反讽力量,因为在标举"女性"身份的同时就解构了它。
>
> (Haraway 1992: 96)

索杰纳·特鲁斯成了一个范畴重构的相关人物——不仅关于女人、人类,而且关于性别——范畴本身则被构建为更具有包容性的奠基神话。正当其时,她作为一名北美黑人女性所遭受的压迫让自己卓尔不凡。她之所以成为抵抗运动中的重要人物,恰恰是因为她所代表的东西与1830年代同期及当下白人女性所遭受的性别主义压迫完全不同(相关理论背景,可参考 Morrison 1992)。索杰纳·特鲁斯形象具有了全新的、奠基性神话的重要意义,其所产生的叙述代表了特定意义与行为体系内某一特定概念实际代表的内容与它应该代表的意义之间的差异。受到社会固有知识的启发,女性主义哲学家们必须时刻准备重塑有关人性的虚假概念和任意编造的各种神话。

我们已经看到,康奈尔以重塑"自由"概念为例展示了探寻真理的关键过程,从而产生了一个相对性别存在的男性与女性而言更加真实的人性概念。以下问题的出现,让神话成为必要的媒介角色。那就是:相较于当前确实可用的概念术语,自由等概念对所有女性而言是难以想象的,因为该概念已被接受的意义不允许它成为普通女性的真实可能性,它也许更有可能在特定的、享有特权的女性那里成为现实。然而,如"自由"这样对人类繁荣和思考方式至关重要的概念的根本意义到底是如何被破坏、被抛弃、被取代的,任何社会的既有认识都无法解释。基于一个社会中性别主义、种族主义或民族中心主义的特点,社会本身排除了全体人民正确理解自由、公正和诚实等一般(或普遍)概念的可能性，问题更普遍地表现为知识的性质。为了增加这种知识，有关身份的各种可能性必须是可想象的；或者通过重塑奠基神话来想象不可能性变得必要。这种情况可以描述如下：

> 有一种情况，其中的某些选择权甚至在梦里都不可能实现，但促成这种可能性的想象能力可以赋予个人某种能力，即使通常情况下，这种想象力本身包含着痛苦。因为如果（那些被种族主义者或性别主义者排除在外的）女性哪怕有可能去梦想事实上根本不可能的目标，她也许已经能够仔细考虑自身状况而且最终付诸行动，并且影响别人行动起来，进而表达这样一个梦想的可能性。

(Babbitt 1996: 195; cf. Collins 1998: 187 – 91, 198 – 200, 229 – 40)

康奈尔也通过神话来说明更宽泛的认识论问题，例如如何尽可能去想象和了解更多真实的人类身份而不是当时种族主义和性别主义社会中普遍认定的身份，这尤其突出地表现为她将注意力转向托妮·莫里森（Toni Morrison）《宠儿》（*Beloved*）一书中对美狄亚神话的重写（Cornell 1991: 186 – 96; cf. Morrison 1987）。莫里森展示了具有挑战性的美狄亚神话的新面貌，其中一个逃脱的奴隶为了让自己的孩子摆脱被奴役的命运而最终被迫将其杀害。根据康奈尔的观点，《宠儿》中逃脱的奴隶塞丝（Sethe）的斗争经历具有重要的认识论意义。她身处奴隶制社会底层，根本无法实现自己作为完整的个人的存在价值，但塞丝却仍能对自身以及自身作为一个完整的人类个体的境遇有所了解。她只能通过积极的斗争——她的想象，并践行某种可选的叙事——来实现某些可能性，从而实现自己的目标。塞丝所面对的认识论和种族方面的障碍在于：某种身份或处境不能被判定为错，除非有人能指明何为正确；但是任何对于正确选择的判定，都至少预设将另一身份或群体视为真实的意图。此外，在社会发生转变之前，种族或性别的压迫者和受压迫者都必须要将这一可能性变为现实。

然而，当神话在调解的变革中能够准确地发挥认识论作用时，重塑神话就是可实现的。神话可以通过配置和重塑概念以调节变化，因为这些概念具有现实性的理想，起到确立个人和群体身份的作用。要批判性地探索与利用想象出的崭新身份和理想，关键要把握神话的流动性本质，因为它可使真理既有既定性又具发展性。如此，关于想象的神话可以为奋力击败种族主义、性别主义、古典主义和其他任何约束性的身份，以及为以更人道和公正的社会身份取代不公正提供共同的基础或舞台。

四、神话与哲学想象

在前几节中，我试图努力证明：神话和女性主义哲学非彼此对立，而是在改造西方哲学的进程中紧密联系。虽然女性主义哲学家们在如何改造、影响哲学面目的性别等级问题上意见纷呈，然而她们的分歧对深入理解神话和哲学都有助益。为了透彻理解其中的奥秘，我根据它们的政治哲学特点，区分出至少四类研究神话的女性主义方法。下面提供一些粗略的参考标准：（1）保守本质派或激进本质派女性主义方法；（2）自由存在派或自由-文化派女性主义方法；（3）渐进后结构派女性主义方法；（4）社会认识论派女性主义方法。

第一类研究方法历史悠久，发展曲折。这类方法的主要特点是对女性与自然密切联系的积极呈现，因而被认为是浪漫的。古典历史学家简·哈里森和激进女性主义者玛丽·达利等另类神话叙述都被归于本质派研究方法之下，因为她们都极力强调女性与自然（包括宇宙世界）的亲密联系。然而这类方法最大的危险在于，它在性别的假定中排除了性取向、种族、宗教、阶级和民族的差异性。更突出的是，该方法认为女性与自然较男性与自然，有一种更亲密的联系，而这种联系在神话中就有体现。这就出现了双重假定。第二类方法通过揭露并消除神话这一主张，讨论了对女性予以虚假认定的危害。对任何一种自由派女性主义神话研究方法而言——不论是存在主义还是文化主义——决定性的问题是：是否仅仅认可神话就可以超越它或终结它呢？第三类方法已经有了成熟的答案。激进后结构派女性主义者会坚持认为神话不可能被简单地提取、消除或否定，相反，神话应是历史，同时也是理解的一部分——要理解我们自身作为性别存在，在性取向、种族、宗教、阶级和民族方面是有差异的。因此，后结构派女性主义者意在干扰以便颠覆父权制神话话语。同时，后结构派女性主义者较保守、激进或是自由女性主义者更进一步，体现在她们意识到需要创造新神话，而这些神话能够在社会和物质方面满足不断变化的世界中的性别存在的需求。尽管第三类方法具有切实的进步性，但并不是当代所有的女性主义者都接受它。其中最大的担忧是：过去神话中的某些价值观——诸如自由、诚实和公正等具有现实意义的理想——可能遗失，而这些是女性主义者不应该轻易背弃的。为了解决这一顾虑，我提出了第四种研究神话的方法，在前一节中我已经就此详细讨论过。

从以上论述可以明显看出，女性主义哲学家不能简单地将神话拒斥为一种父权制建构，认为它构成一种确立了性别等级的制度，偏重男性理性概念而贬低与女性有关联的情感和其他概念。神话在将各种情感和理性类型编织在一起,或在描述生活经验的具体事实时,具有高度的灵活性,并且在描述生活经验的具体事实时也是如此。难怪女性主义哲学家们运用了各种策略去纠正、超越、颠覆并重塑神话的变化性及其叙述核心。尽管有这些不同的策略,我仍认为社会神话通过展现现实理想或康德式律法原则,在塑造女性主义哲学的过程中非常重要。这种理想或许限制了我们对现实知识的渴求,然而同时它们也成为不断修订的导引图,帮助实现女性和男性的最高理想。一个虚构的域位将用于创造一个场所,其中自由的理想和我们的自我呈现能够被重新理解并被我们这些性别存在体付诸实践。神话在试图理解和帮助实现不同的种族、阶级、民族和性取向背景的女性和男性不可能的梦想时,可以强化这些重新定位的概念。

然而,一些女性主义者和后女性主义性别理论家可能对这一结论并不满意。性别理论家可能会指出"单个的女人"或"女性"不再有确定的指称对象。对于这些理论家而言,性别的社会建构既不能凭借共同的生物特性,也不能依据共同的理想,因为性别概念和性别关系可能会因之改变。相反,当下可以凭借的,仅是我们对性别存在或自身行为的话语(Butler 1990:1-3,6-16,32-3,128-38;1993:1-16)。如果情形属实,则性别神话会因其关涉自然和人类理想的既成观点而必须消失。然而对神话的流行批评也许不会持续下去。尤其针对我的观点,有人提出应当以第一人称或社会边缘人的历史论述取代神话,因其与父权制之间存在难以更改的联系。但即使如此也可能无法为苦苦追寻的后现代差异性探索提供条件或完善内容。鉴于哲学与神话的悠久传统,如果认为自传或述行行为可以代替审慎思考,未免过于天真,因为自传似乎预设了对个人历史的某种字面解读,而述行行为则预设了对个人行为的唯我论解读。而只有审慎思考才能明白,历史和神话如何从女性主义视角启迪了性别的哲学式解读,尤其是超越了时间与空间的视角差异。

最终,女性主义哲学家选择关注神话,而不是仅仅关注或者同时关注女性个人史。这一立场与勒·杜弗有关哲学想象的观点是相契合的。神话里充满丰富的、可能引起争议的想象与叙述,而它们正是哲学文本中理性话语的主体部分。若论及女性主义者追求更多公平的努力,神话的内容与形式就成为关键材料,用于变革社会等级制度,而正是旧有的各种等级制度遮蔽和排除了过去和现在哲学中女性的贡献。因此,当女性主义哲学家们以批判的眼光看待新的可能性时,神话和哲学想象正是她们探寻的目标,因为她们永远不会忽视神话与过去和未来,以及与身份和差异的促发关系。

参 考 文 献

Anderson P. S. (1993) *Ricoeur and Kant: A Philosophy of the Will*, Atlanta, GA: Scholars Press.

——(1997) "Rereading Myth in Philosophy: Hegel, Ricoeur, Irigaray Reading Antigone," in M. Joy(ed.), *Paul Ricoeur and Narrative: Context and Contestation*, Calgary: University of Calgary Press.

——(1998) *A Feminist Philosophy of Religion: The Rationality and Myths of Religious Belief*, Oxford: Blackwell.

Arendt, H. (1982) *Letures on Kant's Political Philosophy*, Chicago, IL: University of Chicago Press.

Babbitt, S. E. (1996) *Impossible Dreams: Rationality, Integrity and Moral Imagination*, Boulder, CO: Westview Press.

Bachofen J. J. (1967[1861]) *Myth, Religion, and Mother Right*, trans, R. Manheim, Princeton, NJ: Princeton University Press.

Blumenberg, H. (1985) *Work on Myth*, trans. R. M. Wallace, Cambridge, MA: MIT Press.

Braidotti, R. (1994) "Introduction: By Way of Nomadism," in *Nomadic Subjects: Embodiment and Sexual Difference in Contemporary Feminnist Theory*, New York: Columbia University Press.

Burke, C., Schor, N. and Whitford, M. (eds) (1994) *Engaging Irigalary: Feminist Phiclosophy and Mordern European Thought*, New York: Columbia University Press.

Burke, J. (1990) *Gender Trouble: Feminism and the Subversion of Identity*, New York: Routledge.

——(1993) *Bodies that Matter*, New York: Routledge.

Cavarero, A. (1995) *In Spite of Plato: A Feminist Rewriting of Ancient Philosophy*, trans. S. Anderini-D'Onofrio and A. O'Helay, Cambridge: Polity Press.

Christ, C. P. (1992) "Why Women Need the Goddess: Phenomenological, Psychological and Political Reflections," in C. P. Christ and J. Plaskow (eds), *Womanspirit Rising: A Feminist Reader in Religion*, San Francisco, CA: Harper & Row.

Clemit, P. (1993) *The Godwinian Novel: The Rational Fictions of Godwin, Bockden Brown, Mary Shelley*, Oxford: Oxford University Press.

Collins, P. H. (1998) *Fighting Words: Black Women and the Search for Justice*, Minneapolis, MN: University of Minnesota Press.

Cornell, D. (1991) *Beyond Accommodation: Ethical Feminism, Deconstruction and the Law*, London: Routledge.

——(1998) *The Heart of Freedom: Sex, Equality and Feminism*, Princeton, NJ: Princeton University Press.

Daly, M. (1991) *Gyn/Ecology: The Metaethics of Radical Feminism*, London: The Women's Press.

Fullbrook, K. and Fullbrook, E. (1994) *Simone de Beauvoir and Jean-Paul Sartre: The Remaking of a Twentieth-Century Legend*, New York: Basic Books.

——(1998) "De Beauvoir," in S. Critchley (ed.), *Companion to Continental Philosophy*, Oxford: Blackwell.

Haraway, D. (1990) "A Manifesto for Cyborgs: Science, Technology and Socialist Feminism in the 1980s," in L. Nicholson (ed.), *Feminism/Postmodernism*, New York and London: Routledge.

——(1992) "Ecce Homo, Ain't(Arn't) I a Woman, and Inappropriate/d Others: The Human in a Post-Humanist Landscape," in J. Butler and J. Scott (eds), *Feminists Theorize the Political*, New York: Routledge.

——(1997) "Fetus: The Virtual Speculum in the New World Order", in *Modest_Witness @ Second_Millennium. FemaleMan_Meets_OncoMouse^{TM}*, New York, Routledge.

Harrison, J. E. (1980 [1903]) *Prolegomena to the Study of Greek Religion*, London: Merlin Press.

——(1963 [1924]) *Mythology*, New York: Harcourt, Brice and World.

Irigaray, L. (1993a) *Je, Tu, Nous: Toward A Culture of Difference*, trans. A. Martin, London and New York: Routledge.

——(1993b) *Sexes and Genealogies*, trans. G. C. Gill, New York: Columbia University Press.

——(1994) *Thinking the Difference: Towards A Peaceful Revolution*, trans. A. Montin, London: The Athlone Press.

Jaggar, A. (1983) *Feminist Politics and Human Nature*, Totowa, NJ: Rowman & Littlefield.

Kearney, R. (1991) "Between Tradition and Utopia: The Hermeneutical Problem of Myth," in D. Wood (ed.), *On Paul Ricoeur: Narrative and Interpretation*, London:

Routledge.

——(1998) *The Poetics of Imagining : Modern to PostModern*, 2nd edn, Edinburgh: University of Edinburgh Press.

Le Doeuff, M. (1989) *The Philosophical Imaginary*, trans. C. Gordon, Stanford, CA: Stanford University Press.

Morrisonm, T. (1987) *Beloved*, New York: Penguin Books.

——(1992) *Playing in the Dark : Whitenss and the Literary Imagination*, New York: Vintage Books.

Okely, J. (1998) "Rereading of The Second Sex," in E. Fallaize(ed.), *Simone de Beauvoir : A Crtical Reader*, London: Routledge.

Pateman, C. (1988) *The Sexual Contract*, Cambridge: Polity Press.

Rich, A. (1996[1986]) *Of Woman Born : Motherhood as Experience and Instiution* New York: W. W. Norton.

Ricoeur, P. (1967) *The Symbolism of Evil*, trans. E. Buchanan, Boston, MA: Harper & Row Press.

Schüssler Fiorenza, E. (1975) "Feminist Theology as A Critical Theology of Liberation," *Theological Studies*, 36:605 – 26.

Shelley, M. (1993[1818]) *Frankenstein or the Modern Prometheus*, M. Butler (ed.) Oxford: Oxford University Press.

Tong, R. (1998) *Feminnist Thought : A More Comprehensive Introduction*, 2nd edn, Boulder, CO: Westview Press.

第六章　神话与道德哲学

詹姆斯·威泽尔

在道德哲学的范畴中，最重要的神话可以说是圣经中关于人之堕落的神话。我想说，从影响力的角度来看，它无疑是最大的。尽管初民的历史之象无人知晓，但千余年来，在道德想象中，西方人总认为初民的德行比历史上任何时代的人都要美好，当下的人对此应始终铭记于心。因此，初民的道德景况，也常常被用作评价当今道德生活的认知参照，这种思想一直萦绕在西方人的心中，并以基督宗教的圣经文本形式予以表征、建构和传承。毋庸置疑，理解圣经神话及将混沌之中的初民生活神话化的方法还有很多。其中，柏拉图的神话理论思想便是一例，我将对此先行做细致考辨；随后，我对圣经神话为什么已成为人们就道德哲学问题不断陷入迷思和获得洞见的根源进行深入思考。在探究神话和道德哲学之间的相关重要论题时，我是以康德为研究路径的，尤其是康德在其后期最富争议的著作《单纯理性限度内的宗教》(*Religion within the Boundartes of Mere Reason*，后文简称为《宗教》) 中对《创世记》所做的道德阐释[①]。作为一个极具影响力的道德哲学家，康德在此足以满足我的论述目的。

我的这篇文章将以神话的一个简单的概念开始，后文也不会随着论述的推进而变得绚丽复杂。文章中的难点，几乎全都集中于对神话与道德哲学之关系的阐发。我将神话看作一个或多或少关涉神灵或超自然生物的故事。在我的心目中，神话的隐含意义被视为虚假或天真的故事；但是，我并不认为，我们信以为真的圣经神话和其他许多神话中的思想已经过头了。很大程度上，在神话中不真实的内涵应归因于科学在文化中所产生的影响。一旦我们确信不需要神助我们也能理解事物时，那么，任何坦率易懂的言说方法都难以令我们相信那些有关神灵的故事会具有什么真实性。即使我们对这些坚信不疑，这并不意味

[①] 我参考康德的文本是由德国科学院提供，包括他作品的标准德国版本的册数和页码。我使用的翻译页码是 Di Giovanni 1996。

着古老的故事对我们毫无价值。世间也确实存在一些接近真理的间接方式，它们在我们试图弄明白事物时，让我们对事实中某些看似漠然的言说进行迂回。对于将神灵间的对话翻译为不同价值观的对话的努力，我将之称为对某一神话去神话化的尝试。

去除神话色彩（demythologizing）和揭穿神话（debunking）是两码事，切不可将两者混为一谈。我们揭穿那些我们渴望长大成人的故事，如牙仙子的故事；对于那些我们希望以某种变异的形式伴随我们步入成年的神话故事，我们将抛除它们的神话色彩。康德去除《创世记》的神话色彩，目的在于揭示从信奉具有神秘意志力的超自然圣父的幼稚信仰转变为认知神灵或道德法则的崇高本质时遇到的某些困难。如果不揭穿神话，那么我们便不能以幼稚信仰所具有的真理为假定前提阅读创世神话。相反，这么定被认为具有一种精妙的叙事结构，能够足以使人想到幼稚信仰的诱惑和超越它的方式。对康德而言，仅从道德哲学的视角来看，区分道德精妙神话和道德堕落神话已成为可能。

对某一神话无论做何种模态的阅读，适度的去神话化，都是有必要的。在我们能够很好地理解"神是什么"或"神是谁"之前，我们不得不停下来去思考"什么是神之爱"及"他们如何去爱"。但这并不能表明神灵不同于人类。我们人类同样也是由"爱什么"和"如何去爱"被定义的，但并非总是那么易于被人察觉。康德去除神话色彩的做法，本质上是利用了神和人在价值观上的差异。在康德口中所谓的神（他称他们为天使或肩负神圣意志的信使）是指那些具备纯粹理性的存在物；他们不会与自身的价值相悖，就像他们不可能不是神一样。从这个层面来看，他们就像是完美的理想典范，代表着某种生命存在体行为的绝对标准，比如我们人类就须历经种种磨难方可修得善果。然而，康德并不认为神灵只是人类道德理想的映射和化身。相反的观点却更接近他的立场。也就是说，正是道德理想赋予人类品格以一定的样貌，人类被道德理想人格化了。由于康德口中的神是理想范式给自然万物定法的根本力量，因此他根本不是什么个体性的存在。

坦白地说，在大多数更具雄心抱负的去神话化的努力中，我并没有看到有什么值得学习的东西。如果我回到《圣经》中去找寻可证实我在道德层面上早已极其珍视的具有价值之信息，那么在未找到它们时我将会失望而去，而找到了它们会使我对其生发更坚定的信实之感。无论哪种情况，我的价值观都不会发生变化。康德在去神话化方面付出的努力尽管颇具雄心，但在大多数情况下并不是那么回事。他越是试图去除圣经文本的神话色彩，其道德理性就越不明显,且他也没有由此得出结论,认为所讲的故事在道德方面更胜一筹。康德指望神话成为道德理性极限,或道德理想和人类生活之间失调性状的某一表征。此处的成功应该被视为对某一神话的去神话化,还是对某一哲学思想的再神话化(remythologizing),这都很难讲。正因为这种模糊性让我发现其中存有某种有益的启发,所以我不抱任何偏见地转向了康德为此所做的研究。

一、康德与古蛇之谜

并非每一个读过《创世记》的人都发现了书中所描述的堕落。那些确实发现了堕落的读者是在《创世记》第二章第4节的叙述中开始读到的。显然,此处是一个新创世故事的开端。在《创世记》第三章第24节,这一故事以人类第一对夫妇被逐出伊甸园而结束。研究圣经的学者认为《创世记》的这部分是雅赫威崇拜者的信仰之源,其名源于用雅赫威称呼上帝的典型用法。我否认其为雅赫威崇拜者是在讲述堕落神话(the story of the Fall),我不会对其予以直接的回应(因为我的回答注定会是肯定的和否定的)。相反,我将把注意力集中在康德所关注的及其力图去除其神话色彩的堕落上来。但是,在此之前,我需要用一些叙述性的细节为其做准备。

在雅赫威崇拜者的创世神话中,有四个重要形象,按其出现的先后顺序分别为:雅赫威,男人,女人和蛇。尽管那个男人的名字通常被认定为亚当,但在希伯来语文本中,"亚当"并不是一个适合用作人名的词,其语义是指人类。[①]雅赫威用地上的尘土造人,捏出了他的形状,并将生命之气吹入他的鼻孔。在希伯来语中的 adam 和 adamah 之间存在一个双关语,前者指代人类,后者指称泥土。人们在被称作人类的同时也会想起人类原本是用泥土所造。随后,雅赫威将人类安置在一个已被耕耘了的园子里——伊甸园。园中只有两棵树单单被提及,尤其引人关注,一株是生命树,一株是能分别善恶的智慧树。上帝将园子的主宰权给了人类。人类不仅可以看管和耕耘那个园子,也可以吃园中任意一棵树上的果子,唯独分别善恶的智慧树上的果子不可吃。雅赫威给人类的第一句话就是《创世记》第二章第17节所提及的一道禁令:"只是分别善恶树上的果子,你不可吃,因为你吃的日子必定死。"随后,雅赫威又有了一个意念,认为那人独居不好,应该有人来帮助他。为此,雅赫威用那人的身体中的一根

[①] 罗伯特·奥尔特(Robert Alter)在《创世记》的翻译和注释中指出了这一点。参见 Alter 1996:5, note 26,我引自《创世记》的文字都出自奥尔特 1996 年版。

肋骨造出了女人。女人一出现，人类便有了男女之别。的确，认为女人的创造更多的是基于性别差异的创造，这一观点并不怎么令人信服。

在《创世记》第三章第 1 节，蛇突然闯入叙述，并试图诱导女人对雅赫威原初的禁令做显而易见的误读，它说："尽管上帝说，你不能去吃园中任何一棵树上……"还没等蛇说完，女人便插嘴说："唯有园当中那棵树上的果子，神曾说：'你们不可吃，也不可摸，免得你们死。'"值得注意的是，女人是以空间位置而不是树的种类来具体指称那棵树，而生命树和智慧树两者恰巧都在她所指的空间范围内。当然，蛇也不失时机地怂恿女人去认识这两棵树或搞混两者的差别。首先，蛇狡猾地暗示女人，不食智慧之果即不食一切；其次，它又直白地告诉女人，吃那棵树上的果子并不会死，而是上帝认为吃了它以后，人便与神一样能知善恶。因此，女人眼目所见不仅成为她强烈欲望的对象物，也成了她欲念的表达方式。在《创世记》第三章第 6 节，女人明白，"那棵树的果子好作食物，也悦人的眼，且是可喜爱的"。女人未做丝毫的犹豫，便吃了智慧树上的果子。与她为伴的那个男人也跟着吃了那树上的果子。最后，雅赫威将他们逐出了伊甸园，以免他们再偷食生命树上的果子（这两棵树对雅赫威来讲显然差异迥然）。在这件事情发生之前，男人称女人为"夏娃"。她的名字在希伯来语中听起来像是希伯来语的动词"生活"。此外，从词源学的角度来看，容易让人陷入杂乱联想的是，女人的名字和阿拉姆语（the Aramaic）中的单词"蛇"之间存在相似性。①

在以上论述中，我已回避或稍带提及了某些细枝末节，这些内容不便放入康德对堕落神话进行的解读中，其中也包括了一些只有在我开始修订康德的解读时才显得重要的资料。康德的解读有两大关键假设。其一是他假设神和道德法则本质上相同。这个假设不仅影响着他对《创世记》中最初禁令的解读，而且更广泛地建构了他作为一个道德哲学家去解读并评估神圣经典的权威。康德的另一个假设是：道德上对神圣法则（the sacred law）的重大反抗必须来自一种不仅仅是自然的神圣源头，就好像神灵在其自身中也恰恰运载着否定自我的法则一样。蛇将代表神性中魔鬼的一面，即反道德的法则，但这一表征永远只能处于被遮掩的状态。凭借两个假设，康德在去神话化方面所做的最大努力，让他费尽周折，他通过自己的两个假设厘清了蛇不可思议的反常智慧。

我在上文中提到的两个假设彼此之间并不是互不相干的。事实上，从康德

---

① Alter 1996：15，note 20.

独到的心灵洞见之中,它们相伴而生,即若没有自由的法则,便没有自由的可能。基于这一洞见,康德持续而集中地为自由法则中的道德法则进行辩护。当康德的研究者们努力阐述他的推理时,他们通常聚焦于康德在《道德形而上学原理》(*Groundwork of the Metaphysics of Morals*)一书中针对某一纯粹实践规则提出的两个范式:其一,你对行为的管控唯有通过行动本身方可使人有意将之看作普世法则;其二,你和他人所共享的人性唯有借助行动才能被人尊为终极目的,而不会被消解为达到目的的某种单纯手段。只有作为行为规范的合理性独立于其中可能涉及的具体人性,某一行为规则才是纯粹实践性的;重要的是,推理能力是有效的。对于研究康德的学者一贯所关注的论题,即纯粹实践规则中的某一个范式是否包含道德责任的核心内涵,本文暂不进行论证。我将以与道德准则存有对抗性的法令为认知参照①,对康德有关道德准则的概念予以拓展和充实。尽管康德的严肃立场是有且只能有一个有关自由的法则,但他在《宗教》一书中又几乎肯定了其不可能的可能性,即有关自由的某个邪恶法则或指令总使人的行为走向不道德的终点。这种语境下的不可能性既不合乎自然规律,也不合乎逻辑,但它却是客观实在的。除非我能假定我的思想缺乏深思熟虑,否则,我将无法理解,我们做出了有悖自我旨趣的行为却为什么还被看作自由的人和理性的人。事实上,不道德法则将我们的慎思与自毁性的行为捆绑。于是,以下的悖论便由此产生:为自己所行之恶担负的责任越大,便越难感知个体的意义。

上述关于邪恶意愿的悖论特性,在康德对蛇的阐述中,呈现的尤为生动且深刻。然而,依我之见,即便转而对这种悖论进行思考,探究其是客观真实的还是人为做作的,将会造成误导。究其原因,有关邪恶意愿的问题,极容易随之生成,如某些人是否有可能为了邪恶而自愿作恶?这听起来像是在探究坏人何以成为坏人。围绕这一问题进行的讨论无论多么具有启发性(我本人对其是否真的颇具启人心智之效持怀疑态度),康德正在寻求一种与众不同的探究方法。康德随其性情从意愿这一视角对自由进行了深刻的思考,他对反道德法则之可能性的兴趣,也随之自然展开,没有丝毫悖论性的痕迹。在通常情况下,我们不会意识到自己持有某个意愿,直到发现我们的意愿受阻时,才会意识到

---

① 对于那些对康德更传统的方式感兴趣的人而言,我强烈推荐科斯加德(Korsgaard)1996年版的著作。特别参考她的两篇论文:《康德的普遍法则范式》(*Kant's Formula of Universal Law*)和《康德的人性范式》(*Kant's Formula of Humanity*)。

它的存在。渴望克服与我们意愿相悖的东西，正是持有某一意愿的大部分内涵所在。此外，相悖者大概是极其特别的某个种类。

如果我是康德口中的某个具有神圣意志的代表美善的天使，那么身为神圣生命体的我，在本质上也必然是道德的。然而，如同自由落体中的物体必然遵守万有引力定律一样，我也必须遵照某种道德法则而过有道德的生活。事实的确如此。如果我是能够被称为拥有任何一种意志的圣人的话（康德会说我确实是这样的），那么也是某种极微小的意义上的意志。假如我内心没有任何直接抵制我过道德生活的东西，但我可能也会遭遇来自外部的某种对抗。在此，不妨假设，我有意以圣灵之身推进芸芸众生的道德发展，无论是比圣灵差一点的存在体，抑或是那些道德畸形的生命。这些不完美的存在体为其自身利益而行的都与我的努力决然相反，因此，这会让我体会到我自己想要过道德生活的意义。意义的深浅将取决于我立志在何种程度上服务于那些群体。

然而，尽管我在心理层面上是个十足的天使，但实际上，我并非圣人，而只是一个凡夫俗子。作为世俗之人，我在本质上既有神圣的一面，也有非神圣的一面，不能给我提供超道德的欲念和雄心。倘若我去思量那些超道德的欲念和雄心所能界定的是什么样的生灵的话，那我就会形成一个概念，即一个人必须为了群体共享快乐和认知，投入与他人的竞争之中。于我而言，他人的人性仅仅是手段而已。道德作为我本性中的另一面，使我拥有了不去认同上述概念中的人性的意志。就理想状态而言，我希望看到另一种概念，即人性向我显明怎样可以在不贬损他人的前提下完善自我，因为这样我好知道我的意志所效力的对象产出了什么善果。若缺乏这一理想概念，我就必须考虑我舍弃的人性概念。注意，我不能舍弃一个我没有认同过的东西。

康德的作品让人认为肉体是人类不完美的根源，这一阅读体验是颇具诱惑性的。因为假使我没有可认同的肉体，我就不可能因自己都不承认的某种欲念而给自己带来没完没了的麻烦；内在所有的动机自然也将合乎理性，我所持有的意志也将被默认是美善的。为此，我理所当然地将要在众天使中谋得一席之地。然而，康德本人的观点远远比这精妙。尽管他确定无疑地把肉体看作令人烦恼的欲望之源，但他并未将肉体视为人类堕落的动因。真正使人堕落的动因是人心里准许肉体性的欲念去界定人格品性的心灵意愿。换言之，我授权我的欲念，将我自己囿于某种人性之中，但最终却往往使人不受任何人性的约束。当我抵制这些欲念时，也就在对抗我自己的个人意志。

在对蛇之诱惑这个情节进行去神话化的解读中，康德思想的微妙性和复杂性都较好地展现了出来。乍看上去，康德似乎认为，蛇诱惑人类，是为了让人将其他利益置于遵守神圣禁令的旨趣之上，而且，大多数读者可能认为康德正是在做此推测。到底是什么原因使那男人转念去吃了禁果，尽管这在雅赫威崇拜的原始文献中表述得极为精简。但让康德感兴趣的不是那女人所遭遇的诱惑，而是那男人的心灵所经历的。从表面上来看，那女人吃了禁果，又随手将果子递给了那男人，男人也就把它吃了；然而，还需考察男人吃禁果的动机。康德能够容许两种动机在此共存，且依然停留在率直的解读中。首先，女人递给男人一个硕大的果子，所以，他正在接受是否该将肉体的快感置于法则之上的诱惑。再者，因为递给他果子的，正是与他朝夕相伴的那个女人，这也诱使男人将与同类的相依相伴，看得比法则还要宝贵。男人如若屈服于这两种诱惑中的任何一者，他便会混淆善恶，将自己界定为在本质上终有一死的肉身。当康德进一步追问，到底是什么使那个男人在诱惑面前不堪一击时，这种率直的解读就结束了。

在这里，也许得再多问一个问题。假如我告诉你，我有时为了物质利益或社会认可会做一些缺乏道德的行为，你会想弄明白，为什么我有时会这么做；其实，我也不知道其中的原因。难道我要展示我的本性吗？如果你坚持要我做出解释，我也许忍不住会对你说，是魔鬼让我这么干的。尽管康德清醒地意识到这种回答的威力，但他还是很乐于提出有关恶之根源的问题。从使人堕落行恶的魔鬼的视角来看，他发现了蛇，即可以表征充满神秘的邪恶之源的诱魔。

> 邪恶本应该仅源于道德邪恶（不只是源于我们本性中的缺陷），然而，人类最初的性情是使人成善的（倘若这堕落将要归到那人，行堕落之事的除他之外再无别人）。因此，我们不可能想象出道德邪恶第一次造访人类之前居于何处。《圣经》以历史叙事的方式对这一不可知性予以表达，并将创世之初的邪恶投射在某个原本较为崇高的神圣存在的灵魂中，而不是凡夫俗子的人类心理上，使人类的堕落借此得以被细细查明。所以，对我们人类而言，一切罪恶的真正最初源头是不可知的（那神圣存在的灵魂中所具有的邪恶又是从何而来的呢？）。
>
> （6：43-44；di Giovanni，1996：88-89）

在这段艰涩难懂的文字中，康德所要表达的部分信息是合乎自由之逻辑的。如果邪恶是自由意志的某种表现，那么，在我想要弄清楚邪恶为何会出现时，自由所诉诸或吸引的，便是再基本不过的东西了。譬如，假使我想知道蛇作为康德口中"原本更为崇高之天命的灵"，为什么失去了良善的意志，最终落个破坏极美极善之恶名的下场。无论此处我以什么来结束故事的叙述，它基本上都会是一个善良之灵屈服于邪恶诱惑的故事。随后，我会围绕某个新诱惑者对其做拓展性的叙述。因此，我要么在戏剧中找到某个描述无数条蛇的故事的情节，要么得让自己明白由善变恶是没有理由的。创世神话的叙述者有意以蛇来结束叙事，这便是康德为何坚信《创世记》的作者极其巧妙地讲述了邪恶之源。

因为康德准备用神话人物与道德真理做交换，所以，他主张对那条蛇做去神话化的解读。在很大程度上，他也的确打算这么干。这个故事告诉我们，分别作为引诱者和被引诱者的蛇和人类，是两个独立的生命体，但他们在道德哲学的视角下却是同一的。从道德上来讲，除非我自愿臣服于堕落的黑势力，即我的原罪，否则我对抵制不住诱惑无须负任何责任。在我的生命中，蛇一直是我自己的某种邪恶意志。康德并未意识到这种去神话化所产生的心理学价值。内化了的蛇以邪恶意志的形式呈现在人类心灵之中，即无助地自愿将邪恶当作良善的矛盾性情。与其说它是一种意志，不如说它是意志的问号。对于我为什么愿意行恶，我将永远难以作答。我能赖以作答的恰恰是无。康德使我们的生活始终困扰在某个问题之中；然而，当我们持某种答案去生活时，却会发现事情变得更糟糕。诚然，将引诱物，或那些使我的人性和他人之人性割裂开来的超道德欲念，当作我行恶的原因予以解释，确实具有无可否认的诱惑力。但是，事实上，我随之便将我的本性撕裂成两半。作为价值观的两个独立源头，道德的一面和超道德的一面，将会同时存在，且二者永不相遇。我意欲阐释邪恶的企图根本无法解释邪恶。这表明我内在的某一部分只能向那可疑的权威屈服。

康德认为这是对圣经文本的更正，其实这与对蛇的去神话化解读并没有什么关系。那条蛇在剧本中的突然出现，使其过去的历史和当下的动机都成了一个谜。然而，对康德来说，这个遗漏却是一个可表征丰富内涵的符号。作者没有告诉我们，那条蛇对它自己所作所为的目的是怎么想的。这理应促使我们去思考人类在善恶知识方面的缺陷。这也正是道德哲学应该思考的问题，不是在缺陷之间予以填充，而是应当使其两者弥合于一处。我们从来不认为，我们了解纯粹邪恶和引诱者的本性。相反，我们必须相信，引诱者始终悄无声息地立在我们的善恶知识的后面。我们经常意识到，我们正在被某种不好的东西引诱，但那点认知，最终却无疑是徒劳的。我们为了对大脑中的那点感知体验负责，会把某些不可知的东西带给我们自身。

对蛇去神话化解读所产生的讽刺效果，赋予道德生活以更大的神秘性。康德使我们摆脱了有关善恶的错谬认知，将我们带回到善恶的神圣性被触及之前的时代。但是，无论是在字面上还是在寓意上，这都不会是已发生的事。消除人们思想中有关善恶的错谬知识，并非能将人们带回天真无邪的状态。然而，人们在那种情景下对神灵知识的渴望似乎并不明显。促使人类去弄懂那超越其本分所应知道的知识，是始终伴随人类生存的某种诱惑。

因不能抵抗诱惑，而担负道德的责任，其原因到底是什么？当康德将注意力聚焦于这个问题时，他使我们最终成了我们所负罪债的责任人，却再也见不到那条蛇的踪影。当他将注意力转向道德救赎，或我们是否有不反复屈服于诱惑的可能时，他又回到神话中有关引诱者蛇的单独叙述，并在那儿发现了人类赎罪的希望。那个故事显然以一种难以去神话化的方式在告诉我们，人类灵魂在本质上不曾被腐变堕落过。因此，康德认为，人类灵魂与某个以成为诱惑者为基本冲动的灵不同，"人类肉身所遭受的诱惑，不能被视为消减其灵魂所负罪责的理由"（6：44；Di Giovanni 1996：89）。

依我所见，康德极为明智，他没有试图将蛇的意义与反道德的自由等同起来，但也很难看出他能对其余人做些什么。从去神话化的视角来看，人类的肉身在蛇的伎俩中所遭到的诱惑，没有救赎的价值，就连极微小意义上的减缓罪责的价值也没有。还能是别的什么吗？对那条蛇做去神话化处理的总体思想，一直都是为了消除人们大脑中的一个刻板的印象，即超道德的欲念对一切良善意志都是最大的威胁或某种切实的危险。康德喜欢并支持超道德的欲念这一观点，不是因为他轻视肉体，而是因为他赋予人类的自主权以极高的价值。

如果自主是一个人应有的身份和价值中最关键的内涵，那么，我在试图弄明白当自由法则是什么时，我就不再需要雅赫威的诫命了，也不需要蛇的引诱来使我自己从个人法则中解脱出来。只是为了把自己想象成一个能够自主的人，我才会需要雅赫威的禁令和蛇的诱惑。换句话说，雅赫威和蛇是两股不同的力量，一个使我背离自我，一个使我回归自我。他们最终是我自己意志的两种对立性投射吗？在救赎和完善自我意志依然存在可能性时，我不知道它们是不是这样。但是，我也不知道它们会是别的什么。

赋予康德的道德哲学和神话以某种有效关联的简练论述，依赖于康德能够从意志中抽离出来，并摆脱欲念的缠绕，去过有道德责任感的生活，以及因此对善恶之心的窥见。用比喻的方式来说，为了让他的人类救赎始终具有可能性，康德就不得不放弃那些有关神灵的知识。在对追求知识和追求正义之间这种追求目的划分中，能将精力予以最简约化的分配，要么对神话做去神话化的处理，要么对道德哲学进行再神话化。我已经在这部分探究了前一方面。在对那条蛇进行去神话化时，康德将蛇变为人类自控意志的某种内在的特性；然而，作为代价，康德不得不放弃蛇在神话中必须提供的相关信息，即有关善恶的神圣知识。在随后的这一部分，我将仔细考辨人类依靠拒绝知识实现自我完善的意愿。不管最终是善还是恶，这些为完善自我而进行的思想远征将会在道德哲学的再神话化之中得到最好的观照。在一开始，我以一个神话抛砖引玉，就如何对人类肉身予以完善这一论题——康德不得不通过妖魔化的手段去强调美好意志的非凡价值和救赎的必要性，引发出某些极具批判性和包容性的观点来。

二、柏拉图和人类欲望的戏剧性

《会饮篇》的一个翻译者发现①，在这一经典名篇中，柏拉图也讲了一个有关人类堕落的故事，且与圣经故事之间存在诸多密切的关系。柏拉图借阿里斯托芬（Aristophanes）之口讲述了这个故事，也就是在《云》中诙谐地讽刺苏格拉底的那个人。然而，对待这位曾经嘲弄过恩师和挚友的人，柏拉图却并没有表现出任何恶意。相反，柏拉图恰到好处地利用了阿里斯托芬的人物形象，让他天才般地发表了一个极富喜剧意味同时又承载了深刻悲剧色彩的演讲。因此，借助对喜剧艺术的模仿，柏拉图将完美的喜剧变得极具悲剧意蕴。故事本身是喜剧性的——这一点无疑是托阿里斯托芬之福，然而，这个故事也在邀人越过喜剧的疆域。就像他的老师的风格一样，柏拉图的艺术既不是喜剧性的，也不是悲剧性的，而是哲学性的。

在我看来，喜剧和悲剧都与本性和抱负之间的不一致性有某种关系，即作为人，我们被上天赐予的样子和我们认为或希望我们自己应该成为的样子之间存在差异。如果这种不一致性巧妙地以某种戏剧性的表征方式予以呈现，那么就能让观众倾向于认同我们内在自然本性的一面，该艺术就是喜剧性的；倘若两者间的差异性经过精心设计而激发了观众心中的欲望或抱负，那么这种艺术就会是悲剧性的。第三种可能性，克服了这种差异，让自然本性和个人抱负达成了一致，这不是一种喜剧或悲剧艺术的不可能性，因为在戏剧中差异被认为是理所当然的。在一个喜剧性或悲剧性的世界里，属于人的那些局部性元素很难与整体相匹配。

---

①这里有一处小的例外。那就是我多引用的关于柏拉图的资料，使用了伯纳德特（Benardete）2001年版的材料。参见伯纳德特就他对柏拉图笔下的阿里斯托芬这个人物和《圣经》中有关堕落的叙述部分的思想评论的第 186—187 页。当涉及我对柏拉图的引用时，同规范做法一样，我总是将 Stephanus number 包括在内。

柏拉图还借阿里斯托芬之口讲述了一个关于部分与整体的故事。为了使其故事与《会饮篇》其他部分保持一致的风格，阿里斯托芬将他讲述的故事作为颂词献给了爱神厄洛斯，即古希腊神话中极少被赞美的爱欲之神，甚至更世俗地用其去解释为什么欲望是好东西，抑或大肆渲染性欲的美善之处。然而，在阿里斯托芬的脑海中，爱神厄洛斯仅仅是偶然性地和性扯上点关系。从根本上讲，他所提及的爱神对整体充满了渴望，更渴望做一个完整的人。故事构想的选择取决于故事的开端如何被解读。阿里斯托芬带我们回到了一个奇异的神话时代，其时的人们有着明显不同于现代人的本性。世上原本有三类人，更确切地说，有三种双重叠加的人，即男－男、男－女和女－女。显然，这包括了绝大多数人对性伴侣所持有的想象。只是这些人不是在人为安排下所形成的性伴侣，他们生来便是如此。作为太阳（男性）、地球（女性）和月亮（阴阳共体）各自的子孙，以两两合抱于一体的圆形体貌从泥土中生出来，其生殖器都裸露在圆形的身体之外。比起动物来，这些人的生殖能力要强得多。他们将生育的种子不是放在人的肉身里，而是埋在泥土中。如果不是我们一味地将性赋予了爱神厄洛斯，那么此处似乎就没有多少可说的了；然而，我们很快就发现，神话中的原始人类两两相抱的圆形体貌，暗示着肉身的完美体貌，他们因此根本无须遏制他们内在的原始欲望。

正如阿里斯托芬所言，在原始环境下，人们拥有"伟大的思想"。这些思想使那些圆形人强悍和胆大到敢于对奥林匹亚山上早已习惯于人类膜拜的众神发动袭击的程度。既然起源问题在这个故事中一直很重要，那么，我们得明白一个要点，即宙斯、阿波罗及其同伴都不是奥林匹斯山上的第一代神灵。原初的诸位神灵在形体和运动方式上都像是天上的行星。假如那些圆形人攀爬到足够高的地方，他们便可以好好看看某个原始的天体。他们会发现，神灵的形貌仿佛是自己的母体一样；然而，他们却输给了篡位的一代神灵，而后者的样貌却是现代人的样子。设法使人的本性和样貌发生改变的正是身为奥林匹斯山上众神之首的宙斯。由于希望终结伟大思想给人类带来的傲慢，但又不想屠杀思想者或剥夺他们崇拜神灵的机会，宙斯命令他的儿子阿波罗将所有成双成对的人都劈成两半。这样做的目的便是削弱人类的思想，使其原始欲望被转移到寻找另一半的过程中而得以释放。

最初，这个方案似乎事与愿违。被释放的欲望是如此的强烈，以至于被劈开的人类只想与另一半相互依恋在一起。他们顾不上养育自己，也忘记了为神献祭，更无暇去做其他任何事情，就那样一味地与另一半缠绵在一起，直到最后双双饿死。为了让人类在形体被改变后的处境不至于那么绝望，宙斯对人类的体貌又做了进一步的调整。为此，他将人类的生殖器从后面移到了前面。自那以后，人类便可以通过性爱得到某种程度上的宽慰，从而摆脱因渴望完整而遭受的暴虐。

通过思考他所讲的这个故事，阿里斯托芬对完整性的本质感到奇怪，即为什么圆形人的后裔继承了先祖的遗志，依旧如此不顾一切地不断寻找自己的另一半。在阿里斯托芬看来，随着伴侣的分分离离，男女之间的彼此联合只是短暂的，所以通过性爱达成的联合难以使人类获得他所寻求的完整性。为此，阿里斯托芬请参与讨论的同伴们去想象，擅长合一之法的大神赫淮斯托斯为一对情侣施加法术的情境：

> 你们是否想紧紧地结合在一起，日夜都不分离呢？如果你们的愿望是这样，我可以把你们放在炉里熔成一片，使你们由两个人变成一个人，只要你们在世一天，你们就像是一个人在活着。①

（192E；Benardete 2001：21）

受阿里斯托芬的鼓励，在场的每一位都认为，答案在此处已明晰地显露出来。当然，与挚爱永远在一起，二人合成为一体，并回到先前的状态之中，这无疑是我们想要的一切。同时，这也是爱神厄洛斯对原初的完整性充满渴望和不断追求的本质所在。

为什么有关人类堕落的圣经故事与该故事之间具有类似性呢？在开始论述这个问题之前，我在上文中已经就故事的自身内容做了足够的陈述。可见，两个故事似乎都在谈论人类生活中失去的完整性。在两个故事中，失去完整性的诱因，都是人类对神圣思想的渴望，而真正让灾祸降临的也都是因神灵之意受到了挑战。作为一对完美夫妻，那个男人和女人想要看看，如果他们吃了那果子，是否真像雅赫威所说的那样会死掉。身为完美的伴侣，圆形人只要从宙斯手中将奥林匹斯山拿下，便可以用神灵之眼去俯视诸天。无论在哪一种情景下，渴慕知识的代价都是完美自我的毁灭。

我不否认，这两则故事引发了此番解读，并在一定程度上支持和鼓动了在道德生活中对完美主义的追求。作为一个完美主义者，我本人对道德行为的绝对标准是持坚守态度的。无论我为自己选择的道德准则是什么，我必定要全心全意地遵守它；否则，我就会失去我的自我价值。正如每个完美主义者注定要

---

① 柏拉图：《柏拉图文艺对话集》，朱光潜译，商务印书馆2013年版，第222页。——译者注

明白,与完美主义相伴而生的问题是人会不断变化;或者说得通俗一点,如果存在某一个能够将人类生活价值予以彻底界定的法则,那么,它一定是一个准许和承认无穷多的阐释对其进行解读的存在。在《创世记》中,蛇怂恿女人去思考第一道圣令的意思。难道雅赫威希望女人不去吃园中各样树上的果子吗?如果是那样,雅赫威便可夺取女人的未来,使之在无法生育的苦痛中受责罚〔我们应该记住果子就是精子(seed),果子和精子或被人拿去埋在泥土里,或被人放在子宫中,它便可以孕育新生命,且孕育的不只是萌芽状态下的生命,也孕育了成长宣泄过程中的生命及生命的终结〕。如果雅赫威是一个生命之神,而不是一个死亡之神,那么,为什么仅仅因为孩子们希望像他一样拥有知晓万事的能力,或想要像父母那样成长和懂得生命之道,他就决心杀死孩子们?

只有当人们自愿从文本的文字中抽身出来,并开始对其阐释时,像这一类的问题才会出现。然而,此类问题统统都会被认为是出于魔鬼的诡计,提出该问题的行为也会被定性为堕落之举,因而受人谴责。但是,像康德这样的完美主义者在探究问题时一定会采取这种方式。就康德的完美主义思想而言,蛇在《创世记》中的存在,表征人类想要减轻法则严酷性的普世人性(universal human disposition)。人类想要降低法则苛刻程度的诉求是显而易见的。诙谐地说,过理想的道德生活是很令人为难的。然而,我们知道,完美主义的法则法规是专横的和绝对权威的,即便对其中的种种有争议的论题予以认同,我也看不出将阐释看作违法的思想到底有何必要。不是每一个对法则进行阐释的人都在设法藐视它。

接下来,让我们短暂地回到圆体人的伟大思想之中吧!伯纳德特将希腊语短语"强大的思想"翻译为"伟大和傲慢的思想"。显然,他的译法比我的要精妙许多。圆体人在攻击众神时的傲慢和狂妄等元素在他的译文中得到了强调。无疑,圆体人身上的这一特性不仅存在,而且特别显著。在开始讲述原始初民的故事时,柏拉图让阿里斯托芬将第一代人类始祖置于众神的统治之下,而这些神灵在本性上与人类是迥然不同的。臣服于异类的统治,恰恰意味着遭受暴虐。打倒暴君及由此实现自治的内心愿望,是让圆体人决心攻打奥林匹斯山的部分原因。① 让人类试图用暴力去挑战众神,又使其不怎么甚至完全不在乎众神可能会报复性地用武力来摧毁他们的,正是圆体人内在那显而易见的狂妄。毕

---

① 这种理解从对话中出现非分之想(phronēmata megala)这个短语的其他表意上获得了进一步的文本证实。阿里斯托芬前面的发言者鲍桑尼亚(Pausanias)用这个短语形容古希腊最有思想的一对情人。因为他们在爱神厄洛斯的鼓动下反抗专横统治者(如波斯人)。在此,我对我的同事安德烈·凯勒(Andre Keller)表示感谢,因为他我才注意到了这段文本。

竟，阿里斯托芬未曾描述一场由众神参与的盛大战斗，只用了寥寥数语便让宙斯和阿波罗轻而易举地羞辱了人类。

然而，真正让圆体人遭受灭顶之灾的狂妄思想并不那么明显。鲁莽的暴君们将人类一劈两半，完成了他们的伟大征服，使他们决心这样做的不是别的，正是他们自身的傲慢。同时，让人类不顾一切地寻求完整和超越分离的，也是其思想中的狂妄。相比对神灵的影响，狂妄和傲慢在人类思想中显得更为活跃和有力。在这个层面上开始探究故事中的狂妄和傲慢时，不要将"伟大和傲慢的思想"中的"伟大"解读为强化的傲慢，这一点尤为重要。在这世上，确实存在某些伟大的思想，但它们并不狂妄和傲慢。在故事的文本语境中，我将"伟大"理解为"大"（big），因为它们使完整性（wholeness）的肉身之象显得有点渺小。圆体人开始经历一种上升——一条精神、心灵和肉躯的道路——去获取他们与生俱来的整全的视野。这不是因为他们拥有一个自己身体的完美幻觉，或是想要去击败那些因威力和体魄而著称的诸神。战胜这些神灵不能用神灵之道还治神灵之身，而应从身体受欲望专制的角度去释放的神性（显然，这与将灵魂从身体中抽离出来的哲学重任没有区别）。

面对生存处境中思想或物质的匮乏和缺失，人类总会有表达自我的渴望，对其予以完全限制，无疑是用思想在虐待人类的肉体。因此，对智慧的渴求，更简单地说，对分别善恶的渴望，也就被认为是与肉体的欲念格格不入的思想。按照这种思路去想，力图保护和完善身体的样貌，就是肉身欲望的本质所在，竭力使人心中的念想超越肉身的利益追求，并为美善服务，便是智慧的实质所在。假如认识美善或邪恶这一念想之本身也是一种需要，那么这种需要在本质上不是一种消费，而是一种冥想。正如回应美的那种需求，不同于为了喂饱饥肠辘辘的躯体的需求。

无论是在关于人类初民的圣经故事中，还是在柏拉图讲述圆体人的奇幻传说里，想要获得知识的原始欲望，总是被伪装成其他的什么东西。在我看来，这种伪装就是这两个故事之间存在的一种深层次的相似性。在《创世记》中，人类想要知晓，并享有神圣的观察方式的欲望，被粉饰成人类因难以忍受雅赫威那令人窒息的法则而意欲摆脱其庇护的渴望。在阿里斯托芬的话语中，想要认识崇高事物弄懂反映在其中的自我本性及欲望，被掩饰性地呈现为竭力摆脱必须敬奉神灵之宿命的念想。然而，那些神灵却恰恰唯恐失去这种尊荣，时时渴望得到人类的赞美和感恩。总之，不管在哪种情形下，想要获得知识的欲望都一以贯之地被包装成渴慕自治的欲望，或被包括在其中。如果这种包含和被包含的关系没有被人注意到，也不曾被人质疑，那么这两则故事就必定成了关于人类如何失去其生命完整性及如何在某种无效却不可分割的力量的驱动下恢复人类完整性的故事。

为了掩饰原始的完整性中那无法复原的部分，阿里斯托芬试图诱导听众对恢复人类原始完整性的神圣妙计抱以希望。神灵在奥林匹斯山上的样貌是完美形体的样子，以此来荣耀众神，神灵们就会用人类的另一半来厚待人类，进而使人类的形体得以完整。或许，喜结良缘的喜剧逻辑便是这样吧！此处，被阿里斯托芬视而不见的是，找到你的另一半会重新点燃你内在的欲望之火，而它恰恰正是曾经引导原始人类质疑和挑战奥林匹斯众神统治万有之权的那个欲望。因此，你可能不会让冗长的故事就此结束。相反，你会重新复活那个非常古老的故事。《创世记》中的故事也包含了一个极其相似的逻辑，即"没有利益回报"。有关持烈焰之剑的天使的思想及雅赫威的愤怒，我暂不论述。试想一下，假如那个男人和女人在神灵的福佑下庄严地重归天真，并荣耀地返回了伊甸园，他们仍然是拥有智慧之种的人类。也就是说，在他们里面，仍有对知识的渴望。为了不让这颗知识的种子萌芽，雅赫威将不得不除去那棵树，还有那个女人和蛇。没了这些东西，人类无论怎样也只不过是雅赫威用尘土塑造的一堆肉，他们将无忧无虑。

我想，柏拉图对圆体人的故事中那恶毒的圆也有深刻的认识。不难看出，故事中圆体人的欲望永远都在原地打圈。在《会饮篇》稍后的叙述中，柏拉图让狄俄提玛在她讲话的开场白中对阿里斯托芬的所说做了修正，而这个狄俄提玛正是那位曾经让苏格拉底深刻理解爱的艺术的女哲人。苏格拉底将她的话引述如下：

> 我知道有一种学说，以为凡是恋爱的人们追求自己的另一半。不过依我的看法，爱情的对象既不是什么一半，也不是什么全体，除非这一半或全体是好的。因为人们宁愿砍去手足，如果他们觉得这些部分是坏的。我以为人所爱的并不是属于他自己的某一部分，除非他把凡是好的都看作属于自己的，凡是坏的都看作不属于自己的。人只爱凡是好的东西。①

(Plato 205E – 206A；Benardete 2001：36)

人类是怀着对美善的无比渴慕去追求完整性或找寻另一半的，为了赋予这种欲望以某种合理性，苏格拉底似乎借狄俄提玛之口对阿里斯托芬之言仅仅做了一

---

① 柏拉图：《柏拉图文艺对话集》，朱光潜译，商务印书馆2013年版，第242页。——译者注

点小的改进。然而，事实上，狄俄提玛为阿里斯托芬的神话添加了一个全新范畴的叙述可能性。狄俄提玛所持的根本思想是，无论人类渴望的是什么，它们总是在某种意义上被认为是好的，她在阐释被劈开的圆体人时也运用到了这一思想。他们可以合理性地推断出，和另一半在一起就是一件好事吗？如果他们的目的是恢复人类原始欲望的完整性，那么答案就是肯定的；如果他们以满足那个欲望为目的，那么答案便是否定的。持第二种观点的人会认为智慧并非是显而易见的。圆体人并没有意识到，他们将要知道的知识会让他们赢得对众神的抗争；他们也无法想象，能够满足另一半原始欲望的某种知识便可以满足其全部欲望。那些在生活中满足了自己一半欲望的人们，如果认为自己知道了他们正在为之寻找的全部，那么，他们就犯了自高自大的罪了。他们自以为能像神灵那样知晓万有，他们这么干也就无视自己的本性，进而背叛他们自己本性中的需要。

　　阿里斯托芬认为，神与人在认知方式上的鸿沟是绝对的。在与那异质性的力量斗争时，人类永远都会被囚禁在失败之中；在有限之中寻求智慧并在超越世俗的虔诚中获得宽慰，可谓是最佳的应对策略了。通过对阿里斯托芬所说的进行修正，狄俄提玛使一种完全不同的道德获得了可能性。或许，我们所攻击的神正是被人类自己疏远了的自我之象。这并不是在说，神是我们创造出来的；相反，这表明，人类更倾向于根据事物的利益去解决自我认知问题，而非求知的欲望（不管我们是否就追求完整性的欲望对阿里斯托芬所说的予以纠正，它在阿里斯托芬那里永远都是一种部分性的欲望）。在论证的结尾处，美善的意志也许会变成了属于我们自己的某种东西，而且，除此之外，别无其他。当然，这取决于欲望想要知晓的自我具有多大的包容性。同时，一味地肯定和强调获取知识的有限性也会使人陷入无知，这种弄巧成拙的行径显然也是不利于人类自身利益的。

　　在认知方式上，神灵和人类存在着一定的差异，而康德一直坚持站在人类立场的这一边。可能这部分性地源于实践理性的尊严，但在康德自身而言更是一种荣誉。持守人类立场并不是企图去弄懂那些不让人类知道的东西，而是要去探究那些让人类的道德完整性不受亏损的东西，这就是人类能够对正义和完整性抱以理想希望的一切追求。然而，这种反省证明，这根本不是一种正直，并非因为正直的理想是道德的，而合乎道德准则太难，是因为理想建立在一种幻觉之上——人类有能力对思想中的认识做出绝对的限制，从而把我们最伟大的一个思想一分为二。在阿里斯托芬的故事中，这种自我分裂的行为被描述成神圣惩罚的临到，实则是换种方式继续存在的人类傲慢。诸神，若不能被征服，也会陷入困境，我们决心不去知晓自己的这一部分。与其屈服于神灵，不如无知地活着更好。《创世记》故事的寓意是，对我们而言，想不去了解自己的这一部分已经为时已晚，从一开始神就赐予人类这一神圣恩惠。康德没有看到这层教益，或许是因为他无法这么做，结果，他在《创世记》中发现了悲剧或喜剧的意义，没有任何迹象表明我们作为人类，注定要生活在本性和理想之间那块不完美的生存空间。

在面对两个神话故事的不同之处时，康德和柏拉图所持的哲学追求在本质上是极其相似的，且他们将之用于各自对故事的解读和重述之中。放弃自己对道德哲学的理想主义追求，或弃绝那个让自己赖以过理想生活的法则，都是康德和柏拉图脑子里不曾有过的念想。即使因缺乏这种理想而导致的堕落似乎一直在扼杀人类的幸福和希望，但作为回应——爱上不完美，甚至为那些讲述某人如何爱自己缺陷的故事歌功颂德——都是无益的。起码，对孩子来说，意志受挫并非是什么不完美之事。柏拉图认为，善和美对人类而言没什么好再学的了，出于这一思想，他歌颂不完美，并竭力使之富有魅力。在被劈开的人类与自己的另一半进行无穷且又复杂的配对组合过程中，伴侣中的任何一方都对更美好的自我持有精致的追求，或治愈自我内在被劈碎的人性，或让自己的思想更强大，或引导自我走向超越部分之和的完整性，人类的生活因此得以成形和再造。如果说柏拉图借阿里斯托芬之口讲述的那个有关人类起源的故事没有将这种可能性向我们显明，那可能是因为我们在阿里斯托芬的诱导下为了完善自我身体而将注意力都放在找寻自我完整性之上了。如果康德对雅赫威崇拜所持的观点使《创世记》显得令人绝望，其原因也许是我们在康德的诱导下，为了完善自我意志而在全力寻找人类的完整性。

诱导人们在各种错误的地方寻求完美，并非完全是坏事，相反，这使人触及了分别善恶的智慧。这一思想让我最终在道德哲学中对最大的神话形成了自己的观点，同时也对我们人类最伟大的道德哲学家去神话化的坚定意图及其不利于自我追求的行为本质有了自己的理解。

三、走出伊甸园

如果道德哲学确实是神话的仲裁者，那么在某些层面上，神话就是关于不完美的生灵试图过完美生活所必然要面对的道德生活和要经历的心灵挣扎。乍听起来，这一推测似乎牵强附会，其实不然。正如康德所坚信的，如果某一道德价值正是某个理想实用主义者所持的至高价值（且此人也对行使自我权力有着无比的渴望),那么,关于拥有肉身且又会思考之生灵的情节最终都会成为讲述道德磨难的某个故事。肉身为思想提出的某个难题,最终只能由某个崇高实践形态的法则解决。换句话来说,如果某个具有肉身的生灵将所有心思都用于满足对吃喝、婚娶及社会地位的追求,那么怎么可能会有思想的存在呢?除非其意识的某个地方还有约束欲望的某种法则,且这一法则的权威性不是源自对惩罚和死亡的恐惧而是出于对正统的认同,否则这种可能性是不存在的。如果仅仅是因为法则颁布者令人畏惧,它才被人遵守,那么,在各种肉欲相互争锋的最简便运作机制下,遵纪守法的行为不会遵照任何难以被解释的价值。例如,法则的制定者命令男人不可分享他的配偶递给他的果子。男人对痛苦和死亡的恐惧胜过了他对女人的渴望,那么故事就会这么结束了。

在《创世记》中,雅赫威的创世神话并没有就这样结束。依康德来看,《创世记》的作者尤其擅于呈现有关人类道德发展的两个基本真理。首先,我们人类必须从敬畏法则制定者的奴性中走出来,走向力图使自己充分认识自我道德概念的自治,而这对康德来说便是任何自我概念的根本所在;其次,我们在认识和认可法则的正统性之前,将一直违反自治的法则。

上述这两种真理似乎矛盾性地将自我的概念置于自我统治之前。如果我脑子里事先没有谁是主体的概念,我岂能既尊重又亵渎某个我为自己定的法则?我可以设想自己拥有一套糟糕的观念,同时以某种行为方式,或维护或威胁着这套观念的完整性,但在这种情况下,自治的好处将不再是无条件的好处,而是一种混合的有益之事。我不想就这样成功地变为一个自治者,因为在此种情形下,我还未曾遭遇自我概念中不好的东西(如身处孤独之中的败坏);然而,我也不想就这么走向失败,使我重启自我观念的努力似乎始终不得要领。在康德对《创世记》的建构性的阐释中,原始初民的心中存在一个有关自我的败坏概念,即人类属于肉身和血气而非灵魂;然而,极具反讽意义的是,在不违背自我本性真正遵循的法则前提下,康德(通过善恶知识)修正这一概念是不可能的。事实上,康德将关于雅赫威崇拜的故事转化成了俄狄浦斯式悲剧,而有着致命缺陷的亚当正是这个故事的悲剧主人公。然而,比起古希腊悲剧诗人索福克勒斯笔下的俄狄浦斯,亚当更接近于弗洛伊德所说的俄狄浦斯。

悲剧始于伊甸园,但亚当在那里,似乎过得是理想式的生活。因为园中有各种各样美味可口的果子,亚当的物质需求得到了极好的满足;同时,上帝也为他造了那个女人,他因此也拥有了完美的伴侣;另外,雅赫威让亚当的地位超过了各样生物,唯独在上帝之下,可谓是尽享尊荣。亚当不知足的根源不在于他缺乏他所渴望的某种物,而是他的无所缺失。在他经历缺乏之前,他内在较为崇高的那个部分(即以自我概念为追求的意念),还难以出现。通过禁止亚当吃那智慧树上的果子,雅赫威帮助他的人类儿子,将其对所缺之物难以言说的需求,转化为力图从虚无中创造新生命这类明晰的欲望。在此转化的过渡阶段,亚当能够想象弃绝上帝赐予他的当前生活会怎样,而这正是雅赫威给人类的禁令所能达到的认知功效。禁果在伊甸园里并不是万千欲望之物中唯一的一个,得到了它便意味着人类将要失去园中除女人之外的其他一切所有之物。在亚当的心灵中,女人是一个在概念上模糊不清的人物。在《创世记》第二章第23节,在亚当冒犯他的圣父之前,他称呼他的伴侣为女人,因为他将那个后造之人看成了他的肉中之肉和骨中之骨;随后,在《创世记》第三章第20节,亚当管那女人叫夏娃,因为那女人对他而言便是所有人类后裔的母亲。亚当对其伴侣的两种称呼都在暗示,女人既是一个母亲,也是人类儿子为自己所选的伴侣。究其原因,除上帝所造的第一代人类之外,母亲无疑是儿子的肉中之肉和骨中之骨。

儿子的恋母情结就是在心理上存在弑父娶母的意识倾向,而不是在现实生活中必须真的这么做。这便是一个儿子从虚构神话走向真实历史的一种方式。康德对圣经神话中儿子的想象是,儿子往往极其在意与代表善恶的父亲之间的关系,而对母亲却明显要淡漠的多。这种淡漠在本质上是保守性的。儿子不变成父亲,也就无法想象自己凭着那做父亲的能力成为生命的源头。康德写道:"人类必须要在道德意义上使自己成为或已经成为他本应该变成为的某个样子,无论那会是善还是恶。"(6:44;Di Giovanni 1996:89)《宗教》中的一个人尽皆知的秘密是,上述这种自我概念是不可能的。在康德的论述中,在亚当没有开始思考圣父的旨趣和利益与自己的有什么不同之前,他找不到让自己冒犯圣父旨意的动机;在他还没来得及认识到圣父的法则也是他自己本性的法则时,他也不能违背上帝为他所立的法。

在这个充满弗洛伊德学派元素的悲剧故事中,如果做儿子的不否定自我的本性,那么他就不可能永远处于父亲的保护之下;如果他不与自己决裂,也不牺牲自己的完整性,他将无法从他父亲的影响中摆脱出来做一个独立自主的人。毕竟,他在此情景下只能是他父亲的儿子。结果,他必然找寻不到那原初的自我观念,也因此在试图寻求救赎的道路上使自己陷入了无休止的争论。为了在他父亲的心目中重新赢得宠爱,那做儿子的就将他自己的其他欲望搁置一旁,决心高举父亲的意志,终生遵守父亲为他所立的法。做儿子的之所以如此勤勉努力,是他内在的不完美使然。康德一定认为,让那个为人子的永远都不违背其父亲意志的正是他父亲的意志。如果将康德所思想的那个儿子从他可能会对抗的某个极权主义父亲那儿剥离出来,那么,这个为人子的就无法想象出,那个作为他肉中之肉的母亲是其独一无二的对象物,他因此注定一辈子都分不清自己的灵魂和肉体。反过来说,如果为人子的终生被迫接受取悦极权主义父亲的命运,他就是在来世也理不清自己为了让父亲满意而给自己带来的困惑。

就如何从这一有目共睹的悖论中走出来,康德认为最好的方法是彻底将神和人的观点分开而论。从人类视角来看,我必定认为人类对道德完美的追求是永无止境的;尽管人类都期待自我变得完美,但我们却总是做不到。从神灵的视角来看,人类为完善自我而坚持不懈地付出艰苦努力的意志,以及不屈服于失败和绝望的决心,而这正是被天父视为能够救赎人类的意志。唯有当我在心中一直不认为自己要过完美的生活,我才有可能让我的生活过得完美,因为这样我也就没有了我父亲所拥有的善恶知识。"知道"和"生活"之间的两相分离是亚当在偷吃禁果之前的生活处境的典型特征。康德建议,人类除去我们内在的善恶知识,仅凭着人类的自由法则去生活,便可以重新将伊甸园带回到人性之中。正如康德所指出的那样,在心灵中撇清我们人类与善恶知识的关系,并不是对知识边界的无知认可,而是努力从人类这一角度在人类知识和神灵智慧之间画出界限的某种尝试。这一分割性的行为在神话中被包装成了有关某人地位的知识。让我不要以我父亲的眼光去看我自己的,恰恰是我们人类自己的法则,而不是那圣父的法则。我从康德那儿体会到的道德是康德不曾有意想要教给我们的东西,即失乐园(离开伊甸园)比复乐园(回到伊甸园)更艰难。让人类的自治处于极大的危险之中,并强迫我在蛇的智慧中寻找弃绝灵魂之外的某种东西,即神话中的圣父所爱之物,不是复乐园,而是失乐园。

我可以用去神话化的术语来表达这一道德。让人类在寻求完美的道路上陷入追求其极限的,正是我们自己决心要过道德意义上的理想生活。面对这些极限时,我们有两个选择,或将这些极限当成自己的极限,或对我们的自我概念进行开放性的修正,而后者我不会轻易尝试。针对人类在追求完美生活过程中强加给自己的那些极限,我能选择的解决方法是,将一切损害或颠覆我们追求完美之意志的东西都看作邪恶并予以弃绝。但是,我们在此需要注意的是,人类虽然极为渴慕驾驭自我,但绝不能到后来变成了残暴地苦待自我。我们在追求自我价值时所依赖的并非都是邪恶的。通过这所有的一切,我想表达的意思是,无论我们行善的努力遭遇多少次的失败,我们都不应该盲目地向那神秘的黑暗力量屈服；然而，我们也不应该在努力行善的过程中对可能会出现的慷慨视而不见。

圣保罗（Saint Paul）告诉我们，我们爱上帝，因为上帝先爱了我们。唯有我们中的那些已然忘记"上帝先爱了我们"的人，才有可能发现那是一个使人蒙耻的真理。我们中的其余那些人也会因此获得释然，进而走向新的完善自我之路，但他们无论何时都不会再是我们中的一部分了。如果将爱给予的生活理解为捆绑或败坏爱人的意志的某种方式，似乎是爱始终面临的风险。我个人认为，这种模糊性在人力所及范围之内是难以被控制的。倘若可以的话，在伊甸园中永远都不可能出现蛇。

在探究有关神灵问题的伟大论述中，约翰·威兹德姆（John Wisdom）讨论较多的不是诸神而是神性的两个不同侧面，他就我们阅读人类起源故事习惯采取的方式发出警告："我们已经吃了某个园子里的果子，尽管我们不曾到过那里，但我们难以忘记；那是一个我们今天依然在寻找的园子，但我们却从来都找不到它。或许，我们纯粹只是在寻找梦想中的某个幻影。"（Wisdom 1945：205）威德牧的言下之意是，如果我们无法从记忆里——一个我们未曾栖居的地方逃离出来的话，也许问题并非是我们被紧紧地黏附在某个梦中的意象之上，而是我们的梦，对我们来说意义甚微。①

---

① 本文得益于大量读者的评述。我在此特别感谢查尔斯·马修（Charles Mathewes）、安尼·弗雷尔·阿什堡（Anne Freire Ashbaugh）、科尔曼·布朗（Coleman Brown）、莫德·克拉克（Maude Clark）和凯文·席尔布雷克（Kevin Schilbrack）。

参 考 文 献

Alter, R. (1996) *Genesis: Translation and Commentary*, New York: W. W. Norton & Company.

Benardete, S. (trans.) (2001) *Plato's "Symposium"*, with commentaries by Allan Bloom and Seth Benardete, Chicago, IL: University of Chicago Press.

Di Giovanni, G. (trans.) (1996) "Religion within the Boundaries of Mere Reason," in Immanuel Kant, *Religion and Rational Theology*, trans. and ed. Allen W. Wood and George Di Giovanni, Cambridge: Cambridge University Press.

Korsgaard, C. (1996) *Creating the Kingdom of Ends*, Cambridge: Cambridge University Press.

Wisdom, J. (1945) "Gods," in *Proceedings of the Aristotelian Society*, New Series XLV: 195–206.

第七章　神话与后现代主义哲学

威廉·道蒂

如果后现代可以被定义的话，那么它应该是质疑人类当今所拥有的一种力量，即对那些我们习以为常的或感到自然而然的存在提出各种问题，抑或使之存疑。然而，后现代能够给予我们的永远只是某些临时性的和受语境限制的知识。用米歇尔·福柯（Michel Foucault）对问题化（problematizing）这一概念的理解来看，后现代主义以生成话语（generating discourses）的运作模式确实创造了一系列属于它自己的疑问，或使某些曾被认为是理所当然的问题变得疑云密布，也同时为之创造了解决之道。

（Hutcheon 1988：xi）

后现代主义思想本质的一个衡量方法是它引发了激烈的争议。这并不奇怪！后现代主义者关注的紧要论题都与最深层面上的人类存在和人性密切相关。如我们是如何知道我们所知道的东西？我们该怎样看待个人努力和集体抱负？进步是否真的有意义？人类该如何去寻求进步？

后现代主义质疑因果论、宿命论、平等主义、人文主义、自由民主、必然性、客观性、理性、责任和真理。为了社会科学的未来，后现代主义担负起了探究极基础论题的重任。

（Rosenau 1992：ix）

什么是后现代主义？以下几点可任由诸君选择：第一，为"新时代"代言的青年雅皮士；第二，为后工业文明代言的文化；第三，当下所有"酷酷"的东西；第四，对现代主义的一种回应以及对新思想的狂热；第五，某种不良的态度；第六，模式、文化、时代和意义层次的一种充满生机的混合；第七，管它呢！

（"Postmodernism and beyond…" 1989：51）

由于那些追随创始性学术声音的学术研究已经被习惯性地冠以"后"字，那么后现代主义思想的众多当代种类如今也就可以被称为后-后现代主义思想。对这些种类繁多的后-后现代主义思想做全面纵览或表述的想法必定是专横的和冒昧的。因为后现代主义的解构特性力图解除西方文明对绝对真理（逻各斯中心主义和必胜信念）、完全统摄（极权主义）、公正视角（还原主义）、宏大叙事化的规劝或授权（一神论和殖民主义）的传统性托词，审视后-后现代主义的思想可能招来的种种拙劣的伪造思想。正如琳达·哈钦（Linda Hutcheon）所认识到的那样，"绝对性地自我解构（self-undermining）"是后现代主义思想的典型特性（Hutcheon 1989：1）。

在人类在20世纪末对符号的复调性、多义性和多重表征性有了越发清醒的认知背景下，西格蒙德·弗洛伊德的"多元决定论"似乎因此被超越了，大多数民族志历史及对意义决定论的所有诠释性论断，都开始变得令人怀疑。罗兰·巴特（Roland Barthes）、托马斯·西比奥克（Thomas Sebeok）和马歇尔·布隆斯基（Marshall Blonsky）的符号学，米歇尔·福柯和一大批性别研究学者的性政治学说，巴塔耶（Bataille）、布朗肖（Blanchot）、南希（Nancy）、利奥塔（Lyotard）、德勒兹（Deleuze）这样一批思想极其深邃的法国理论学家和批评家惯常信奉的唯我论，加拿大学者亚瑟（Arthur）和玛丽露丝·克罗克（Marilouise Kroker）及他们的那本主要涉及理论、科技和文化等方面的评论性电子刊物《理论》[（*CTHEORY*），由早期的《加拿大政治及社会理论学刊》（*The Canadtan Journal of Political and Soctal Theory*）改编而成的一份国际性学术杂志，网址为 http://www.ctheory.com/]，建筑和艺术史方面的批判性阐析（"后现代主义"一词正是在此领域首次被命名并被世人知晓的），上述所有的学术思想及许多其他近期才涌现的哲学分歧，也许都可以随意地成为我在这个课题研究中的学术主题。

或者，我们可以反思一下受后现代主义影响的高度跨学科的神话研究的重要性。正如上述众多学者所明示的或拜斯特（Best）和凯尔内（Kellner）在评论中所指出的：

> 几乎所有的后现代理论……都打破了像哲学、社会理论、经济学、文学等已被建立的各学科之间的界限，并生产出一种新型的超学科话语。后现代理论家不仅批判表征、真理、理性、系统性、基础性、确定性及作为许多现代理论的典型特性的聚合性等方面的理想形态，也质疑主题意义的概念和因果论。
>
> （1991：256）

关于后现代主义学者对各学科态度所产生的影响，阿洛诺维茨（Aronowitz）和吉鲁（Giroux）曾重点谈到后现代主义是怎样试图描述学科边界的命名过程及如何"重新绘制意义、欲望和分歧的示意图"（1991：81）。正是通过解构经典，后现代主义培育了边缘性的话语，丰富了生产知识的方式，也使生命科学研究中独享尊荣的定量研究方法等类似的固有认知受到质疑（17）。在神话研究中与之对应的观点认为，唯有古典学者才能阐述古典文本，某个"最新最好"的理论的出现就意味着以前所有的阐释学派应该被忽视。

144 我抛弃了可操纵的总体性概述的权威性，并且意识到我在表达自己的后现代立场上受到严苛的限制。已出版的系列概述和介绍性文献，如今已经多如牛毛，熟知那些最新的学术思想，毕竟是一个负有责任感的学者应有的素质之一，除非有人希望对我们最近的学术语境视若无睹，所以我并不觉得在此讨论这些乏味之事是一项任务。①

我更为局限的研究表明，后现代主义思想是如何将本章中——尤其是弥尔顿·斯卡伯勒的存在主义现象学哲学思想［参见斯卡伯勒于 1994 出版的《神话和现代性：后批评反思录》（*Myth and Modernity：Postcritical Reflections*）和他在本书中的撰写章节］——的一些重要的哲学线索带到一个新的层面上，与神话

---

① 在《无声的神话在血脉中歌唱：无神话社会中的神话生产场域和消费模态》（*Silent Myths Singing in the Blood：The Sites of Production and Consumption of Myths in a 'Mythless' Society*, Doty 1995）一文的第一章 "图像框架的内外：后现代主义语境和论文集内容目录"中，我对研究概貌已经做过细致的勾勒和阐析，读者会发现我在那里推荐的一些作品也被引用于本文之中。

1992 年 2 月 24 日，我在我校教师论坛上写了一个致全体同仁的帖子，我在其中曾表示，探究后现代主义的种种细微思想在下列各个视角中都普遍存在：分析描述、历时史记、经验陈述、道义哲学、道德姿态及自我辩护。斯图尔特·西门（Stuart Sims）于 1999 年编著出版的《劳特里奇后现代思想的批判性词典》（*The Routledge Critical Dictionary of Postmodern Thought*）是研究后现代主义思想最为便利的一本参考书。

拜斯特和凯尔内在其论证中认为，现代主义和后现代主义之间的裂痕从来都没有被给予足够的理论化或适当的论证（1991：256），我对此是持肯定态度的。致力于重构批判性社会力量的新马克思主义和其他多种主张，对我刚刚列出的多学科视角中的大多数都予以了热烈的拥抱，甚至其中的某些学科视角都承认后现代主义哲学中的某些极具灾难性的失策之举。同时，他们"将马克思（Marx）、韦伯（Weber）、哈贝马斯（Habermas）等古典现代派思想家的观点与福柯、波德里亚（Baudrillard）等后现代理论家的思想融于一体"（269），我也着实为此感到高兴。然而，对我而言，我希望看到当今来自艺术和人文学科的巨量学术贡献也能被包括在这幅宏大学术图景之中。例如，查尔斯·詹克斯（Charles Jencks）在《后现代主义：艺术和建筑的新古典主义》（*Postmodernism：The New Classicism in Art and Architecture*）一书中曾指出，建筑类杂志从 20 世纪 70 年代就开始宣告后现代主义的死亡（1987：23）。因为超越了传统的艺术史框架或审美框架，米柯·巴尔（Mieke Bal）的《阅读伦布兰特：超越言与象的对立》（*Reading "Rembrandt"：Beyond the Work-Image oppositon*, 1991）、皮特·布鲁内特（Peter Brunette）和大卫·威尔斯（David Wills）的《解构与视觉艺术：艺术、媒体和建筑》（*Decon struction and the Visual Arts：Art, Media, Architecture*, 1994）成了两本令人振奋的典范之作。

学有关（对神话和意识地批判性研究，Doty 2000）。当然，鉴于占统治地位（因为不承认和不明言）的社会达尔文主义和资本主义哲学在国家政治这幕大戏中极其频繁地出现，更迭的每一代都称自己是"现代的"、时尚的和反历史的，所以，无论是神话学还是后现代主义都是不易受限制的。

另一方面，也许后现代的确与众不同，它使当代人或多或少地主动撕碎其思想意识，继现代主义之后，它坚决地保留了与时代同步的能动更新特质，甚至以跨越先前数个时期的复调对主题、动机和设计进行重组。（这在几个对艺术和建筑领域的后现代主义进行的调查中都有体现）T. S. 艾略特（T. S. Eliot）在1919年发表的著名论文《传统与个人才能》（*Tradition and the Individual Talent*）就曾预见性地指出，"事情变化越大，就越和以前相像"是何等的具有普遍性。因此，被现代主义鼓吹的新颖性在后现代主义理论、解构主义理论、批判性理论那里只能是些陈词滥调，因为这些理论是以同一事物无休止重现的规律不断复兴的。正如在罗伯特·格雷夫（Robert Grave）的诸多建筑物中也有爱奥尼亚式的柱子及用铝漆制成的金合欢树叶子。

人们看待过去——浪漫主义曾率先教会我们去尊崇的那广袤天地——的态度差异，区分了变幻莫测的各种哲学流派。人们是应该追随巴黎和芝加哥宗教史学家伊利亚德，把宇宙起源神话放在首位，还是应该将所有的人类起源神话解构为以父权制为本质内涵和消极思想的故事？试图从后面这个视角对神话进行探究可参考1989年出版的马塔·韦格勒（Marta Weigle）的《创造和孕育：宇宙起源神话和分娩的女性主义思考》（*Creation and Procreation: Feminist Reflections on Mythologies of Cosmogony and Parturition*），这部著作的再版修订严谨，且产生巨大的影响。

然而，你或许会走向另一个方向，要么走向西方历史上德里达的世界末日论，要么走向1995年出版的理查德·戴拉摩尔（Richard Dellamore）编的那本文集《后现代启示：终极的理论和文化实践》（*Postmodern Apocalypse: Theory and Cultural Practice at the End*）。这本书的前言评述了"当代生活中到处弥漫的不适感。随之而来的，是对塑造符合人类欲望之历史的可能性缺乏自信心，这为政治、经济和审美等文化在千禧年末期的发展提供了最低音阶"（1995：xi）。以科幻小说为例，戴拉摩尔在其论证中指出，"老故事新说"（1995：xii，我的强调）正是末日启示文学的主要风格。

后现代主义并不惧怕把科幻小说当作一种思维方式，不管是通过科幻小说去思考，还是以其为对象去思考。如今，文化产品在很大范围上都具有开放性，这是与以往的中心思维模式迥然不同的边缘思维模式。哲学心理学家詹姆斯·希尔曼提醒我们，我们当下拥有的大部分思想最多只是维多利亚时期（1830—1890）思想的改装货。鉴于学者们要么只支持分析研究，要么提倡任何非柏拉图式（非亚里士多德、非罗尔斯式）的研究方法必须被予以宽松管制，我确实见过哲学同行们不满意我提出的跨学科研究的建议。

对过去几十年里用以勾勒众多后现代主义思想轮廓的方法，或为某一分支流派判定"分析性"的事实，我都不怎么感兴趣。至于前者，人们可能会像马格纳斯（Magnus）和希金斯（Higgins）在《尼采剑桥指南》（*The Cambridge Companion to Nietzche*，1996）一书中反复提及的那样，在文本细读的基础上从尼采开始讲起，并将斯科特·拉什（Scott Lash）在《后现代主义社会学》（*Sociology of Postmodernism*，1989）中论及的达达主义（Dadaism）和本杰明也包括进来。我提倡后现代主义/后现象学视角，以其多维/多相的资源，对神话学（Mythology/ Mythologies）和神话诠释学（Mythography）持开放的态度，以一种确定的规范/道德的存在主义立场，能在现代主义和后现代主义之间的断裂中提出一个具有导向性的观点。这样的导向性观点并非教条化的和经不起检验的真理。相反，那些神话正是被我称为"投射性精神模型"的叙事。因此，人们发现，小说可以帮助我们设身处地地并且批判性地想象我们在现实生活世界中的活动，并为我们提供创造性地窥视和想象某些限制性参量（parameters）的认知路径。

"碎片"是"宗教"的另一个极端。"科学"（science）一词源自"scire"，即使之分解；然而，"宗教"（religion）一词是由表示将事物重新联合在一起的"re-ligare"衍生而来。确实，这是一个保守性的、内敛性的表示，就像"yogah"一词表示"联合"（linking）、"连接"（ligaturing）、依据关联性进行的整合和阐释性语义的聚合。然而，我怀疑反复出现的关于"碎片"的现代主义悲叹只是世俗化的时代产物，其腐朽和衰变长期玷污着基督教时代。长达几十年的解构式阐析给我们带来了什么？是福柯根据尼采学说在许多学科里所提倡的社会建构研究视角，还是女性主义和后女性主义（第三波女性主义）研究得出的那些不可思议的结论，抑或是对长期建立起来的父权制启蒙运动观点的解构认知？[①]

[①]1993年出版的道蒂的著作中的两部分与本文有关："父权制的恢复"（8—11）和"问重要的问题，女权主义和性别"（11—16）。后一部分用图表表示了我所认为的女权主义演讲的最重要的知识成就。这些成就应该与当代任何学科的学术成就并在一起。

在修辞表达层面，后现代主义哲学与许多传统哲学存在很大差异。然而，令人欣慰的是，就那种精美雅致的押头韵（内在互文性）而言，其情况并非如此。押头韵的互文交叉引用最先出现在法国新小说中，随后才出现在后现代主义小说研究里。碎片与碎片会堆积于一处。有时甚至明信片式的往来书信的书写传统（德里达），也会浸透在象征符号的巨大关联性网络里（巴塔耶）。几页时尚广告和马克·泰勒（Mark Taylor）在《躲藏》（*Hiding*，1997）中提到的那些留有一排文身和伤疤的肉体，以及用《连线》（*Wired*）杂志中人们所熟悉的华丽色彩和多样字体设计而成的几页纸［该杂志的作者已出版虚拟现实版的CD光盘《真实的拉斯维加斯》（*The Réal Las Vegas NV*）］，都成了哲学著作的一部分。

互文性不仅仅把神话艺术的混合体复杂化了，而且使人们更为敏感地关注神话叙事层面的术语。从事心理治疗和当代民族志方面研究的学者对这一点也都非常重视。关于后现代主义分析可能包括的几个重要的步骤，哲学家劳伦斯·哈塔布（Lawrence Hatab）恰到好处地指出：

> 如果语言是走向意义的一把钥匙，我们就得听听某一神话时代的语言，从中获取其意义。这与借助后神话术语进行的阐释是相对的。我们力图通过语言窥视神话的真面目。显然，尽管我们不能如此这般地简单叙述古代神话，但我们也不得不对其予以阐释。然而，我们至少得通过消除神话外的假设，使阐释获得忠实性。于是，我们计划如实地表现神话时代的自治及其意义，从而消解古代史研究中普遍流行的所谓"进步性"阐释，即认为神话文化是落后的抑或前理性的。

（1990：12）

我一直用来拓展神话这个标识符的方法，就是把抽象变具体。对于最初被强化了的经历或神圣的宗教性体验等一些日常生活，神话也是一种有助于界定其语义的象征性语言。以自然和文化建构而成的系统使我们分头走向话语中的各个子领域，因此一种文化始终面临着再符号化的倾向。神话和象征性表达就创造了此系统的形象化图腾。使神话具有神话性，使文学和艺术有用的，并不是被人们认为与虚构恰好相对的历史性，或是可反复重现的原型性情节，而是发现和建构可阐析凡俗和离奇之边界的意义的某种特性。如果柏拉图没有那么随心所欲地排除他所蔑视的神话的话，那么西方哲学思想在过去的那些世纪里就可能与创造性艺术紧密相连了。

在此语境下，身体自身的具身性（the embodiment）如何回到后现代话语和阐析中着实引人注目。斯科特·拉什早已料到了这一点。他认为，对社会理论和当今越发卓越的前瞻性艺术品而言，具身性的回归颇为重要。在《后现代主义社会学》（1989）一书中，他曾说道："认知正从心灵转向身体，这（至少）在大陆哲学中已形成一股潮流。"［1989：75；参见莱考夫（Lakoff）和约翰逊（Johnson）于1999年出版的《肉身哲学：亲身心智及其向西方思想的挑战》（*Philosophy in the Flesh*：*The Embolied Mind and its Challenge to Western Thought*），以及由唐·威尔顿（Donn Welton）编辑的《身体和肉身：一个哲学读者》（*Body and Flesh*：*A Philosophical Reader*）、《身体：经典和当代阅读》（*The Body*：*Classic and Contemporary Reading*）］。男性和女性的身体、充满欲望的身体、忍受痛苦的身体，以及与之相伴的抽象性和距离感都被具身性和行动感（enactment）替代。例如，就"审美化"（aestheticizing）而言，一下子出现了许多研究男性裸体的非艺术流派。这在文化研究的后-后现代主义学科中尤为明显。［美国的情形与其在英国的起源大不相同，可参见格罗斯伯格于1997年出版的《完全领回：文化研究论文集》（*Bringing it All Back Home*：*Essays on Cultural Studies*）和格罗斯伯格等人在1992年编撰的《文化研究》（*Cultural Studies*）］。

从根本上来说，随着后结构主义者对可视性和具身性与日俱增的关注，比如在被现代主义十分鄙弃的流行文化范围内，结构主义的抽象代数似乎变得越发缺乏生气，单调乏味。随之，正如大卫·哈维（David Harvey）所注意到的那样，现代主义首先存在着一种"价值观和信仰之历史延续性的缺失"（1989：56），导致美学遭遇了浩劫，进而使之在此方向上朝日常具身性的生活体验进行转向（Sartwell 1995；Sartwell 1996）。然而，更多的当代后现代主义研究却常常从分析电影、录像和当代广告业开始。

从方法论的角度来说，由普遍认识论转向关系论这一趋势（Fekete 1987：24），引发出不同模态的后现代主义。拉什指出，重要的一点是并非所有的当代文化都是后现代主义（1989：13）。这个结论是由不断推进的数据调查得出的。据此，我们知道，当代美国人中仍然有宗教信仰者和庞大的反堕胎、反革新及同性恋等群体，且所占百分比高得惊人（从我自己的非宗教立场来看，他们的定位是反宗教的）。后现代主义有许多彼此截然迥异的版本，相互之间也存在各种互相重叠的立场［然而，也从来没有某个单一模型的现代主义（201）。流行文化大抵是对已成为主流高雅文化的现代主义的一种反应（Harvey 1989：37）］

当下反复出现的情况是，我们可能会质疑那些反映了某些标准情形之基准的种种下意识的社会判断。许多报道以文件的形式记载了"信仰者"对哲学与神学的争论常常抱有漫不经心的态度；然后，他们把概念化的基本工作交给大众媒介，或在某个地方极受人欢迎的狂热导师，抑或自己周边的同事。另一方面，从长远来看，一些客观的评论较少地提及本质主义真理，因为他们认识到所有知识都有其社会历史的处境，也认识到经高度训练后的诠释性观点和社会历史实践的重要作用。

克利福德·格尔茨向我们提供了如下观点（1995：40）：

> 一个国家的政治存在于其内部的各个地方，而不只是存在于其行政机构之中。甭管是通过君主政体还是共和政体，政治在一定时间里都会或多或少地被关注和组织在一起。它们随着国家变化的速度而变化，而不随领导人、政策甚至政权的变化而变化。①

毫无疑问，老百姓与国家领导人的观点不一样。但令人好奇的是，几乎每一个保守的国家政权都宣称得到了老百姓的授权，而不愿承认自己代表一个建立在条约之上的世俗体。当然，这一点也可以从美国反复修订和不断阐释宪法条款的方式中窥见一二，其颇具修辞性的表达是"保存原义"。

在当代学术研究中，不仅是交流和修辞学领域，而且尤其是政治学科，几份分析性材料便对这些元素予以了定义。杰弗里·霍斯金（Geoffrey Hosking）和乔治·斯考普林（George Schöplin）共同编撰的《神话与国家》（*Myths and Nationhood*, 1997）一书，对大多数各式当代文化进行政治科学和历史学研究，仔细探究了神话是怎样变得适当且有用的。这是目前这一领域研究范围最广的一本书。该书明确指出，神话这个话题不仅在严肃的学术研究中不再被禁止，同时还为人们探讨历史和演变时的文化世界观、动机、回忆和态度提供了一个有用的范畴。

意大利哲学家詹尼·瓦蒂莫（Gianni Vattimo）披露说，三种最重要的神话艺术观点［拟古主义、文化关联主义和调和的非理性主义（或被称为有限理性理论）］都"过于轻率地无视其自身历史语境问题"（1992：39）。所有神话文化踪迹都可以被后天视阈抹杀，无法逃离神话去神话化的命运，这使得"去神话化的去神话化……成了从现代向后现代过渡的真实时刻。在尼采的哲学论辩中，这一过渡以极具哲学性的明晰形式得到了完美展现"（42）。

由此可见，任何类型的"哲学"观点都吸纳了社会、历史、政治等方面的

---

① 我一直在对这些问题中的几个进行研究，我认为没有必要在这儿重复那些讨论。参见我1995年和1999年的著作。

知识，不但是绝对正式的，而且认识到许多早已在过去的教条中得到证实的"绝对真理"似乎只是出于某些特定历史需要的副产品（我乐意认可和接纳这样一个具体性的马克思的和社会建构主义的立场）。解构主义分析已经告诉我们，哪怕是在那些最乏味的材料中，我们"隐蔽的意图"（Hillman 1995b：xxii）是如何下意识地运作于其中的，就像巴特（1972）从符号学的角度解读社会活动，比如摔跤比赛、周日杂志上刊登的节日食品说明，以及洗洁精广告等社会事件一样。

后现代主义的观点有时像卡夫卡或耶稣一样充满了讽刺意味。琳达·哈钦在《后现代主义政治》（*The Politics of Postmodernism*，1989）中，理查德·卡尼（Richard Kearney）在《想象的诗学》（*Poetics of Imagining*，1991）中，都强调了讽刺喜剧模式在所有后现代主义文本中的重要性。由此，人们可能会认为，启示文学（随着千禧之年可能会发生的宿命转折而受到人们的强化关注）这一文类也是对神话的诙谐模仿。它的确充满了富有神话色彩的种种素材，启示文学在某种程度上频繁地讲述了古代近东的人物和事件，如宇宙大洪水、征服离奇的混沌怪兽、人类始祖。

启示文学似乎为我疲倦的审美状态描绘了可理解的极限，或许，那些真正的宗教信徒并不这么看。莫里斯·布朗肖简明扼要地对这些极限的重要性给予了定义：

> "我不知道"处于知识的界限上，但它仍属于知识的范畴。我们总是在仍然知道一切的时候过早地断言自己不知道，或在我不知道自己不知道的情况下才迟迟说出这句话。
>
> （Tylor 1986：108 – 19）

对于我们可以掌握或控制远古或未来这样的设想，德里达的延异论也在提醒我们要当心。正如卡普托（Caputo）所解释的那样，"搅乱那可以保证我们舒适生活之同一性的，正是某种绝对异质性的思想"（1997：5）。

我认为大多数神话比启示性故事更具现世意义和现实意义，因此我将启示故事限定并归为神话的一个从属文类，或者是对神话的模仿。哈钦认为："那些反映自我的后现代模仿艺术以其讽刺的方式强调，表征的所有文化形式都植根于意识形态之中。"（1989：3）模仿使我们看待意识形态的批判性眼光更加敏锐，但"矛盾的是，后现代主义设法使文化看上去可以接受……甚至颠覆该文化……讽刺在后现代话语中的功能就是先去假设一个批判性距离，然后再去推翻它"（15）。根据哈钦的研究，在小说家安吉拉·卡特（Angela Carter）的女性主义小说中,"模仿成了'对西方文化经典已有成就重新解读'的方式之一"[引文引自特瑞莎·德·劳拉提斯(Teresa de Lauretis)]。

在为卫斯理公会学院举办的神话和哲学研讨会准备的一篇讲稿中,蒂娜·皮平(Tina Pippin)提及了神话解释的理论,并指出某些神话阐释理论是如何履行去自然化这一功能的。她强调,根据巴特的理论,作为神话诸多功能中的一个,神话的呈现方式是人为地使所选择的事件以历史的或"自然的"面目出现。她也就神话阐释的伦理问题提出了相应论题。在神话变成诙谐性模仿之前,符号的网络延伸了多远或达到了什么程度?谁将告诉我们它有多合理?在哪种情况下,会像皮平认为的那样,"预言家才能通过打破敌人、记忆、历史的局限将未来带回到现在"?根据福柯的研究,在我们所熟知的假想乌托邦的霸权构想和巴赫金的异质主题话语的微碎片挑战之间存在差异,我们不妨对其予以思考,但还没有人给过权威性发声。

批判性视角可以被看作某个去共识化(de-doxifying)的工具(doxa 在此指最低程度的共识性理解),因此也是去自然化的。显然,"'真实'里没有什么自然的东西,而且在过去也从来未曾有过,甚至在大众传媒存在之先就是这样"(Hutcheon 1988:33);"后现代主义可能会指出,自然也不是那么容易出现的"(2)。同样,认为理想社会存在于远古社会等与启示性古语相关的思想都有其历史根源。正如皮平借用保罗·布伊尔(Paul Boyer)的观点指出的那样,"随着第二次世界大战的觉醒,反基督的各种神话信仰形式在 20 世纪晚期悄然崛起"(11)——《什么?不在32CE这一年?》(*What? Not at the year 32CE?*)。

由长期占统治地位的宗教史学派就宗教的"特殊本质"建构出的学术假设,几乎已无意识地运作于人们的思想中,最近宗教学研究中出现的"方法和理论"运动对此予以了无情地揭露。麦克卡森(McCutcheon)指出:

> 上一代学者认为不证自明的事情现在被认为是随时间而不断发展的种种工具,历史与理论的深入和政治的推进相伴而行,是被用来对人类行为进行分类、整理和阐析的工具。

(1998:52)

对现象学描述和社会科学分析的普遍性混淆,导致了"宗教的现代研究的理论性破产"(53)。

瓦蒂莫用"拟古主义"(Archaism)一词来描述能满足"从当前科技文明的扭曲和矛盾中解脱出来的期望"的东西(1992:31)。它能引发科技文明和资本主义的纯粹"乌托邦式"批判(33),并一直支持许多欧洲右翼党派的政治策略和社会运动，包括像罗马尼亚的米尔恰·伊利亚德等人的思想（至少其早期作品中的思想）。

约翰·吉尔林（John Girling）在《西方社会的神话和政治》(*Myths and Politics in Western Societies*, 1993) 一书中的观点似乎恰恰相反，他并没有回到假定的起点，而是向前看，强调神话不仅是传统的，而且由于社群进入不同的社会政治实体，神话确实也可以成为富有变化的重要载体。

> 神话是诸多关键变化的象征性表现，但对这些变化并不做"解释"。阐释神话所能做的是帮助我们理解为什么人们（我们自己）会对他们所遇到的情形做出某种反应。也就是说，为什么他们会表现得如此热切、真诚、不屈不挠、创造性地调动大众能量，甚至像"民主"神话那样做出与理性背道而驰的事。例如，美国的民权运动，或是其他调动相同精神能量但却推动了破坏性进程的社会行为，就像是"走向权力的意志"之类的神话，如冷战所激发的种种行为。
>
> （1993：170）

"神话的启发性特征"维持了群体的凝聚性（17）。神话并"不是不受时间影响的创造物，而是某些特定历史环境下的产物"（2）。当然，这意味着"当新的危机出现时，新的神话就出现了"（3）。我们已经做好了接受一个强有力的学术主张的准备，其观点是，"大多数神话……都服务于使现存秩序合法化；然而，新创造的神话受到的情绪性指控并不比它们之前的神话少，它们也可能给现存秩序带来挑战"（11，我所强调的）。

诚然，这个话题触及了意识形态、诠释、解释等方面的论题。就这一点而言，下面来自理查德·卡尼的话着实令我吃惊：

> 后现代想象的危机并不一定会让人宣告"想象的死亡"。阅读启示性的故事一般会让人把假想的事物理解为对模仿之物的纯粹模仿，即波德里亚所说的模仿之物的镜像游戏。诠释性阅读便与之同时发生。
>
> （1991：177-8，我所强调的，我用它来指代一种积极主动的、建设性的意义修订）

正是后面的这个重新解读"努力把想象的文本和其赖以出现的人文历史环境再次联系起来"。它"将创造力的危机重新定位在被我们哲学想象（现象学中的一个重点）重新描绘或预想过的世界语境中。流动性的能指符号所含有的启示再一次与表征情感和事件之生活世界的话语联系起来"（我最近在重新阅读保罗·利科，这使我深深怀疑，我们还可以从回归和重申诠释法之中学到很多东西，而这一研究方法也恰恰是后-后现代主义和后现象学的）。

在此，我们必须重新思考神话研究的重要性，即其在话语结构、历史性、语义学及现象学中的表述，强调它与现象学所定义的生活世界的交流，并认识到当代批评方法的激增（参见 Grossberg 1997：103-35，例如，谁提出了十个以上重要且又不同的"马克思主义文化解读策略"）。

总是有大量的神话艺术研究方法，我们由此想起了卡尼早已在其著作导读中写好的文字：

> 确实，想象处于我们存在的中心位置……希腊神话将想象的创造力量（工艺）追溯到普罗米修斯偷盗天火，而圣经故事却认为人类创造性的驱动力起源于亚当和夏娃的背叛。无论在上面哪个版本的故事中，我们都可以惊奇地发现，人类的起源和想象的起源之间有着怎样的巧合。
>
> （1991：1-2）

尽管是正确的，但泰勒让我们始终铭记，不要退回到示例性的远古时代所拥有的传统特权：

> 万事开头难，但是后现代主义的开端问题最多。后现代主义包含一个有关人类起源和独创性信仰的全面评论。对后现代主义者而言，起源这一概念是一部小说，它首先被构造出来，然后再被投射到人类堕落前的天堂之中，在那里，一切总是那么纯粹而美好……从后现代主义视角来看，没有东西是原创的，因此每一样东西都是再现性的。
>
> （1992：189）

皮平强有力地提醒我们，启示性想象的提前唤醒（技术称语为"预辩法"）不仅仅发生于人类起源之时，也存在于未来时代。然而，也许它确实像未来主义那样诙谐戏仿运作。哈钦曾用其对后现代主义略带政治色彩的观点说道，"后现代主义模仿是一种通过反讽和政治操纵肯定表述史的反自然化和质疑价值观的再现形式"（1988：94）。进一步而言，反语是我们在此内在互文语境中多个步骤中的一个，"让我们关注……整个表征过程……以及找寻可解决后现代矛盾的任何累加模式的不可能性"（95）。

皮平对持统治和整合的后现代主义者（37）发起的争辩，应该引起我们对神话研究的一些潜在假设的关注。我尤其记得西方文化中神话著作的传统，不论是读伊迪思·汉弥尔顿（Edith Hamilton）、罗伯特·格拉夫（Robert Graves）或是更近一些的提摩太·冈茨（Timothy Gantz, 1993），人们都会对统治、一致性留有印象。冈茨和许多其他学者最近打破了那个传统。他们把包括陶瓷上的文字和图案在内的诸多内容都囊括在纵跨古典神话各个分支流派的惊人范畴内,并认识到对某个特定希腊人物的崇拜如何因地而异的重要性(参见 Rose and Horublower 1996);一个地方与另一个地方的神灵样貌彼此契合是何其少有。

我们开始渐渐理解在当代法国古典研究中反复提到的一点,即奥林匹克万神殿从来没有真正被当作一个拥有完全统一性和单一所指的现实。我们兜售的是亚历山大学派收集和改编的神话故事清单,他们把所有故事都整理成简洁的摘要[主要的例子是阿波罗多洛斯(Apollodoros)的《文库》(*Bibliothēka*)],把各样的好东西都兜售给了我们。最有可能的情况是,许多同辈人也只不过知道一些极宽泛的叙事手法,而一代又一代学生却据此深信不疑地将神和女神们的品性铭记在心。然而,颇具诙谐戏仿或具有讽刺意味的是,如果希腊人没有遇到数百个表现样态各异的神话功绩的绘画和雕塑,希腊的神话艺术就永远不为人知。我们所认识到的并不是普世性的系统框架,而只是对某个神灵如何在其自身特定领地内显灵的一些零碎认知。

我希望能有几个新的、令人振奋的、重新解释的机会(否则我一生都在争取什么呢?)现在已经到来。它们不仅受到了各种专门的哲学流派的支持和推动,也受到了 20 世纪晚期更广大的学术研究领域内众多学科的青睐。这表明,信息过量带给我们的知识极具碎片化特性。在这一新信息语境中,我那本差不多有 350 页的作品刊载在《神话学:一部光盘的百科全书》(*Mythology: A CD-ROM Encyclopedia*, 2000)上。这本百科全书是在心理学家和神话学家吉内特·帕里斯(Ginette Paris)的指导下编纂而成的,是一本广泛涉及教育和研究的工具性著作。我不会独自一人阅读几乎所有可以想象的重要的古代神话文本/译文,以及所有主要的现代手册和评注、词汇表、神话百科全书和新心理学研究。

"Questia:学术书籍的在线图书馆"计划在两年内以最低的订阅价格向公众提供 25 万本以上的书籍和杂志。在佛蒙特州西阿灵顿的奇昂科斯·布鲁克公路旁的一间无管道设备的小木屋中,我写完了不止一本著作,并在那里的一间杂货店收发传真和邮件。科技交流在千禧年末(诚然,这是一个武断的描述)迎来了革命性发展,现在和未来的神话艺术将会是怎样的一个奇迹啊!

从 1990 年开始,像弗兰克·雷诺兹(Frank Reynolds)和大卫·特雷西(David Tracy)共同编撰的《神话和哲学》(*Myth and Philosophy*, 1990)、劳伦斯·哈塔布的《神话和哲学:真理之辩》(*Myth and Philosophy: A Contest of Truths*, 1990)等诸多哲学性研究不断在神话艺术研究领域内发声,他们中的一些声音也在本论文集中有所体现（参见 Doty n.d.）。对于他们的到来，我要高呼，来得正是时候，欢迎！① 整个神话探索的学科开始在一个不受变化或多元性威胁的氛围中蓬勃发展，其灿烂的明天也指日可待，如梅西安（Messiaen）在音乐方面的构想便是无休止地朝天国般的和谐敞开怀抱；亦如约翰·塔凡纳（John Tavener）的愿景那样，将音乐向下或向后无限延伸，甚至达到像欧洲合唱队那样令人生畏的程度；同时，加尔文·克莱恩（Calvin Klein）为男士内衣最近做的广告可谓是最新潮的。

附言1：

　　这一刻的到来，是因为先锋派（现代派）无法再发展下去，因为它在一种不可能的文本中提出了元语言（概念艺术）。后现代派对现代派的回应包括如下见解：因为过去不能被真正消灭，因为过去的灭失会导致沉默，所以过去不得不被重新审视，但这却充满了反讽，而非天真无邪。

（Umberto Eco，引自 Jencks 1987：20）

附言2：

　　对于一个开放型社会而言，其最具可行性的风格不是现代主义和新古典主义彼此融合的混合体……而是某个承认互相背离中人类脆弱位置的新模态。在那里，我们离弃了完整统一的基督教文化的确定性，从过去获得了某种确定身份，却又依赖或享受快速发展的科技所带来的成果。通过这些碎片和非连续性，我们的情感得以被塑形和建构。但是，我们完全不反感它们所必需的异质性。相反，我们欣赏它们因日常生活中的连续性而产生的混杂美感。相比之下，被整合而成的系统显得造作且狭隘。

（Jencks 1987：271）

---

①我的《神话艺术》（*Mythography* 1986 年）第一版的读者将会在第二版（2000 年）中发现更多关于哲学问题的讨论。

参 考 文 献

Aronowitz, S. and Giroux, H. A. (1991) *Postmodern Education: Politics, Culture, and Social Criticism*, Minneapolis, MN: University of Minnesota Press.

Bal, M. (1991) *Reading "Rembrandt": Beyond the Word-Image Oppsition*, New York: Cambridge University Press.

Barthes, R. (1972) *Mythologies*, trans. A. Lavers, New York: Hill and Wang.

Best, S. and Kellner, D. (1991) *Postmodern Theory: Critical Interrogations*, New York: Guilford.

Brunette, P. and Wills, D. (1994) *Deconstruction and the Visual Arts: Art, Media, Architecture*, New York: Cambridge University Press.

Caputo, J. D. (1997) *The Prayers and Tears of Jacques Derrida: Religion Without Religion*, Bloomington, IN: Indiana University Press.

Dellamore, R. (1995) *Postmodern Apocalypse: Theory and Cultural Practice at the End*, Philadelphia, PA: University of Pennsylvania Press.

Doty, W. G. (1980) "'Hermes' Heteronymous Appellations," in James Hillman (ed.), *Facing the Gods*, Irving, TX: Spring Publications.

——(1986[2000]) *Mythography: The Study of Myths and Rituals*, Tuscaloosa, AL: University of Alabama Press.

——(1993) *Myths of Masculinity*, New York: Continuum.

——(1995) "Silent Myths Singing in the Blood: The Sites of Production and Consumption of Myths in a 'Mythless' Society," in W. G. Doty(ed.), *Picturing Cultural Values in Postmodern America*, Tuscaloosa, AL: University of Alabama Press.

——(1999) "Exploring Politico-Historical Communications of Mythologies," *Bulletin of the Council of Societies for the Study of Religion*, 38: 9–16.

——(n.d.) "Modern and Postmodern Mythic Existence," in G. Schrempp and W. Hansen(eds), *Symposium on Myth*, Bloomington, IN: Indiana University Press.

Fekete, J. (1987) *Life After Postmodernism: Essays on Value and Culture*, New York: St Martin's.

Gantz, T. (1993) *Early Greek Myth: A Guide to the Literary and Artistic Sources*, Baltimore, MD: Johns Hopkins University Press.

Geertz, C. (1995) *After the Fact: Two Countries, Four Decades, One Anthropologist*, Cambridge, MA: Harvard University Press.

Gill, S. D. (2000) "Play," in W. Braun and R. T. McCutcheon(eds), *Guide to the*

Study of Religion, New York: Cassell.

Girling, J. (1993) *Myths and Politics in Western Societies: Evaluating the Crisis of Modernity in the United States, Germany, and Great Britain*, New Brunswick, NJ: Transaction.

Grossberg, L. (1997) *Bringing it All Back Home: Essays on Cultural Studies*, Durham, NC: Duke University Press.

Grossberg, L., Nelson, C. and Treichler, P. (eds) (1992) *Cultural Studies*, New York: Routledge.

Harvey, D. (1989) *The Condition of Postmodernity: An Enquiry into the Origins of Cultural Change*, Cambridge, MA: Blackwell.

Hatab, L. (1990) *Myth and Philosophy: A Contest of Truths*, LaSalle, IL: Open Court.

Hillman, J. (1995a) *Kinds of Power: A Guide to its Intelligent Uses*, New York: Doubleday.

——(1995b) "A Psyche the Size of the Earth: A Psychological Foreword," in T. Roszak, M. E. Gomes, and A. D. Kanner (eds), *Ecopsychology: Restoring the Earth, Healing the Mind*, San Francisco, CA: Sierra Club Books.

Hosking, G. and Schöplin, G. (eds) (1997) *Myths and Nationhood*, New York: Routledge.

Hutcheon, L. (1988) *A Poetics of Postmodernism*, New York: Routledge.

——(1989) *The Politics of Postmodernism*, New York: Routledge.

Jencks, C. (1987) *Postmodernism: The New Classicism in Art and Architecture*, London: Academy.

Kearney, R. (1991) *Poetics of Imagining: From Husserl to Lyotard*, New York: Routledge.

Lakoff, G. and Johnson, M. (1999) *Philosophy in the Flesh: The Embodied Mind and its Challenge to Western Thought*, New York: Basic Books.

Lash, S. (1989) *Sociology of Postmodernism*, New York: Routledge.

Magnus, B. and Higgins, K. M. (eds) (1996) *The Cambridge Companion to Nietzsche*, New York: Cambridge University Press.

McCutcheon, R. T. (1998) "Redescribing 'Religion' as Social Formation: Toward a Social Theory of Religion," in T. A. Idinopulos and B. C. Wilson (eds), *What is Religion? Origins, Definitions, and Explanations*, Boston, MA: Brill.

Paris, G. (2000) *Mythology: A CD-ROM Encyclopedia*, vol. I: Greek and Roman, Beta 2.1 release, Los Angeles, CA: Multimedia. com Inc.

Pippin, T. (1998) "The Never-ending Apocalypse: On Myth and Postmodern Philosophy," Conference paper prepared for Myth and Philosophy conference, Wesleyan College, Macon GA.

"Postmodernism and beyond…" (1989) Editor's introduction, *Utne Reader*, July/August.

Reynolds, F. E. and Tracy, D. (eds) (1990) *Myth and Philosophy*, Albany, NY: State University of New York Press.

Rose, H. J. and Hornblower, S. (1996) "Epithets, Divine, Greek," in *The Oxford Classical Dictionary*, 3rd edn, New York: Oxford University Press.

Rosenau, P. M. (1992) *Postmodernism and the Social Sciences: Insights, Inroads, and Intrusions*, Princeton, NJ: Princeton University Press.

Sartwell, C. (1995) *The Art of Living: The Aesthetics of the Ordinary in World Spiritual Traditions*, Albany, NY: State University of New York Press.

——(1996) *Obscenity, Anarchy, Reality*, Albany, NY: State University of New York Press.

Scarborough, M. (1994) *Myth and Modernity: Postcritical Reflections*, Albany, NY: State University of New York Press.

Sims, S. (ed.) (1999) *The Routledge Critical Dictionary of Postmodern Thought*, New York: Routledge.

Taylor, Mark C. (1986) *Deconstruction in Context: Literature and Philosophy*, Chicago, IL: University of Chicago Press.

——(1992) *Disfiguring: Art, Architecture, Religion*, Chicago, IL: University of Chicago Press.

——(1997) *Hiding*, Chicago, IL: University of Chicago Press.

Vattimo, G. (1992) "Myth Rediscovered," *The Transparent Society*, trans. D. Webb, Baltimore, MD: Johns Hopkins University Press.

Weigle, M. (1989) *Creation and Procreation: Feminist Reflections on Mythologies and Cosmogony and Parturition*, Philadelphia, PA: University of Pennsylvania Press.

Welton, D. (ed.) (1998) *Body and Flesh: A Philosophical Reader*, Malden, MA: Blackwell.

——(ed.) (1999) *The Body: Classic and Contemporary Readings*, Malden, MA: Blackwell.

第八章　神话与环境哲学

杰·贝尔德·卡里考特

环境问题超越政治边界如今已是老生常谈了；同时，它也超越了文化的疆界。例如，濒临灭绝的西伯利亚丹顶鹤从信仰萨满教的西伯利亚启程，飞越信奉东正教的俄罗斯，途经敬拜佛教的中国西藏及尊奉伊斯兰教的阿富汗，最后到达敬奉印度教的印度。因此，行之有效的环境伦理观必然是多元的。正如我的一位新加坡同事所描述的那样，作为这个星球上的人类，我们必须发展符合生态标准的环境伦理观。这一点在一些有代表性的地方文化的"规范"中都有所表现。

西方世界也指称一种"地方文化"，不仅拥有独特的历史，也有奇异的习俗。虽然"生态学"一词家喻户晓，但是，在像法国和美国这样典型性的西方国家中，绝大多数人还不知道世界上存在什么"生物多样性危机"，即地球在其长达35亿年的历史上正在遭受第六次大灭绝带来的种种剧痛（Kellert 1996；Raup and Sepkoski 1984）。古生物学家认为，我们不能把前五次大灭绝归咎于某个蛮横物质的胡作非为（Raup 1986）。人类极有可能是第一批使地球遭受生物大灭绝的生物。如果前五次物种大灭绝都是由于巨大流星撞击地球所致（Raup 1988），如恐龙时代的那次流星大碰撞，那么人类可能就是第一个使这个星球遭遇物种大灭绝的陆生物种（Alvarez et al. 1980；Rampino and Strothers 1984）。由于术语的高大上，科学对普通人而言总是晦涩难懂的。正因为如此，要想让西方世界及其他各地的人们有机会接触和了解符合生态标准的环境伦理观，就必须用各个地方文化所独有的表征系统将这一伦理观呈现出来，而且这种所谓的表征系统往往指的就是宗教文化的规范。

在西方，通过宗教推进环保工作正在有序有效地进行中（Oelschlager 1994）。简单来说，基督教和现代科学作为西方历史上两种共存的文化符号，它们时而和谐共进，时而势不两立。尽管现代（Morden，我简要解释一下为什么这个词的首字母自始至终都用的大写）科学可能缺乏环保价值观，尽管从科学

159 中派生出来的现代科技可能正是许多最令人苦恼的环境问题的罪魁祸首,但也正是科学让我们确信这些环境问题确实存在极其严重的程度。换言之,如果没有现代科学的助纣为虐,平流层臭氧中就不会含有氯氟烃,动物脂肪组织中就不会有多氯联苯,就此而论,也就不会有地球的大灭绝。然而,如果没有现代科学的警戒,我们对平流层臭氧中的氯氟烃和动物脂肪组织中的多氯联苯乃至地球大灭绝就不可能有批判性的话语;如果没有生物分类学的专业知识,上述种种生态现象只能在局部层面上被部分性地观测,却仍然无法真正窥见其真容和本质。无论如何,基督教都不可能为现代环境问题承担责任(White 1967)。抛开相关圣经文本语境及那些严厉的阐释,在《创世记》第一章第 26 至 28 节中,上帝将"人"定义为照自己的形象创造出来的独特之物,且给了人类统管地上万物的权力,同时也命令人类生养众多,乃至遍地皆有。20 世纪的科技奇迹和环境危机正是两三千年来人类努力实现这一命令的结果,或许人类过去也一直就是这么断言的(White 1967)。

在这种指责的刺激下,一些基督教信仰的忠实信徒以文化编码而成的环境伦理予以回应。这种回应行为如今已被较好地制度化了,并拥有了一个恰当的名字:总管式环境伦理(Oelschlager 1994)。在《创世记》第一章中,上帝在创造人类之前,先造了其他各样活物,且这些创造分别都被上帝赞为"善"。因此,在环境伦理学的当代术语语境中,非人类创造的物似乎真的可以被说成具有神所赋予的本质价值。根据《创世记》第二章,人类(亚当)被安置在伊甸园(自然)中"耕种和看管它",所以统管(dominion)被理解为"照看"(care)。在该文本的第三章,人类因为误解和违背了上帝给他的命令而走向了"人类的堕落"。女性主义神学家罗斯玛丽·拉德福德·鲁瑟(Rosemary Radford Reuther)指出,犹太教和基督教为环境伦理学所能提供的信息远比一个总管式环境伦理观要多。在她看来,尽管总管式环境伦理观有些高高在上和家长制的意味,但它仍旧是基督环境伦理学中最为人们熟知和受欢迎的一种(Reuther 1997)。无论如何,这都是一个真实的历史事件,即基督徒从古代的原始素材中精心打造出自己的环境道德,但这种环境伦理观依然具有浓郁的宗教色彩。

也正如鲁瑟所指出的,《创世记》的作者或是其他任何圣经文本的作者力图书写的环境伦理,其差别并不大。对此,我发自内心地表示赞同。她还说,圣经文本在不断激活和改变神话,面临种种新挑战的当代卫道士可以在其叙述结构范畴内对这些神话予以重新诠释,使它们能够继续有效地服务于他们的拥护者。当前,我们最紧迫的挑战就是环境危机。以真实的历史事件为例,在我最近出的一本书中（Callicott 1994），我曾代表全球环保主义者提出了一个自问自答的问题，即我们可以用地球人解释周围世界的方式来解释《古兰经》（the Qur'an）、《论语》（the Analects）、《薄伽梵歌》（the Bhagavad Gita）、《道德经》（the Tao Te Ching）、《库木里坡圣歌》（the Kumulipo）①、《梦幻时光》（the Dream time）②及其他一系列宗教经文吗？

我知道如此大范围的调查会招致很多非议。但是，我希望这些责难中的大多数是针对书中探究研究方法的那些章节，因为这些部分致力于探讨如何从世界著名宗教（伊斯兰教、印度教、儒教及基督教）和本地极具代表性的本地传统（如波利尼西亚人、因纽特人及欧及布威族印第安人的传统文化）中梳理出生态伦理观。我已贸然涉足于多个专业领域，并期望专业人士能够对我这个外行所犯的种种错误给予批评指正。事实上，这也正是我计划中的一部分。如果我能够激起更专业的学者去改正我在阐释中所犯的错误，那么，此书的全部计划，即致力于发展各文化圈所独有的生态伦理观的全球资源库，将会得到充足的进展（尽管在此过程中我一定会遭遇某些窘境）。但是，到目前为止，除了詹姆斯撰写的文章以外（James 1998），这一领域内读过我这本书并发表评论的专家都非常的友好和宽厚。令我吃惊的是，引发争议最多的居然是我对"重建后现代环境伦理观"及体现这一伦理观的新神话观的陈述。因此，我想在这里着重谈一下这个问题。

诚然，无论在南亚和北欧，还是在中东和中西部，我们总需要环境伦理观。在我们这个历经千年的多元化地球村中，试图把西方的环境伦理观强加于非西方的民族身上，就像试图把西方的宗教信仰和政治结构强加给他们一样居心不良和无济于事。然而，从早忙到晚，整理一卷卷隶属特定文化的环境伦理思想，似乎并没有让我感到满足。目前，最紧迫、最令人畏惧的环境问题，如气候变化、物种灭绝、生物同质化，以及从基因到生物群落的生物多样性在各个组织层面上的消失等问题，都是全球性的（Schneider 1990；Wilson 1988；Reaka-Kudla et al. 1977）。再者，还有全球大气层和全球海洋等方面的环境问题。因此，在我看来，我们如果要对这些受道德启发所形成的生态保护政策进行协调的话，就有必要协调几个植根于萨满教、东正教、儒教、佛教、印度教及伊斯兰教等宗教的生态伦理思想。

---

① 在夏威夷语中，《库木里坡圣歌》是颂赞神灵创造天地之事的圣歌。——译者注
② 《梦幻时光》是讲述世界开端的澳洲神话故事。——译者注

我由衷地赞同多元文化论和多元论。我们多久才会读一篇横向比较和推论的文章，并在读完之后重新体会一下当时的感受？无论哪一种传统都在传递一个相同的普世真理，但各自所用的语言和形式有其独特之处。因此，婆罗门、道和上帝彼此等同。在语言上做如此的校订不仅很无聊，而且是扭曲的。数千年以来，不管在地球上的什么地方，人类智慧的创造力无不令人惊叹。现在，进入了后现代时期，我们意识到思想是一个从社会和文化上构建有意义的"现实"的过程，而不是致力于寻找独立存在的现实。但是，正如先前走向普遍主义和绝对主义的趋势，由于缺乏对立观点的调和补充，多元文化论和多元论不仅可能存在很多问题，还有可能会让人产生认知曲解。

我们有必要精心安排一些与自然和谐相处的声音。否则，这些不同的声音会相应地在不同人群中产生不同的保护政策……正如在同一时刻，一群人唱歌剧，另一些人唱爵士、流行乐、摇滚和说唱（这确实不是一个令人愉快的景象）。因此，在一个乐队中，除了每一位音乐家的乐谱外，还要有一个具有同等音乐水平的指挥家，这样才能让所有演奏者协同奏出美妙的交响乐。虽然我们生活在不同文化形态的世界中，但我们在生态意义上却又生活在同一生物圈中。一想到这，我就备受鼓舞。无论事态是好是坏，也不管我们喜欢与否，几乎我们每一个人如今都具有双重文化身份。也就是说，几乎每一个人至少是某一种地域文化的一员和参与者（事实上，我们许多人游走在几种文化之中），又是地球村文化中的一员和参与者。

关于暗示和修辞性的比喻，我们就谈这么多。在全球环保问题上，我们如何解决"一对多的问题"（如果我可以这样称呼的话）呢？又如何统一和协调基于世界上各个宗教和当地世界观所形成的多元文化生态伦理呢？我建议我们应该先假定一个国际性或全球性的环境伦理观，再用国际性或全球性文化的共通智慧对其予以表现，最终指出这种环境伦理观与旨在统一和协调各特定文化伦理观之间的关联。商贸话语、地理政治学话语和政府关系话语及最为重要的科学话语就是几种遍布全球的话语。一般认为，商贸话语与环境伦理恰恰相反。政治话语通常被认为是执行环保政策的全球性框架，而不是环保政策得以实施的根本性基础。这样，就只剩下科学话语了。虽然人们在印度、中国和中东所信奉的宗教截然不同，但应用于各地的科学却是相同的。因此，如果某一环境伦理观可以植根于科学的基础上，那么它至少将得到具有双重文化身份的人的普遍理解和接受。我认为，在我们步入第三个千禧年时，世界上大多数人已经具备了双重文化身份。环境伦理几乎完全植根于科学之中，尤其对进化生物学和生态学而言,情况更加如此。这正是奥尔多·利奥波德(Aldo Leopold)的土地伦理观,也是我长久以来一直捍卫的观点(Callicott 1989)。

简言之,利奥波德大量借用了达尔文对伦理观的起源和发展的陈述,并加入了生态元素(Leopold 1949)。达尔文认为,身为一种典型的社会性物种,现代智人逐渐形成了自己的道德观,进而促使原始群落不断走向合一。相反,离开族群,人类将无法生存和繁衍下去(Darwin 1871)。达尔文还论道,现代智人基本上继承了类人类、灵长目动物和哺乳动物祖先的社会性本能和悲悯情怀;然后,当进化的物种掌握了语言、具备了丰富的想象力和足够的智慧去评价和记录各种社会性行为的影响时,那些意在促进社会融合的行为都被视为善的行为,而那些蓄意削弱社会融合的行为则被视为恶的行为(Darwin 1871)。正如达尔文所言,"如若谋杀、抢劫、背叛在一个社群中随处可见,那么就没有一个部落能够聚集在一起;因此,在同一部落内,这样的罪行'永远是臭名昭著的'"(Darwin 1871:93)。利奥波德言简意赅地指出,我们周围的生物界在生态学中表现为一个"生物群落"(Leopold 1949:203)。当自然的这一表现形式被广泛接受时,我们祖先的社会性本能和悲悯情怀将被激发出来,继而理所当然地发展出"土地伦理观"。利奥波德的名作《沙乡年鉴》(*A sand County A lmanac*)致力于说服读者接受进化论的生态观,并认为其他物种是我们系统发生学意义上的近亲和工作伙伴。

由此可见,利奥波德的土地伦理观似乎偏爱现代科学;然而,许多当代环境主义者却认为,现代科学更多的是问题,而非解决问题的方法;或许,我应该将问题(Problem)一词变成复数,且将其首字母大写,来显明现代科学的确是一个急需解决的重要问题。诚然,环境论者和自然保护主义者享受了现代科技带来的益处(印刷机、汽车、抗生素)并不亚于其他任何人。但是,因现代科学的启发而出现的一些技术(链锯、推土机、滴滴涕)也已污染和破坏了自然环境,还有一些技术(绿色改良作物、工业林业及其他资本开拓计划)一直在肆意践踏当地生物区域经济和物质文化,更别提那些军事科技了(机关枪、坦克、轰炸机、地雷),它们在20世纪已经使数以百万计的人丧生或残废。如果上述思考还不足以取消现代科学作为国际或全球生态伦理通用语的资格,去统一和协调世界各地蓬勃发展的众多特定文化的生态伦理,那么我们就需要考虑以下问题:现代科学的通用话语一直断言,只有它们是唯一能够接近现实之真理(Reality 和 Truth 的首字母都大写)的路径,其他文化因为其脆弱的知识体系已被贬为神话和迷信而遭摒弃了。这种认识上的傲慢自大不仅让人难以容忍,而且对植根在前现代观中数百年的水文和农业体系造成了巨大的破坏。这让我想起了巴厘岛（Bali）上那个令人叹息的事例（下文还会有更多的相关陈述），但毫不夸张地说，我也可以举出数千个其他事例（Lansing 1991；Lansing and Kremer 1995）。

这就是我为什么一直在强调，人们能够普遍理解和接受的环境伦理观是建立在后现代科学而不是现代科学的基础上。这有什么区别吗？"后现代科学"一词不是一种矛盾修辞法吗？对此，我将解释我的理解。

首先，什么是现代？根据哲学历史学家的时间表，我们知道，现代始于17世纪，亦即始于"现代哲学之父"笛卡尔对这段历史的极简化课堂描述。我认为，推动现代哲学发展的最重要因素是16世纪初期伴随哥白尼式革命而涌现的现代科学。在完全成形后，现代科学主要以笛卡尔的还原论、牛顿的唯物主义机械论和实证方法为代表。随着20世纪早期量子理论、狭义相对论和广义相对论（这些理论是后现代出现的最重要基石）的出现，第二次科技革命应运而生，于是还原论、唯物论和机械论被颠覆了。所以，现代时期结束之时恰巧也是20世纪开始之际。再者，大概自20世纪中期以来，与现代科学相关的形而上学和认识论遭到了持续而尖刻的抨击。因此，我们当下在科学和哲学这两个领域都已完全步入了后现代时期，即现代退出历史舞台之后的时期。

笛卡尔开始极大地推动重构认识论和形而上学的进程，以适应由哥白尼、开普勒和伽利略重构的自然世界和牛顿日臻完善的论题。因此，在我看来，现代哲学的本质特征伴随着笛卡尔所阐述的广延世界（可拓世界或物理世界）和思维世界（思想的非物理世界）之间由于形而上学的分裂而产生相关问题。

这种二分法是现代哲学的核心问题。有人会问，为什么笛卡尔能够在思维和外延物、精神和物质之间做出如此犀利且又意义重大的区分呢？我认为，笛卡尔之所以做此区分，从现代科学的视角来看，主要是因为物质世界与我们通过感觉所感知到的世界截然不同。我们所感知的世界富有多种感觉特质，如颜色、声音、气味、质地、味道等等。然而，真实的世界没有这些特质，现代科学为之建构了一系列可供测量的数字系统，如动态、频率等，进而替代了这些感官特质。为了解释这一矛盾性的差异，笛卡尔认为，我们对物质世界的感知体验完全是主观性的，且这种认知源自认知实体（res cogitans）的感觉器官。认知实体也包括非凡的推理能力，它不仅能够纠正我们的感觉对客观世界所形成的虚假认知，也可以用数学语言构建真实表征"外在"物质世界的科学模型。简言之，科学描述或表征某个被假定的伸延性实体（res extensa），即物质世界。

然而，由于被幽禁在认知实体内部，笛卡尔的自我意识永远只能认识到精神性的意象或假定性"外在"现实的观念，从来不能自如地触及精神之外的现实。因此，我们无法走出自己的心灵，直接去体悟未经认知实体运作的客观现实，并将此客观现实与精神模型做对比。因此，笛卡尔留给现代哲学家的核心问题是，如何实现精神世界的主观意象和物质世界的客观本质之间的完美契合。

那么，什么是后现代呢？事实证明，现代哲学提出的真理问题很难解决。笛卡尔本人，包括后来研究认识论的大批堂吉诃德式的人物，都没能逃脱由他的二元论所导致的不可知论。但考虑到二元论本身，不可知论也是不可避免的。后现代主义的本质特征是，对现代哲学和现代科学的浮夸予以揭露，尤其对他们所宣扬的绝对真理进行批判和解构。重构后现代科学的基石是不确定原则（the Uncertainty Principle）。事实上，极具解构主义特性的后现代主义将唯我论纳入了笛卡尔的现代哲学思想体系。客观存在的表征，即世界观，是一种社会性的建构而非个体性的想象。我们所知道的客观世界，只存在于我们的话语之中，而非仅仅存在于我们的心灵之中。在以解构主义为特性的当代后现代主义中，笛卡尔的"我思故我在"被重述为"以什么名字指称事物，那东西便因此就是什么"。

因为没人能够直接理解某个未经媒介表征的客观现实，也无人能将这一客观事实看作对此事实进行社会性构建的各种表征符号，我们不禁得出这样的结论：所有社会性构建的现实在认识论上是相同的。我们可以自由地选择相信或不相信任何一种我们所选择的现实之表征，或任何话语。当意识到我们的认识能力永远无法理解某一客观存在的现实，以及我们所理解的都是某一话语之下的社会性建构表征时，我发现两者都很难向前再进一步。前者是绝对的形而上学的唯心主义，认为不存在有什么独立于认知实体（被重构为话语）之外的伸延性实体。与形而上学的唯心主义思想等同的是，以解构主义为本质内涵的后现代主义认为，文本之外再无他物。后者是绝对的相对主义，认为对令人难以琢磨的现实进行社会性建构的表征没有一个是站得住脚的。我相信，存在一个独立于话语之外的客观现实，但我们无法直接理解它。它确实存在，但它是由我们人类感官和它在我们社会建构的有关它的话语中的表现方式所协调的。因此，我们无法拿现实的各种文化表征方式与现实做比较，去看看哪一种表征方式更加接近现实，即看看哪一种表征方式更加真实。但是，正如我将要进行简要论述的，我们可以给出种种理由去解释哪个论断更有说服力。

在我看来，尽管以解构主义为本质内涵的后现代主义是批评的有效工具，但它缺乏更肯定性的思想锤炼，所以它会引发虚无主义和犬儒主义。幸运的是，针对颇具解构属性的后现代主义，还确实存在一个重构性的替代选项。弗雷德里克·费雷（Frederick Ferré）和斯蒂芬·图尔明（Stephen Toulmin）等很多人都推动了以重构主义为本质内涵的后现代主义的发展。目前，大卫·格里芬为桑尼出版社编辑了一套题为"构建性的后现代思想"的系列丛书〔我最近为该丛书添加了一个附带性的标题（参见 Ferré 1976；Toulmin 1982；Callicot and da Rocha 1996）〕。在科学家当中，量子物理学家戴维·玻姆（David Bohm）反对那些科学哲学家的观点，他是重构式后现代科学世界观的最坦率的缔造者之一（Bohm 1994）。

我来简要谈谈重构式后现代科学世界观的一些最显著特征。从本体论的角度来看，科学不再支持牛顿将时间和空间看作一个剧院，且里面汇聚了物质的运动、碰撞和重组等形式的表征模式。也就是说，科学不再支持唯物主义机械论的世界观。欧几里得的时空不再是一个与物质和能量保持相对关系的母体（玻姆称之为"意指秩序"），而只是不同的表现形式或模式（Bohm 1994）。物质实体的存在是内在的彼此关联和相互界定。从认识论的角度来看，以重构主义为本质内涵的后现代主义否认了现代科学对某些知识的实证主义学说。作为观察者的科学家可不是一个离身的观察者（a disembodied spectator），即漫不经心地观察自然世界。不确定性是人类对大自然认知活动的基本特性。

我个人认为，生态学强调联系和整体，这显然属于后现代科学的范畴。由于外行人很容易理解它，尤其经过像奥尔多·利奥波德这类作家的传播，比起晦涩难懂的相对论和量子理论，它更直接地促进了重构式后现代世界观的发展。另一方面，作为19世纪的一项理论进展，进化论无疑是现代科学而非后现代科学。有人甚至说，根据自然选择规律，达尔文为解释物种形成提供了"机械论"。然而，当进化论延展到现代智人身上时，它会进一步削弱笛卡尔对申延性实体和认知实体的二分。从进化论的视角来看，人类是早熟的灵长类动物，人类思想并非完美的实践性生存工具，也不是貌似神圣的知识理论工具。此外，进化论同样削弱了把人类和自然分割开来、并行发展的二元论。从进化论的角度来看，人类只是自然界的一部分，我们应该作为自然的参与者而非局外人来理解自然。因此，人类的认知从来都不是客观的，而总是处于各种各样的情境和背景之中，且始终浸透着认知者的情感。

随着重构式后现代主义的成熟和现代主义世界观的衰竭，后现代世界观的重构转变成后现代宏大叙事的重构，即后现代神话的重构。毕竟，世界观的概念是可疑的视觉认知，也可以说是笛卡儿哲学的残余和现代主义的惯例。神话起初是通过说和听来叙述的，记录下来以后，才派生性地让眼睛有机会去一睹神话的风采。毫无疑问，神话叙事仅仅是故事而已。这种叙事绝非永恒真理，也绝不是确定无疑的；它只是一种自白，再无其他。当一个叙事讲述一个详尽的故事，详尽到无所不包时，此叙事也许就被赋予了"宏大"的特质。

神学家托马斯·贝里（Thomas Berry）和物理学家布莱恩·斯威姆（Brian Swimme）共同创作了《宇宙故事》（The Universe Story，1992）。他们联合天文学家艾瑞克·查森（Eric J. Chaisson）、比较文学家玛丽·伊夫琳·塔克（Mary Evelyn Tucker）和约翰·格里姆（John Grim）、哲学家洛亚尔·鲁（Loyal Rue）和神学家戈登·考夫曼（Gordon Kaufman）等人共同创作了宇宙进化史诗。这一史诗有序地论述了诸如《创世记》、《神谱》、美索不达米亚的史诗《埃奴玛·埃立什》、夏威夷颂歌《库木里坡圣歌》和一些类似的传统起源神话中的诸多问题。洛亚尔·鲁曾说：

> 进化史诗是一种跨学科的杂乱无序的事件叙述，这些事件把我们的宇宙从布赖恩·斯文梅和托马斯·贝里所说的"原始大爆炸"带到了当前这种惊人的多样化的状态和组织之中。在这些史诗般的叙述事件中，物质从放射性的能量中升起来，分离出银河系，崩裂为万千星辰，熔解成原子，像行星那样盘旋，经重组变成了分子，分子又组成了细胞，细胞再突变成物种，物种继而组成了生态系统，进而产生了思想，最后形成了文化。

（Rue n.d.：4）

虽然我已成为新近成立的进化论史诗社团的董事会创始成员，但需要尽快说明的是，这并不是我研究的课题。相反，我打算开展更适中、更具地球性而非宇宙性的生态进化（半宏大）神话叙事研究，其目的仅限于建立一个世人都可以理解和接受的环境伦理观。与斯文梅、贝里和其他同事的创造相比，我的故事脉络相对狭隘，整个故事的情节还有待完善（出于种种原因，我会尽快去做）。然而，其他更受欢迎更为人所熟知的后现代运动的支派，如解构主义学派，已经被我的故事惊动。可以阐明的一个观点是：先前被称为"主叙事"的宏大叙事一直以来极具集权和霸权特质。之所以说集权是因为他们志在全面性；之所以说霸权是因为他们宣称唯有自己的叙事才是真实的，他们忍受不了其他组织、其他根据自己的理解所做的不同叙事。这样的例子不胜枚举。古代的《摩西五经》和中世纪的《古兰经》依然充当着集权和霸权式主叙事的范本。《国富论》和《资本论》是比较现代的世俗文本，它们也同样充当着集权和霸权式主叙事的范本。作为哲学家，我认为，最隐秘的现代主叙事当推哲学家笛卡尔的《哲学沉思集》和牛顿的《自然哲学的数学原理》。然而，这些古代的、中世纪的和现代的神话文本都没有宣扬自己是叙事、故事和神话。它们以不同的方式被宣称为神的绝对话语和已显明的理性哲学，自然科学和社会科学被认为具有自由、公正客观且确定无疑的（绝对的）价值，不一而足。如果把你的经历当成故事去说，并称其为神话、史诗或者宏大叙事，那么它不仅否定了要表现真理的意图，也否定了用其他方式令人信服地组织某种经历的可能性，以及讲述其他有意义的故事的可能性。

这并不是说，我认为某些故事并不比其他故事更可信、更能站得住脚，这一点我之前已有所暗示。所有的故事都是虚假的，但我认为基于后现代科学构建而成的故事比起那些早于科学而出现或忽略科学的故事更可信，更能经得起推敲。究其原因，主要有如下六点：

第一，神话叙事要想真的宏大，它必须相对全面，且必须全面考虑到相关的人类阅历。在过去的四百年里，人类在对现代科学和后现代科学的探索中已经极大地拓宽了阅历。通过光年和地质年代，我们在很大程度上扩展了认知时空的视野。我们再也不能忽视像类星体、黑洞、化石记录、线粒体DNA、关键物种之类的东西。凡是忽视这些宏大神话叙事的都不能称宏大。

第二，任何与上述事物相违背的宏大神话叙事都是不可信的。在罪犯的审理过程中，如果被告人的陈述与实际的物证不相符，那么原告律师将有可能说服陪审团使他们相信被告人的陈述不可信。同理，如果一个宏大叙事与化石记录或者逐渐扩大的宇宙相冲突，那么它也同样不可信。

第三，虽然"愚蠢也许与缺乏智慧的小精灵是一脉相承的"，但短暂的现代生活要求我们，任何非愚蠢的描述都应具有逻辑上的一致性。如果在罪犯审理中，被告人的陈述本身就不一致（自相矛盾），那么原告律师有可能会说服陪审团，使其相信被告人的陈述是胡说八道。《创世记》前几章提到的两个起源神话明显不一致，这在现代之前可能不会困扰读者；如今，评论家抓住这一明显的前后矛盾进行了批判，而虔诚的信徒们也努力使上帝六天创造天地万物的描述与伊甸园的描述相一致。在任何批判性实验得以开展之前，其所基于的科学理论应满足不矛盾法则。因此，具有后现代科学气息的宏大神话叙事在逻辑上较其他叙事更加连贯，更加可信。

第四，虽然后现代科学可能会提出与现代科学截然不同的本体论，并且对其做出最合理的阐述，但现代科学和后现代科学之间还是存在连续性的，否则后现代科学就不是科学。在用后现代科学方法去检验模式、假说和历经实践考验的理论时,这种连续性表现得最为明显和全面。与慎重发现的新经验相矛盾的假说、理论和模式最终都会被遗弃。因此,科学结论总是暂时的,总是被修订的,常常是同行评审的墨迹未干就又遭修改。有鉴于此,后现代科学和宏大神话叙事总是随人类的阅历和需要而自我更正,并且处于不断的变化之中。

第五,一个好故事,一个站得住脚的故事必须具有美学和精神上的吸引力。现代宏大神话叙事将精神和肉体、物质和意识、人和自然分离开来,将自然概括为毫无价值和意义的空间、时间及毫无特质的细胞,这种宏大神话叙述在精神上是贫瘠上的。然而,仅从正常的数学逻辑的感知上来看,它的确具有一定的美学吸引力;但从更感官的角度来讲,它毫无美感可言。后现代科学在美学和精神上的潜力是无穷大的。《宇宙故事》和《进化史诗》(*Epic of Evolution*)的作者正在推进这两方面的发展。在全球范围内,E. O. 威尔逊(E. O. Wilson)的作品《热爱生命的天性》(*Biophilia*)和《生命的多样性》(*The Diversity of Life*)也发展了后现代科学的其他方面(Wilson 1984;Wilson 1992)。

顺便提一句,作为一名专家,我有时会被人们问道,生态倡导者奥尔多·利奥波德的精神定位是什么?因其作品流露出浓郁的精神色彩,我猜想,除了后现代科学世界观之外,利奥波德一定在潜意识中委身于某些宗教世界观,如基督教、佛教等诸如此类的宗教。然而,那种精神显然是来自进化生态神话。正如他在《沙乡年鉴》中所直陈的那样:

> 达尔文提出物种起源至今已有一个世纪了。现在我们明白了不为先前几代人所知晓的知识,即人类仅仅是生物漫长的进化过程中与其他生物结伴而行的旅伴。这种新的认识目前应该会使我们对同伴的生物产生一种亲近感;我们由此不仅希望自己生存下来,也希望其他生物能够一同生存下来;同时,我们对生物进化的规模和存续都产生了好奇。
>
> (Leopold 1949:109)

土地伦理观要求我们保护生物群落的美丽、完整和稳定。

第六点,也是最后一点,一个可信的神话必须符合实用标准。它必须促进受众的生存和发展。首先,现代科学似乎具有极大的实践性。现代科学使人类更远地发射炮弹,更快地去往各地,更深地挖掘地矿,甚至能够使人在月球上行走。然而,20世纪的环境危机如今已经挫败了人类借助科技去征服自然的"笛卡尔-培根之梦"的信心。生态灾变的长期前景给现代科学世界观的短中期成功蒙上了阴影。相反，后现代科学的新兴宏大叙事强调嵌入而非超越，强调合作而非征服，强调完整而非分裂。因此，它可能会长远地鼓舞人们更好地适应生物圈中的生态危机，因而延长人类在地球上的生存时限。

在此，我也许太过于热切而不能将重构后现代主义和解构后现代主义进行比较。最近，洛伊斯·洛伦岑（Lois Lorentzen）和希瑟·伊顿（Heather Eaton）尖锐地指出了解构后现代主义对环境哲学的价值（Lorentzen 1997；Eaton 1997）。据此，我们认为后现代运动的两个派系是互补而非竞争的关系。伊顿认为，以解构主义为特质的后现代主义为我们提供了"对怀疑的深刻阐释"（Eaton 1997：115）。但是，正如苏格拉底的辩驳一样，它仅仅得出了消极的结论。在其著作《后现代主义和环境危机》中，阿伦·盖尔（Arran Gare）认为，后现代运动中解构派的成功为扫除重构派创造了空间（Gare 1995）。任何留存下来的假说都不得不解构后现代主义对怀疑的深刻阐释。所以，我们研究任何重构的课题时，必须致力于研究它自身的局限性，它所构建的权力关系以及个人、社会和文化等方面的背景或形势。同时，必须明确杜绝任何集权倾向和霸权野心。

关于一对多问题的"一"的方面就说这么多。那么，许多特定文化下的生态伦理，与我推崇的全球性或国际性重构后现代生态伦理之间是怎样的一种关系呢？简言之，是辩证性的关系。

这种辩证关系在第一阶段是相互认可的。现代科学轻蔑和嘲弄地对待当地知识体系。然而，后现代科学对它的态度则是关注的和开放的，有时甚至流露出无比的钦佩之情。例如，人类学家特伦斯·特纳（Terrence Turner）和达瑞尔·波西（Darrell Posey）及后来的地理学家苏珊娜·赫克特（Susanna Hecht）和新闻记者亚历山大·科伯恩（Alexander Cockburn）描述了卡雅布的农业生态。故事讲述了卡雅布临时农田园艺的生产力和效能，以及其耕种管理和森林补丁的创建，还有巴西境内空旷的田野中资源丰富的小型森林岛屿。潜在之意就是因其与当代生态知识相符，这种当地知识体系是具有效力的。赫克特和科伯恩毫不隐讳地将卡雅布的知识体系视为"当地科学"，并对卡雅布科学和生态科学进行了详尽的比较。森林被砍伐和烧毁以后的卡雅布：

> 种植了生长周期短的庄稼，例如玉米、大豆、甜瓜、笋瓜和西葫芦。这些农作物很快遍布了大片土地。同时，他们也种植了生长期较长的庄稼，这些庄稼在播种后的半年到两年内可以收获。生长期短、强耐光性的作物逐渐被木本果物取代时，生态轮栽原理得到了应用。禾本科植物、玉米、速生蔓蔷薇、笋瓜和西葫芦，以及甜红薯和甜瓜

等都是早期轮栽的植物族群。甜椒是当地茄科类植物的代表。广泛轮栽的大戟属植物在树薯中找到了同类……不同根深、不同生长周期的植物能像热带中（天然生态）轮栽植物那样快速吸收养料。生长周期短的植物逐渐被生长周期长的物种取代。最终，卡雅布通过确保农用地能够吸收必需的元素来恢复森林，促进了休耕地上森林的延续。对他们来说，森林和农业具有同等价值。

(Hecht and Cockburn 1989：38-9)

目前高度发展的生态知识体系和传统的卡雅布知识体系在轮栽原则上是统一的，这一点得到了彼此的认可。此外，卡雅布能够获得荣誉是因为他们最早想到了这些无上的生态原则。

再举一例。20世纪70年代早期，在亚洲开发银行的帮助下，印度尼西亚开始弃用传统的水稻栽培技术转而应用绿色革命方法（Landsing 1991）。人们传统上种植当地的"陆属"谷物，掌管达努女神庙的印度教祭司根据不同的生长季节为印度尼西亚巴厘岛的不同地区分配水资源（Landsing and Kremer 1995）。水不仅可以灌溉庄稼，而且若时机得当还可以淹死杂草和害虫。由于进口了相同基因并且依赖化肥、除草剂、杀菌剂和杀虫剂的高产品种，绿色革命科学家对巴厘岛历代所推崇的传统技术极尽嘲弄，对这种传统技术嗤之以鼻（Landsing and Kremer 1995）。农民们被鼓励同时耕种，一年里在同一块稻田种几种庄稼。结果，这给巴厘岛带来了灾难，出现水资源短缺、病虫害和植物病害蔓延无法控制等情况。遭受巨大损失之后，巴厘岛人重拾其传统种植方法。接着，计算机模型显示牧师们预测的水资源管理计划表比其他任何方法都更有效（Landsing and Kremer 1995）。这一实例再次证明了后现代科学和当地知识（牧师的水资源管理）是彼此认可的。

另一方面，那些与后现代生态科学和后现代政治价值观相冲突的地方知识体系没有获得同样的尊重。例如，在地方知识中，普遍将由犀牛角磨成的粉末用作催情药，这种说法被强烈地谴责为迷信；按照当地风俗，授受女性割礼是得体的成人仪式，这种行为同样被抨击为愚昧。由此可见，后现代科学对其他话语的尊重是有自己的限度的。而这些限度恰恰是被后现代科学明确阐述的。

许多特殊文化生态伦理和我所推崇的全球或国际重构后现代生态伦理在第二阶段的辩证关系是共同创造。不像《宇宙故事》和《进化史诗》，我的全球生态伦理神话仍是一个正在编织的故事。后现代科学话语不少于（实际上可能还会多于）现代科学话语，但是后现代科学话语枯燥、苍白、抽象且只有发起者能够理解。因此，科学叙事本身绝不可能是大众神话。但是为了变得有影响力，它必须大众化。因此，它必须被调整。在著作《从混沌到有序》（*Order Out of Chaos*）中，伊利亚·普里戈金（Ilya Prigogine）和伊莎贝拉·斯唐热（Isabella Stengers）从热力学角度把活的有机体描述为"消耗或耗散结构"（dissipative structures）（Prigogine and Stengers 1984），我想我明白其中的意思。但我认为这种描述只会在狭小的知识界引起轰动。甚至更不可能的是，戴维·玻姆的"象外秩序"观潜在地将科学叙事表述为物质和能量。另一方面，世界宗教和当地传统历经几个世纪的发展，用吸引人的形象，诸如因陀罗网和阴阳八卦图，认真阐述了最抽象也最难理解的思想观念。当这样的传统思维与后现代进化生态叙述产生共鸣时，诸如此类的象喻、明喻和暗喻可能会应用到全球宏大叙事中。如此，世界上数量惊人且又种类繁多的各种传统文化，都可以参与那一个全球性的后现代生态伦理的重构性工程。同样，它们各自也可以据此拥有这种生态伦理观。

一方面，我在绝对真理和普遍性之间探寻一条中庸路线；另一方面，我也在绝对差异和他者之间探寻一条中庸路线。我也在霸权政治与同一性、差异性的政治之间探寻一条中庸路线。虽然中国人、卡雅布人和波利尼西亚人属于不同的民族，但我们都是智人这一物种中彼此平等的普通人。这一论述激励着我去寻求一条中庸路线。虽然我们居住在不同的文化世界中，如儒家文化世界、黄金时代文化世界和基督教文化世界（更能四海为家的人才行动自如），但从生态角度来讲，我们居住在同一个生物圈，同一个星球中，被同一片的海洋洗涤着，被同一个大气层包裹着。我们来自不同的种族，但也同属一个物种。我们既不同又相同。既然如此，难道我们无法拥有多种特殊文化生态伦理和将其统一协调起来的全球生态伦理吗？另外，为了更好地将一和多融合起来，我猜测新的神话宏大叙事虽然是以后现代科学为背景并且产生于后现代科学，但将会由各种文化来共同创造。我想，原因是我们可以利用当地传统世界观中丰富的象喻、明喻和暗喻去清晰地述说它。再者，世人可以理解和接受的生态伦理和许多特殊文化生态伦理能够相得益彰，彼此认可。因此，它们会以互惠、公平、平等和相互扶持的关系共存。

参 考 文 献

Alvarez, L. W., Alvarez, W, Asaro, F. and Michael, H. V. (1980) "Extraterrestrial Cause for the Cretaceous-Tertiary Extinction," *Science*, 208: 1095–1098.

Bohm, D. (1994) "Post-Modern Science and a Post-Modern World," in C. Merchant (ed.), *Ecology*, Atlantic Highlands, NJ: Humanities Press.

Callicott, J. B. (1989) *In Defense of the Land Ethic: Essays in Environmental Philosophy*, Albany, NY: State University of New York Press.

——(1994) *Earth's Insights: A Multicultural Survey of Ecological Ethics from the Mediterranean Basin to the Australian Outback*, Berkeley, CA: University of California Press.

Callicott, J. B. and da Rocha, F. J. R. (eds) (1996) *Earth Summit Ethics: Toward a Reconstructive Post-Modern Philosophy of Environmental Education*, Albany, NY: State University of New York Press.

Darwin, C. (1871) *The Descent of Man and Selection in Relation to Sex*, Vol. 1, London: John Murray.

Eaton, H. (1997) "*Earth's Insights*...and inadequacies," *Worldviews*, 1: 113–21.

Ferré, F. (1976) *Shaping the Future: Resources for the Post-Modern World*, New York: Harper and Row.

Gare, A. (1995) *Postmodernism and the Environmental Crisis*, London: Routledge.

Hecht, S. B. and Cockburn, A. (1989) *The Fate of the Forest: Developers, Destroyers, and Defenders of the Amazon*, New York: Verso.

James, G. A. (1998) "The Construction of India in Some Recent Environmental Philosophy," *Worldviews*, 2: 3–20.

Kellert, S. R. (1996) *The Value of Life: Biological Diversity and Human Society*, Washington, DC: Island Press.

Lansing, J. S. (1991) *Priests and Programmers: Technologies of Power in the Engineered Landscape of Bali*, Princeton, NJ: Princeton University Press.

Lansing, J. S. and Kremer, J. N. (1995) "A Socioecological Analysis of Balinese Water Temples," in D. M. Warren, L. J. Slikkerveer and D. Brokensha (eds), *The Cultural Dimension of Development: Indigenous Knowledge Systems*, London: Intermediate Technology Publications.

Leopold, A. (1949) *A Sand County Almanac and Sketches Here and There*, New York: Oxford University Press.

Lorentzen, L. A. (1997) "What is Post-Modern about *Earth's Insights?*" *Worldviews*, 1: 123–9.

Oelschlaeger, M. (1994) *Caring for Creation: An Ecumenical Approach to the Environmental Crisis*, New Haven, CT: Yale University Press.

Prigogine, I. and Stengers, I. (1984) *Order Out of Chaos: Man's New Dialogue with Nature*, New York: Bantam Books.

Rampino, M. R. and Strothers, R. B. (1984) "Terrestrial Mass Extinctions: Cometary Impacts and the Earth's Motion Perpendicular to the Galactic Plane," *Nature*, 308: 709–12.

Raup, D. M. (1986) "Biological Extinction in Earth History," *Science*, 231: 1528–33.

—— (1988) "Diversity Crises in the Geologic Past," in E. O. Wilson (ed.), *Biodiversity*, Washington, DC: National Academy Press.

Raup, D. M. and Sepkoski, J. J. (1984) "Periodicity of Extinctions in the Geologic Past," *Proceedings of the National Academy of Sciences*, 8: 801–5.

Reaka-Kudla, M. L., Wilson, D. E. and Wilson, E. O. (eds) (1997) *Biodiversity II*, Washington, DC: National Academy of Sciences.

Reuther, R. R. (1997) "Judaism and Christianity in *Earth's Insights*," *Wordviews*, 1: 163–6.

Rue, L. (n. d.) "Confessions of a Shallow Environmentalist," unpublished manuscript.

Schneider, S. H. (1990) *Global Warming: Are We Entering the Greenhouse Century?*, New York: Vintage Books.

Swimme, B. and Berry, T. (1992) *The Universe Story: From the Primordial Flaring Forth to the Ecozoic Era – A Celebration of the Unfolding Cosmos*, San Francisco, CA: HarperSanFrancisco.

Toulmin, S. (1982) *Return to Cosmology: Post-Modern Science and the Theology of Nature*, Berkeley, CA: University of California Press.

White, Jr, L. (1967) "The Historical Roots of our Ecologic Crisis," *Science*, 155: 1203–7.

Wilson, E. O. (1984) *Biophilia: The Human Bond with Other Species*, Cambridge, MA: Harvard University Press.

—— (ed.) (1988) *Biodiversity*, Washington, DC: National Academy Press.

—— (1992) *The Diversity of Life*, Cambridge, MA: The Belknap Press of Harvard University Press.

第九章 神话与意识形态

克里斯托弗·弗拉德

一、前言

本章主要研究神话与意识形态在现代社会中的关系。这里所说的意识形态具体是指政治方面的意识形态，其所关注的神话也被定义为政治神话。"神话"一词经常出现在政治事件的新闻报道中，也出现在许多以政治或历史为话题的学术刊物的标题或文章的正文部分。因此，人们也许会认为，神话与意识形态的关系作为理论概念和研讨对象在现代社会的政治思想体系中理应会受到广泛关注。然而，事实并非如此。对两者之间关系的理论研究成果甚少，零星地见诸旨在迎合从政治科学家、历史学家到社会学家、人类学家、交际专家、文学/文化理论家等不同读者需要的刊物上。就研究本身来讲，这并非坏事，因为这样可以使多元化思想更加充实。并且，也可以通过比较基于不同理论和方法的研究结论，相互受益。然而，事实上，由于研究过于零散、缺乏讨论、无力质疑不充分的论点，两者之间的关系研究陷入了困境。

与政治神话理论密切相关的综合神话理论（为了避免混淆，我称其为宗教神话理论）或意识形态理论都有大量的研究资料，政治神话领域的理论研究显得相对不明显。宗教神话（sacred myth）的定义和意识形态的概念化问题长期以来是各自领域内不同思想学派争论的焦点。在某种程度上，对它们的本质和功能尚未达成共识是不同思想学派身份的一种标志，表明他们热切地想要将象征据为己有。然而，由于宗教神话理论研究者对意识形态理论几乎没有兴趣，意识形态理论家对宗教神话理论也没有给予太多的关注，因此政治神话理论就被这两大研究阵营极大地忽略了。与此相反，对政治神话感兴趣的学者往往将其研究与宗教神话理论联系起来，对意识形态的概念却只是轻描淡写；更极少有学者将其研究与意识形态理论联系起来，但对宗教神话理论也只是粗略地间接提提罢了。很少有学者对两者给予同等的关注。

在此，我旨在探究政治神话的性质、自我展现的形式及所起的作用。由于我想对政治神话进行宗教神话理论和意识形态理论的交叉研究，所以，先解释一下我对这两个术语的运用，因为它们都与受争辩的概念相关。

二、宗教神话

由于我在这一文集的其他章节中对宗教神话的特点进行了详细的分析，所以，我在这里只对其做一下简要讨论。出于这个目的，我有必要对一定范围内的特征予以强调。首先，"神话"一词在日常生活语言中作为贬义词使用，而在当代许多人类学家和宗教历史学家的著作中作为中性的专业词语使用，两者之间存在着差异。现在被大众普遍接受的观点是，神话经常被看作对事件的叙述，或简单地被认为是一种集体信仰，而这一信仰被某个社会团体在过去或现在赋予了真理的身份，但那些将其称为神话的人却认为它是不真实的或是虚构的。这种用法由来已久，植根于古希腊（Lincoln 2000 对此有新的阐述）。然而，许多人类学家和宗教历史学家对神话所采取的研究路径始于一种假想：应该凭其散漫的形式和各类型的内容、文化地位及社会功能来定义神话，而不是通过质疑客观的真理或非真理来对其进行界定（关于各种思想流派，参见 Doty 1986；Dundes 1984；Segal 1999）。

这种散漫的形式是叙述性的，也就是说，按照时间的先后顺序对那些具有因果关系或其他逻辑关系的事件进行描述。叙述形式的具体化把神话与各大世界宗教内部早已成形的主要神学思想区别开来，也与礼拜仪式、圣歌、非语言形式的仪式活动，以及图画、雕像或面具等符号性客体划清了界限，尽管这些形式或许以各种不同的方式与神话存在着联系。就其内容而言，古代或现代传统社会的宗教神话常常关注各种起源问题，如神谱（有关诸神起源的故事）、宇宙进化论（关于世界发源的故事）、人类进化论（关乎人类起源的故事）、社会进化论（涉及社会起源的故事，通常也会论及文化英雄）。某些神话学也包括世界末世论的预言，而这些预言是建立在不同的历史构想（迂回的、直线的或两者兼有的）之上的，比如《圣经》中的预言（千禧年的末世预言）。

神话在其所属社会或群体中具有宗教神话的文化地位，这一事实把神话与其他非宗教的叙述形式分离开来，不管这种非宗教的叙述形式真实与否。对于相信宗教神话是神圣真理的人来说，讲述和倾听神话就是在特定时期和特定环境下与充满神和灵魂的抽象世界进行交流，这种交流是适于他们信仰发展的。但是，人们也可以从认知、情感和社交等方面的功能来思考宗教神话，而这些功能不仅满足它们所在场域的沟通需要，也可能会包括对世界的本质和存在于世界当中的神灵、人类、动物等存在的描述；对宗教圣地、客观物、风俗和礼仪的叙述；与时间、季节等建立联系；参考起源或先例去塑造宗教信仰和习俗；成为社区的象征并加强其凝聚力；认可社会类型、社会阶层和社会分裂（尽管它们也可用于不同社会地位之间人们的竞争）；唤起恐惧、渴望、狂欢和放松等强烈情感的回应。

三、意识形态

何谓意识形态？同上所述，我在这里没必要对许多不同的思想派别进行一番回顾（Eagleton 1991 and Mclenllan 1986，两处文献对其所做的概述至今有用），而只需讨论对界定政治神话富有价值的不同研究方法的特点就足够了。大体来说，在马克思主义和新马克思主义流派之间存在着分歧。这两大流派从表达思想的方式及如何有意或无意地去支持社会中的某些阶级和权力关系来看待意识形态（对传统进行的调查，可参见 Barrett 1991；Hawkes 1996），而他们的拥护者在20世纪90年代就已大大减少了。对意识形态更新的研究聚焦于统治集团是如何通过掩盖、归化、去历史化和合理化一定经济发展阶段下的不平等和不公平的社会秩序，来建立和维持他们的霸权地位。这种研究不仅仅关注政治思想，而且更广泛地关注整个文化的建构形态。在这一文化的建构形态中，社会活动各个领域的意义表达体系都在表达意识形态，使得所有象征性或其他形式的交流都存在着统治者和被统治者之间意识形态的冲突。过去人们认为，只有马克思主义提供了一个客观的、科学的、非意识形态的历史观和社会观。这一思想曾一度让位于一种较乏力的主张，即马克思主义比其他任何社会思想体系都优越。因为马克思主义确信经济剥削和社会不公的生存性状，为了揭露意识形态，该思想依然占有主导地位。为此，需要指出的是，在某种程度上，我们对意识形态渗透于社会生活方方面面的兴趣可以让我们在不同研究领域做出高水平的研究。例如，我们可以通过诸如不同话语、不同社会机构（如家庭、教育系统、媒体），以及包括仪式性的和庆典性的场合在内的不同社会背景和不同艺术形式，对意识形态的文化传播进行有价值的研究。

相比而言，虽然非马克思主义传统一直以来在西方政治科学中都尤为重要，且已成为无数相关教材中的主题，但它在关注作为政治信仰体系的意识形态观时，学术视野相对较为狭隘（参见 Eatwell and Wright 2000；Eccleshall et la. 2001；Heywood 1998；Macridis and Hulliung 1996 中较新的举例）。这一传统思想所产生的核心定义被马丁·塞里格（Martin Seliger）在其经典著作《意识形态和政治》(*Ideology and Politics*, 1976) 中进行了例证。在这本书中，意识形态是指"人们用来假设、解释、证明有组织性的社会行为的目的与手段的思想体系，尤其是政治行为，不管这种行为是旨在保存、修订、根除，还是重建一个既定的社会秩序"(14)。由此看来，一种意识形态就是一套特定的政治信仰体系（比如无政府主义或法西斯主义）。然而，作为一个类属名词，意识形态包含了所有政治信仰体系的共享特征。根据这一定义，像这样的任何体系都可以被认为是一种意识形态。虽然大多数支持者对其可能导致的相对主义感到不安，但至少就其方法论来说，他们也会认为，像这样被赋予特权或在某种意义上超越了意识形态的体系是不存在的。

意识形态会按照思想的不同类型表现出来（从有关人性和社会的基本假想、规范性价值、终极目标和行为准则，到政策定位、政治态度和对事件的应景性反应），或者表现在用意识形态思维去思考理性与非理性的问题，或者表现在对构成各种意识形态的概念的融合（参见 Freedon 1996，一个极其复杂的意识形态模式，它不仅围绕着核心构建了无争议的概念，且在不断改变这些概念的过程中重构其形态），或者表现在意识形态所发挥的各类社会功能上（大多数功能可以和那些与宗教神话有关的功能相媲美，包括认知功能、解释功能、立法功能、评价功能、情感功能、整合功能和动员功能）。

在这样的传统中，意识形态的理论化通常不能系统地处理与散漫形式相关的问题，而它一般是由社会语言学家或其他专门研究政治话语或语言与权力之间关系的学者来解决。（例如 Bourdieu 1991；Fairclough 1989；Lemke 1995）在那些将意识形态进行理论化的政治科学家中，塞里格（1976）是有些异类的一位。他用不同类型的表述将意识形态理论化，而这也恰恰建构了意识形态之辩的正式结构。在塞里格的模式中，这种结构整合了道德规范（有关正义和公益的规范化陈述）、技术规范（对权宜之计、审慎及效率的规范化陈述）、实施方案（阐述实施策略和政策的方法或手段）、扬弃原则（在他者或敌对意识形态中对信念和价值的否定）、分析和描述，因为社会现象的描述和分析带有话语生产者的价值观、假设及目标等印记。

塞里格没有提到叙事，甚至把它排除在他的模型之外，而且他也绝不是唯一一个这样做的人。政治科学文献中陈明或未陈明的假设是，意识形态话语的典型形态就是辩论，即提出并拥护各种各样的主张，并凭借确凿证据竭力使之成为合乎逻辑的理性表述。众所周知，辩论的说服力也取决于各种修辞策略。

以某种方式呈现论证的修辞策略不仅表现为连贯性和一致性，而且还会激起观众的态度和情感。但是，如果有的话，意识形态的交流在多大程度上依赖于叙述的使用，这些通常只是略带提及（寻找有价值的例外，可参见 Thompson 1984；1990）。叙事作为表现意识形态的工具，研究文学、语言学、媒体或电影等方面的专家学者对如何使用叙事一直都表现出兴趣。他们常常在新马克思主义或后马克思主义哲学框架下开展研究工作，但他们同时也在与政治科学传统相关联的非马克思主义意识形态观念的关照下发展可以进行政治话语分析的方法。同样，尽管政治科学家对通过政治仪式、礼仪（像绘画和雕塑这样的艺术形式，以及发生于博物馆和其他遗址的纪念活动）去传播意识形态不怎么感兴趣，但仍有少数著作也因从其他学科的研究中吸纳了某些洞见而使自己得以完善（如 Horne 1984；Kertzer 1988；Connerton 1989）。以上所有形式都与理解政治神话的重要性有关。在本章的余下部分，我将勾勒出一个政治神话模式，然后再对其含义进行剖析。

四、政治神话模式

该如何从宗教神话和政治意识形态这两个维度来界定政治神话呢？下面让我们先从政治神话与宗教神话的关系来谈谈这个问题。就形式和内容而言，我认为，叙事者将过去、现在或被预测的未来的政治事件说得让听众觉得真实易懂又富有内涵，这种叙事模式就是现代政治神话。他们叙说的故事可按类别归类，其方式与人们对讲述起源说和创世论、民族英雄的丰功伟绩、重生或复兴之事及末世论等有关传统社会的神话故事的分类方式大致相同。虽然政治神话在世俗社会中没有神圣的地位，但它们需要被某个特定社群在根本上认为是有效话语，不管该社会群体的规模有多大或其支持者有多少。"有效"一词在这个语境中不应该仅仅意味着完全忠实于重要事实的真实性（因为理解那些事实的人们也会在其他任何场合中遇到这一叙事），而且也应该完全忠实于对事实的诠释、事实之间的关系、事实的意义和重要性。与宗教神话类似，这些故事需要作为伊利亚德所称的历史典范（1958：430）来传播和接受。用布鲁斯·林肯的话来说，这些故事需要具备足够的权威性，从而在相信它们的人群中形成一个同时具有"有关现实的模型"和"服务于现实的模型"的典范价值（1989：24）。由此，它们才能具有广义的政治功能。就权力分配而言，这一政治功能可以与传统社会中的神话的功能相媲美。

由于没有一个故事的叙述形式完全与另一个故事相同，所以现代政治神话，尤其是那些存在已久的政治神话，会以各种不同的形式被描述。当我们含蓄地提到某个特定神话的存在时，说的是它一直存在于大量的叙事话语之中。换句话说，当一系列几乎包含相同的主角，具有相同的综合阐释和含义的普通事件在某一特定社会群体中传播时，我们就可以认为在这一群体中存在着一个政治神话。当不同的政治神话由于在某一特定的社会群体中传播，并且因有相同的主题元素而被视为彼此关联时，这些神话也可以被归类为神话集。此外，正如宗教神话经常被包括在其他文学形式（比如叙事诗或民间故事）当中一样，政治神话除了在叙述散文或小说作品中传播，也可以通过其他形式来传播。跟宗教神话一样，政治神话也可以通过符号来传播，如绘画、海报、雕塑纪念碑等，也可以通过集体仪式、礼仪、神圣的日子和圣地来传播。

同时，如果我们认为政治神话应该被视为一种意识形态话语，那么，除了政治神话的形式、内容及功能表明它们与其他意识形态话语的互补关系之外，还需要从其他意识形态话语的模式中把它们区别出来。它们必须是意识形态信仰的工具和支持意识形态论辩的工具。因此，当政治神话所表现的意识形态彼此矛盾时，政治神话之间就具有了竞争性。

因此，在现代的大背景下，政治神话可以定义为一个带有意识形态标记的，对过去、现在或可预测的政治事件的解释。我所说的"带有意识形态标记"的叙述话语是指带有假设、价值和目标印记的，这些假设、价值和目标与一个具体的意识形态或具有辨识度的意识形态群体相关联，因此，这个叙述文体符合一个具体意识形态的出发点。因此，尽管意识形态色彩的明显程度不同，叙事的意识形态标记是叙述的客观属性。作为一个概念，意识形态标记（ideological marking）包含了话语的内涵及话语措辞的真实所指。然而，凭借与价值相关的主题性选择及某个具体话语的生产方式，意识形态以"无声胜有声"的方式包含了话语边界之外的、与意识形态相关的方方面面。信息筛选、特质属性、动机、历史主角的目的、因果推理、描述性及其他词汇的运用、语法结构、总体组织、叙事场域以及其他因素都彼此相关，就这一点来说，它们促进话语走向了某一种意识形态潮流。因此，"神话创造"（mythopoeic）一词可以运用到任何一种政治叙事之中，甚至到了神话创造都是意识形态标记的程度。这表明，叙事具有某些客观性的特征，且它们可以潜在地生产或再生政治神话。

简言之，尽管故事中的事件是否真的曾经发生过很重要，但它仅仅是问题的一个方面而已。人们也应该考虑到筛选、建构和诠释等问题。然而，主张叙事就是神话创造并不一定需要判断叙事者是否或在何种程度上有意识地进行意识形态倾向的叙事，且这种判断也常常难以估量。人们也可以从话语的外部或内部寻找证据对其进行推理，而实际情况也确实一直如此。但是，大体上来说，为了能够解释好某一特定政治论题，专业历史学家、政治科学家、新闻记者或其他领域的政治评论家乃至政客，都力图采取他或她自己认为是绝对客观的态度，并在大脑的有意识中排空可能会影响目标受众的某些个人意图，却不曾考虑如何使受众更好地理解这个论题。然而，这种叙事在某种程度上体现了叙事者的政治价值观，因此也是他们潜在地传播政治思想的工具，所以叙事也就被打上了意识形态的烙印，成了神话创造。

创造神话（mythmaking）是一个交流过程，它涉及吸纳已有文化和再生产新文化。说叙事是神话创造，我们没有谈及话语是怎样被读者接受的，而是仅仅在判断话语本身的属性。但是，无论在何种情况下，如果某一特定故事的叙述是某个神话的表达形式，那么人们一定会觉得它已足够忠实于事实中那些最重要的元素，且为这个故事提供了其社群已经接受或将要接受的正确阐释。当某一个或多个恰当的叙述者在某一个恰当的历史、社会、意识形态等语境下以某种恰当的方式就神话创造进行交流时，那么它就具有了权威性。毋庸置疑，应该在何等程度上变异或颠覆故事中某些特定元素取决于众多因素，如传播该故事的社群、该故事所属的意识形态类型、该故事的向心性及该故事在整体上的意识形态结构。

与此相反，如果人们认为某个叙事确实不真实或在筛选和诠释相关事实时严重扭曲了事实，那么人们就会略带轻蔑地将这个叙事描述为神话（或其他多少包含相同语义的某个词语）。在持异议者当中，还有一类人，他们可能大体上认同该故事所标识的意识形态，但他们依然相信故事本身对其自身所力图再现的现实的解释具有误导性。意识形态的匹配并不能保证受众就对之持信任的态度；同时，意识形态的不匹配同样也无法保证受众对之持不信任的态度。然而，持反对意见的人极有可能是那些有着不同意识形态观的人。意识形态倾向越是不同，特定语境下言说与接受之间的意识形态匹配度就越难以令人满意，因此故事叙事也就越容易遭到否定。从理论上来说，力求客观分析的学者应该始终保持其怀疑主义的身份不变，甚至当某一叙事的意识形态激起了他的共鸣时也不应该改变。即使学术分析者没有证据证明某个神话创造的特定叙事已遭到了别人的质疑，他也能够甄别出其意识形态标识，并在适当的时候将其与已被人标上不同意识形态的（或多或少）相同事件的真实或假定的阐释进行比较。

总的来说，可以这样对政治神话进行有效定义：政治神话是力图对一系列过去、现在或预测的未来政治事件予以真实描述，在本质上被某一社群接受认可，且意识形态属性明确的叙事。神话创造的政治话语可以被简短定义为：力图对一系列过去、现在或预测的未来政治事件予以真实描述，且意识形态属性明确的叙事（欲了解此模式的详细探究和描述，请参见 Flood 2002 ［1996］）。

五、形式和功能

当神话应用于政治学领域时，其宽泛的大众化用法不仅包含了各种故事，也涵盖了任何形式的政治信仰。尽管这些政治信仰在某一社群中广泛地被人们笃信为真理，但它们在那些将其称为神话的人的眼中却是不真实的。这与以下主张不谋而合："某某以某种特定的方式存在、发生或被描述，那么它是一个神话。"同样，在许多政治神话的非理论学术研究中，人们并不认为神话具有某种特定的推论形式。例如，我们从《政治科学文摘》(*Political Science Ahstracts*) 中随机选取了1997年的那一册，并在该书的神话标题之下找到了一些条目："财政赤字有益于穷人是另一个自由神话"；"食品药品管理局是一个过于热心的监管者，对其权下的公司施加了不必要的压力，这篇文章审查了这个神话"；"积极行动的最好案例挑战了那个美国神话，即成功找到工作或被大学录取都完全是缘于个人的美德，这真是件麻烦事"。换言之，不管歪理邪说是否被认为源自对某些事件的扭曲性陈述，"神话"这个词都没有必要指称故事本身，而应该指称可以用其他形式予以表达的信仰。有个理论文献流派所持有的研究方法与此极为相似。在他们手中，政治神话不仅被设计成了某种被扭曲了的信仰或思想，形成这一信仰和政治语境的心理动机或需要也被其设法予以了阐释。但是，就信仰是如何被表述的，他们却没有给予系统的关注。乔治斯·索列尔（Georges Sorel）在《反思暴力》(*Reflections on Violence*) 一书中篇幅简短但影响力极大的论证［1961（1908）］，恩斯特·卡西尔的《国家的神话》(*The Myth of the State*, 1946)，以及像约翰·吉尔林的《西方社会中的政治和神话》(1993) 之类的最新研究，都持这种观点。

然而，所有信仰者口中不断发出的言辞建构了共享信仰的存在，神话的某个适当性概念理应包含某一讲述神话的特定话语模式。否则，当此概念被应用到实证主义案例时，便会因为太模糊而无法进行精准的分析。同时，也会产生一些过于简单化的想法，认为某些特定的关键词、短语或句子在不同的语境中的意思总是千篇一律，且在任何情况之下都为同一信仰提供相同的证明，进而使此概念自身陷入了危境。无论如何，如果政治神话所蕴含的思想被缩减得只比非理性的、幻想的或其他什么被歪曲的政治信仰多一点点，且还与动员、群体身份认定及立法等功能关联时，那么它就与批判性的简约意识形态概念等同了。除了意识形态自身的概念令人不满且乏味这一事实之外，当政治神话理论不仅可能并且有效地将神话和意识形态界定为截然不同却又紧密关联的两个政治概念时，我们为什么还要使政治神话理论衰竭呢？

然而，许多声称研究神话的非理论研究实际上的确在聚焦性地关注被人们广为接受的叙述，而这些叙述在评论家看来却是错误或被严重歪曲的。新闻书写频繁地以这种方式进行叙述，在记者们力图揭露被民义操纵者蓄意歪曲了的事实时，情况尤为如此。同样，在那些竭力纠正长期以来一直流行的错误信仰或驳斥专业历史文献中存在已久的错误阐释的著作中，这种情况也是屡见不鲜。某一特定进程或局势在未来将会如何发展，社群中也往往存在一些广为人们接受的预判。在对其进行驳斥时，政治科学家和其他方面的学者也常常在其预见性的分析中使用这种研究方法。

在这种语境下，人们声称在揭露神话的面纱，但他们几乎本能地主张，作者能够率先解释神话是如何产生的，他能为实际已发生的事或将来要发生的事提供更加精准的叙述。为了阐释某个神话是如何产生的，人们可能会提出各种不同类型的因素。首先，当人们找不到足够的证据或无力对其予以陈明或阐释时，人们可能会认为神话在某种程度上源自偶然或意外。其次，因为个人的成见会导致人们只看到他们期望看到的东西，所以当一个故事因个人意识形态的偏见或多或少遭到了无意地歪曲时，神话就诞生了。在研究更早期的历史学家的著作时，一些历史学家发现，那些早期历史学家对事件的描述早已在特定社会里成了人们普遍接受的文化传播基石。为此，他们在其著作中披露了对神话的创造。再次，通过暗示支持或反对某些特定群体的（或多或少的）蓄意操纵，人们鼓吹揭开了宣传的面纱。最后，有关神话的产生，可能还存在其他一些复杂的混合过程，例如媒体报道的新闻故事。甚至在一个言论自由的民主国度里，对事件的报道及随后的编辑都会受到重重限制，还必须经过相关组织的审查和组织内部的自我审查，也会受到来自广告主、业主、政府、法律机构的压力和争取读者的市场竞争压力等。（欲求激进性批评，可参见 Chomsky 1989 and Parenti 1986）这些因素与职业道德、个人品格、新闻记者的意识形态价值观及所报道的事件之本质都密切相关。

以上提及的所有神话生产流程在时间的助推下塑造了神话的悠久历史、广泛传播和突变异化。尤其是当他们通过政治、教育或其他机构的反复传播，成了某个民族文化的基石时，他们便是某一社群进行自我认知的核心内容。这种研究方式多半是非常有趣的；尽管人们的确认为神话有其典型的推论模态即叙事，但把神话与虚假的、歪曲的又得到普遍认可的故事直接等同，无疑是极为粗暴而随意的做法。因此，这就留下了许多的问题，其内容涉及我们为什么断言某人的叙事是个神话。为了服务于学术性分析的诸多目的，我们不应该围绕如何建构被叙述事件中的真实性去探讨这些论题。当然，某个具体事件在现实中是否的确发生过可能会有争议，或者，某些重要事实是否被有意或无意地排除在某个既定叙事之外也是存疑的。但是，正如每一个历史学家都知道的那样，某些东西之所以被当作重要事实其本身就是一种阐释（涉及在历史书写中关注真理和表征的历史学家所发表的最新论辩，可参见 Fay et al. 1998；Munslow 1997）。同理，对事件或故事讲述者在这些事件之间建立关系的描述也是如此。毕竟，在一个有限的话语中，有选择性地吸纳某些信息也就意味着要将某些其他信息排除在外。在事件的叙述中对细节和重点的不同把握程度也再现了叙事者的前知识，并由此决定是否需要以牺牲某些元素为代价，去突显其中的另一些元素。就像词语和句法等层面的修辞性选择一样，话语的不同组织方式也会产生不同的具体认知效果。这一切都会影响最终结论，因为结论总体上正是在此陈述中被阐明或暗示的。换句话说，事实的准确性问题只是政治事件如何在话语中被阐释及怎样予以其意义等更重要论题的一部分。

更深入地说，还有一种政治神话研究方法，它不仅理论更为复杂，且更接近当代人类学研究宗教神话的方法。为了表明与自恃孤傲的种族中心主义假设完全划清了界限，人类学家经常在其著作的序言中强调，他们绝不歧视性地把神话视为对幻想的简单表述。相反，他们指出，他们正试图弄懂神话对信仰神话的人意味着什么。与此相似的是，某些理论家采用了政治神话的专门定义，并将其研究模式与人们惯常使用的歧视性概念做了区分［图多尔（Tudor）在1972出版的著作是这方面的先驱］。因此，这一思想流派认为，在定义政治神话概念时，故事内容的历史准确性不是论题的焦点。正如霍华德·埃德顿（Howard Egerton）所说："当研究神话中的价值和意义时，神话中的诸多细节可能是真实的，也可能是虚构的，更有可能是真假混合的。"（1983：498）重要的是，这个故事是否被某一社群信以为真，以及是否对这个群体发挥着一定的功用，比如建构集体身份和使具体的执政体系合法化等。然而，这并不是说真理一定就与分析者无关。显然，为了对既定社会的过去和现在进行实验主义研究，并达成诸多目的，就某一个广为传播的事件，人们会找很多理由去努力建构其叙事中不同要素的准确性。然而，把真理和谬误的二元对立性从政治神话的核心定义中排除，意在规避一个可能会出现的风险，即所有神话的一切重要方面在人们潜意识中都被认定为是错误的。或者说，事实的准确性是讨论的焦点。神话的叙事形式、文化地位和社会功能的融合应该受到重视。

这种研究方法固然很有价值，但也并非完全没有问题。考虑到真理与谬误是相对存在的，且这一事实也正是神话一词的日常用法的本质特征，所以不谈真理和谬误是有悖于人类直觉的。确实，如果政治神话概念不包含作为基本评判准则的谬误或严重歪曲等概念，那么，就会有真神话存在的逻辑可能性，且有些中性真理模式的使用者的确会接受这种可能性（如 Nimmo and Combs 1980；Thompson 1985），尽管这一问题尚未得到认真处理。同时，这不仅仅是反直觉的，它还与政治的文化互渗功能、立法功能及真理中立者所谓的神话创造的动机相冲突。尽管意识形态标签因为不常被人们使用而导致了学术术语的不一致，但这些在本质上都是意识形态的主要功能。为了服务于这些功能，故事必须被讲述得富有政治价值观，至少也得在能够含蓄表达一个政治价值观的语境下去讲述这个故事。在那种情况下，故事不可能被一群与讲述者持有完全不同的政治价值观的人有效接受。持有不同意识形态的群体理解真理和谬误问题时所采用的方法是彼此矛盾的。虽然真理和谬误问题一直是学者探讨的核心问题，但它与事实、价值和彼此矛盾的认知方法之间都有着错综复杂的密切关系。所以，将真理问题从研究中扫除出去并不意味着解决了真理问题。

大量的理论性文献中也都普遍地存在着另一个问题，即大多数理论家把叙事形式视为政治神话定义的一部分，但他们却没有深入研究现代政治话语中的叙事形式到底包含了什么内容。更具体地说，政治交流中叙事和论述之间的相互依存关系应该被予以关注。就此，推论形式和推论功能之间的差异也应该被厘清。例如，有可能某部著作的大部分内容都是以叙事的形式来呈现的，且这种叙事可以证实和阐释某个仅仅在著作开端或结尾处的那几页里才出现的论断。相反，也有可能某部著作的大部分内容都是以论述的形式来完成的，且这种论述可以阐释和证实某个简明扼要的叙事。因此，叙述和论述常常是相辅相成的。两者都涉及如何描述或定义人和物，但它们在某些情况下都可以无差别地服务于描述。当人们用种族主义的刻板印象描述一个特定群体的所谓的消极特征，并被一系列的论据和事件的说明支持时，这些论据和说明旨在证明这些特征的确定性归属是正当的。

人们应该对叙事中意识形态标记的生产方式予以关注,因为其生产的过程与历史事件的政治取向和意义紧密相关。正如在任何特定情况下,叙述的意识形态是叙述的一个客观属性,尽管意识形态的色彩可能有时会更明显或更不明显,其结果都是,从一种特定的意识形态角度对其进行识别时,也将相应地变得更容易或更困难。从某种程度上来说,意识形态的标记过程是一个积沙成塔式的量变过程。它取决于承载意识形态设想、价值及信仰等要素的数量。然而,意识形态的标记也是一个质变的过程,因为话语的建构赋予了某些叙事元素以更重要的意义。总之,意识形态信息的透明性暗示了整个话语内部的高度一致性,所以论证、描述和叙述三者彼此相辅相成。(关于这种情况在政治小说中如何产生的论述,可参见 Suleiman 1983)

论述中更耐人寻味的宏观结构方面是意识形态本质主义的操纵及其结果的逻辑性。这些特征在使神话富有论辩性方面发挥了重要作用。然而,像黑格尔、马克思、斯宾格勒(Spengbr)、索罗金(Sorokin)或更近一些的福山(Fukuyama),他们在进行宏大历史叙事时会设定一个简单易懂却支配一切的确定性,即因果论或目的论抑或两者兼而有之。大多数政治神话创造只涉及政治人物意识形态的相关品质与他们从事的活动所产生的成效之间的隐性关系。政治神话迎合了伦理上令人满意的假想。换言之,尽管会有例外,但良好的政治信仰普遍地被追求良好意图的善良人推崇,他们不仅有良好的行动方案,还形成了良好的联盟,创造了良好的制度。确实,意识形态就像宗教一样,可以通过善举来展示其救赎的一面,而这些善举恰恰早已缺失,或仅仅潜藏在意识形态和伦理道德等方面曾有过错之人的思想和行动中。

神话政治叙事的特征证明,个人和群体或倾心于意识形态"真理"的再发现,或为了成功实施其所拥有的意识形态"真理"而苦苦奋斗。就像马克思及其他一些人所说,奋斗本身就是一个学习的过程。神话创造故事也为我们提供了政治、历史人物的反例,他们捍卫错误信仰,或至少未能领悟意识形态真理。由于人们本能地认为良善应该战胜邪恶,正义应该战胜不义,所以人们骨子里也同样认为,那些拥有善良意志的人只要一直保持本真的自我最终就一定能够实现他的目标。然而,那些恶人的命运却恰恰相反。当人们必须完全接受与此相反的某个事实时,他们就会想办法将其解释为:善报仅仅是被延迟了,只是时候未到。同样,那些恶人在人前的荣耀仅仅是短暂的,他们的成功只是源于某些原因,却不能表明其群体或所从事的事业有什么内在美德。这样,通过与其有效性或无效性对应的史实性结果，以及人们内在所持有的品格，人们的价值观看起来就得到了"证明"。

六、接 受

这种研究政治神话的方式使我们更清晰地明白，为什么这些故事会在特定的社会群体中得以传播并且具有神话的地位，而其他故事却不能。这种方式与理论性文献基本相反，理论性文献一直坚持所谓的非理性主义传统，这种传统把易受神话信仰影响的敏感性视为受情感驱动的集体心理需求的一种征兆，并且凌驾于理性知识和证据评估之上。对索列尔（1961）和追随他的人来说，神话源于人们对信仰和生动想象的需要，为的是可能涉及个人牺牲的伟大的集体事业。对卡西尔（1946）来说，诉诸神话思维模式是对陈旧模式的回归，在当代被一些残酷无情的集权主义领导者推崇和利用。对劳尔·吉拉道特（Raoul Girardet 1986）来说，神话归根到底是梦幻般的想象，这些梦幻般的想象是孤独的集体精神在社会危机期间的病态体现。对默里·爱德曼（Murray Edelman 1967，1975）来说，神话的单纯性使人们在面对无法应对的复杂情形和危险境况时能够缓和焦虑。对兰斯·班尼特（Lance Bennett 1980）来说，内化了的神话，形成了一个深层次的结构，能调节首要过程和次要过程，或意识与无意识。

我认为这种模式是不充分的。毋庸置疑，某一特定语境鼓励非理性行为并且被一些工于心计的政客或一些对神话本身将信将疑的鼓吹者利用，错误的信仰和高度的敏感性在这一特定语境之下会被有意搁置起来。然而，我们需要谨慎对待非理性思想。例如，令人担忧的是，吉尔林（1993）信心十足地声称，他能够从长久以来存在于巨大群体内的集体信仰中把理性与非理性区分出来。通常情况下，我们可能会从不同的视角来研究同一事件，得出一个不同至少具有更细微差别的阐释，这些阐释并非依赖于非理性的设想，而是考虑到为什么信仰者的态度和看法会使他们所理解的真理对他们来说似乎是可信的。不管怎样，无论是理性问题还是非理性问题都包括文化色彩和普通判断，但不包括在某些理论家看来似乎是确定无疑的知识范畴。在这个领域中，需要极其谨慎并且密切关注既定神话传播所需的具体历史语境和社会环境。

根据雷蒙德·布顿（Raymond Boudon 1989）的社会起源理论和意识形态的传播理论，神话接受的有效方法始于一个假设，即从非理性心理学（实践证明是不成立的）来看，解释是神话接受的最后一步而非第一步。第一步是去质疑，为什么对某一事件的特定叙述，某些社会成员认为有充分理由而相信，但其他人却认为是神话。其中的一类因素是接受者的认识论结构框架,更具体地说,就是故事具有的意识形态色彩,诸如观念、信仰、价值观和社会行为取向在多大程度上与接受者以前对政治世界的理解相匹配。

然而,意识形态上的匹配或不匹配本身不足以保证人们对所述事件是相信还是不相信。它取决于一系列相当复杂的因素。第二类因素是故事讲述者在故事接受者眼中的地位如何,他、她或它(如果是某一组织)的相关可信度、合法性、权威性,以及赢得他们关注的能力、传播渠道的地位如何,是书面用语、广播传媒、口头用语还是其他方式。简言之,就像皮埃尔·布迪厄(Pierre Bourdieu 1991)所说,这类因素是象征性的力量。更进一步来说,考虑到社会成员的态度和倾向是很重要的。为了证实叙事的真实性,故事讲述者宣称故事接受者所在的社会文化空间与最接近的故事讲述者相关联,接受者对故事素材要么耳熟能详,要么非常陌生。这些因素融合在一起具有了复杂性,导致人们在对历史事件进行经验主义分析的过程中出现了大量的方法论问题。但是,这并没有否定这样的论点,即用理性行为来解释应该先于,或者至少应该与用非理性行为来解释一起考虑。

有关某些具体神话在某些特定社群中的流传,我们有必要考虑的是,除了将其呈现为非虚构的书面和口头形式,神话还能以哪些文化形式进行传播。虽然这里不可能考虑到这些方式的复杂性,但值得强调的是,神话可以通过小说、戏剧或电影进行传播。它们可以形象地呈现在绘画、卡通和海报上,也可以表现在雕塑、塑像及其他塑造形式之中。人们可以在博物馆里、纪念碑前,或在重要事件的发生地举行的纪念活动来传播神话。政治礼仪如加冕礼、就职典礼、周年纪念和其他纪念仪式经常会把一系列散漫的和其他关于一个或更多个神话的象征物压缩为一种仪式庆典。

七、结 语

政治神话理论需要去神话化。神话创造是一种日常操演,它渗透到了政治交流的话语之中。人们没必要把神话视为意识的某些特定形式的表达,或将神话信仰置于非理性的精神病态之中。神话创造没有什么稀奇之处,也没有什么错误之处。根据意识形态的信仰,这是使政治事件变得可以理解的一种完全正常的方式。某些故事经过很长一段时间之后在某个社群中获得了重要性,而有些故事则转瞬即逝。然而,神话创造叙事的生产和再生产是政治生活的永恒特征。

根据推论形式、社会功能、文化地位，以及图像的、非自然的和形体运动的表征符号，我们在政治神话和宗教神话之间建构了某种关系，并借此勾勒出一种模式。我还没有讨论过这种关系在每一个领域中的精确对等性，但其相似之处非常之多，所以也必然意义非凡。宗教信仰与政治意识形态相对而立，在现代社会中不同程度地彼此依赖、合作或竞争，共同建构了共生共荣的文化生态图景。世界几大宗教在创造了自己的神话学、礼拜仪式、礼仪及其他艺术表达形式的同时也创造了神学。它们在不同的社会环境中，已经适应了当地的各种文化变体和新生之物。它们使宗教发生分裂，并在信仰的众多流派之中形成了迥异的传统。它们建构了语义框架，并为信仰者之间的交流提供了共享性的概念和术语。意识形态也大致如此。意识形态的理论争辩以理性反思和意义凝练而负有盛名。但是，神话创造与理论相互为伴。唯有把事件整合起来进行历史阐释和预测，才有可能展示出某些特定价值观、信仰和目标在那个社会中应有的功效。神话声称通过展示自身所扮演的角色可以含蓄地证明其价值观的有效性。因此，神话创造是意识形态必不可少的一部分。

参 考 文 献

Barrett, M. (1991) *The Politics of Truth: From Marx to Foucault*, Cambridge: Polity Press.

Bennett, W. L. (1980) "Myth, Ritual, and Political Control," *Journal of Communication*, 30: 166–79.

Boudon, R. (1989) *The Analysis of Ideology*, trans. M. Slater, Cambridge: Polity Press.

Bourdieu, P. (1991) *Language and Symbolic Power*, trans. G. Raymond and M. Adamson, Cambridge: Polity Press.

Cassirer, E. (1946) *The Myth of the State*, New Haven, CT: Yale University Press.

Chomsky, N. (1989) *Necessary Illusions: Thought Control in Democratic Societies*, London: Pluto Press.

Connerton, P. (1989) *How Societies Remember*, Cambridge: Cambridge University Press.

Dory, W. G. (1986) *Mythography: The Study of Myths and Rituals*, Tuscaloosa, AL: University of Alabama Press.

Dundes, A. (ed.) (1984) *Sacred Narrative: Readings in the Theory of Myth*, Berkeley and Los Angeles, CA: University of California Press.

Eagleton, T. (1991) *Ideology: An Introduction*, London: Verso.

Eatwell, R. and Wright, A. (eds) (2000) *Contemporary Political Ideologies*, 2nd edn, London: Continuum.

Eccleshall, R. *et al.* (2001) *Political Ideologies: An Introduction*, 3rd edn, London: Routledge.

Edelman, M. (1967) "Myths, Metaphors and Political Conformity," *Psychiatry*, 30, 3: 217–28.

——(1975) "Language, Myths and Rhetoric," *Trans-Action*, 12: 14–21.

Egerton, G. W. (1983) "Collective Security as Political Myth: Liberal lnternationalism and the League of Nations in Politics and History," *International History, Review*, 5, 4: 496–524.

Eliade, M. (1958) *Patterns in Comparative Religion*, London: Sheed and Ward.

Fairclough, N. (1989) *Language and Power*, Harlow: Longman.

Fay, B., Pomper, P. and Vann, R. T. (eds) (1998) *History and Theory: Contemporary Readings*, Oxford: Blackwell.

Flood, C. G. (2002 [1996]) *Political Myth: A Theoretical Introduction*, New York: Routleclge.

Freeden, M. (1996) *Ideologies and Political Theory*, Oxford: Clarendon Press.

Girardet, R. (1986) *Mythes et mythologies politiques*, Paris: Seuil.

Girling, J. (1993) *Myths and Politics in Western Societies: Evaluating the Crisis of Modernity in the United States, Germany, and Great Britain*, New Brunswick NJ: Transaction Publishers.

Hawkes, D. (1996) *Ideology*, London: Routledge.

Heywood, A. (1998) *Political Ideologies: An Introduction*, 2nd edn, Basingstoke; Palgrave.

Horne, D. (1984) *The Great Museum: The Re-Presentation of History*, London: Pluto.

Kertzer, D. I. (1988) *Ritual, Politics, and Power*, New Haven, CT: Yale University Press.

Lemke, J. L. (1995) *Textual Politics: Discourse and Social Dynamics*, London: Taylor & Francis.

Lincoln, B. (1989) *Discourse and the Construction of Society: Comparative Studies of Myth, Ritual, and Classification*, Oxford: Oxford University Press.

—— (2000) *Theorizing Myth: Narrative, Ideology, and Scholarship*, Chicago, IL: University of Chicago Press.

Macridis, R. and Hulliung, M. (1996) *Contemporary Political Ideologies*, 6th edn, New York: Addison-Wesley.

McLellan, D. (1986) *Ideology*, Milton Keynes: Open University Press.

Munslow, A. (1997) *Deconstructing History*, London: Routledge.

Nimmo, D. and Combs, J. E. (1980) *Subliminal Politics: Myths and Mythmaleers in America*, Englewood Cliffs, NJ: Prentice-Hall.

Parenti, M. (1986) *Inventing Reality: The Politics of the Mass Media*, New York: St Martin's.

Segal, R. A. (1999) *Theorizing about Myth*, Amherst, MA: University of Massachusetts Press.

Seliger, M. (1976) *Ideology and Politics*, London: Allen and Unwin.

Sorel, G. (1961 [1908]) *Reflections on Violence*, trans. T. Hulme and J. Roth, New York: Collier.

Suleiman, S. R. (1983) *Authoritarian Fictions: The Ideological Novel as a Literary Genre*, New York: Columbia University Press.

Thompson, J. B. (1984) *Studies in the Theory of Ideology*, Cambridge: Polity Press.

——(1990) *Ideology and Modern Culture*, Cambridge: Polity Press.

Thompson, L. (1985) *The Political Mythology of Apartheid*, New Haven, CT: Yale University Press.

Tudor, H. (1972) *Political Myth*, London: Pall Mall.

第十章 神话与公共科学

玛丽·格哈特 阿伦·麦尔文·罗素

一、前言：神话的矛盾观

打开1997年12月4日的《华尔街日报》，我们会发现头版标题为《科学发声：全球变暖是个神话》（*Science Has Spoken：Global Warming Is a Myth*）。此外，玛丽·米奇丽（Mary Midgley）1990年在吉福德的演讲稿于1992年出版了，我们在这本书中看到有篇文章的标题为《救赎人类的科学：现代神话及其意义》（*Science as Salvation：A Modern Myth and Its Meaning*）。这些文章有些什么共同点？我们时常会从这些文章尤其是涉及现代科学技术的文章中发现，"神话"一词的使用意味着文章的叙述是虚假的，甚至是具有欺骗性的。追根溯源，科学是"知识"的意思，但讽刺的是，有着"虚假叙述"意义的神话却和它扯到了一起。科学史的研究表明，科学工作充满着"基旨"（themata），进而使已发表的科学论文，尤其是物理学论文具有某种"神话性"；但是，这里的神话性不是虚假叙述意义上的神话性。

神话的这种矛盾观使科学与宗教的关系恶化。宗教中的"神话"已然被认为既具有潜在的消极意义，也具有潜在的积极意义。在日常话语中，当某人说"哦，那简直是个神话"时，他意在使人们关注言说之中所存在的虚伪性，就如同虚假广告里的虚假性一样。但是在宗教里，神话还具有另一个较专业的意义，那就是：神话是关于人类起源的故事，如若被阐释得好，它就洞悉了人类如何用非凡的感知力、记忆力和欲望创造了"世界"。此外，科学家和那些推动科技进步的人们往往普遍地贬低那些我们认为具有神话色彩的知识。

最后一章的主题是科学本身在公共领域的运用中所具有的神话属性。宗教和哲学的对话的结果表明科学也有其"神话性"。在宗教和科学中，宗教和哲学的对话鼓励神话在任何可以出现的地方出现。我们对科学中出现的神话尤其感兴趣。

二、神话与科学哲学

正如过去几百年里所表述的那样，科学哲学努力去探究科学活动与旨在洞悉我们赖以生存的世界的认知活动之间有何不同之处。在此，我们将谈谈卡尔·波普尔（Karl Popper）和保罗·费耶阿本德（Paul Feyerabend）两位哲学家就神话所做的论述。他们在一些认识论问题上的研究产生了巨大的影响，但自然科学家在这些问题上却徘徊不前，无法取得成就。波普尔认为，神话就是科学理论的古老形式，即科学的原始思想。在他看来，科学家的工作就是去观察理论所描述的世界。理论（神话）被检验它们的观察重写。波普尔不认为科学始于观察。人们或许做过很多的观察，但是在波普尔看来，科学始于对观察结果的原创性阐释："从历史的角度讲，所有或几乎所有的科学理论都源于神话。"（Popper 1968：38）此外，"科学理论不仅仅是观察的结果，它们还是神话创作与验证的产物"（Popper 1968：128）。据波普尔的观点，在科学领域中，"神话的重大意义是它们既可以成为批评的对象，也可以被改变"（Popper 1968：131），尽管这样做通常很困难。费耶阿本德对这一过程不怎么乐观。他认为：

>知识……并非逐渐接近真理。它始终是一个不断扩张的汪洋，里面充斥着互不相容的（可能甚至是无法衡量的）知识内涵。每一个理论，每一个童话故事，每一个神话……都迫使其他理论与其发生关联……促进我们的意识不断发展。
>
>（Feyerabend 1975：30）

他总结道，"科学与神话的关系远比科学哲学所预期的更密切"（Feyerabend 1975：295）。

据说在所有的社会群体里，科学团体对其所信奉的思想有时具有高度的一致性，而其他团体在这一点上是望尘莫及的。在宗教团体里，甚至有着各种各样的派别，教义和信条更是多样化，这种现象在自然科学领域就逊色多了。然而，在科学领域里，人们思想观念的完全一致只是表象而已，公共科学在科学刊物、科学教材、非专业期刊、报纸、视频媒体里所呈现的思想观念并非完全一致。将对此一致性的天真体验和对神话的天真理解搁置在一起时，我们就会发现这样一个矛盾，即正确的科学怎么会是错误的神话呢？这一矛盾表现在两个方面：一方面，自然科学的许多理论都存在着严重的矛盾性；另一方面，有证据表明神话叙事在科学认知的发展中发挥了巨大的作用。

此外，我们认为，"科学的神话性"并不仅仅局限于理论认知的建构。同行的述评和公开发表的实验报告也要利用神话创造的建构性因素去表征最为正式的观察和评估。

我们首先介绍的是公共科学和私人科学的区别。公共科学和私人科学这两个术语是由哈佛大学的杰拉德·霍尔顿（Gerald Holton）提出的，他既是物理学教授又是科学史教授。

三、霍尔顿的发现：私人科学与公共科学

在《科学思想的基旨起源》（Thematic Origins of Scientific Thought，1973）一书中，杰拉德·霍尔顿用 x 轴、y 轴和 z 轴所形成的坐标系来构建一个三维空间去阐述科学发现和科学解释。x 轴和 y 轴构建一个平面，霍尔顿称其"可能发生"平面。x 轴表示实验或现象，而 y 轴表示启发性的分析。坐标系上的 z 轴表示：

> 基本的预设、概念、术语、方法论判断和决定，简而言之，即基旨的各种参数。一方面，它们自身并非形成于客观观测，也没有变为客观观测；另一方面，它们是逻辑性的、数学性的或其他什么正式性的推理。

(57)

霍尔顿创造了这个知识空间来进一步发展他所提的"科学思想基旨分析法，它类似于在科学领域之外已被长期使用并且拥有巨大优势的主题分析法"（57）。第三维度表示"私人科学"，与表示"公共科学"的"可能平面"形成了对照。

科学家在实验室所从事的工作不仅仅局限于实验主义和分析主义的二维科学观。霍尔顿研究了罗伯特·A. 米利肯（Robert A. Millikan）的个人实验记录，这位科学家致力于证明电子电荷是以相同大小的独立模块释放出来的。他也对阿尔伯特·爱因斯坦（Albert Einstein）进行了研究，这是一位对自己的广义相对论非常自信的科学家。

霍尔顿清晰地阐述道，人们无法通过解读和分析科学家出版的著作来研究他们的学术思想。他引用皮特·梅达沃（Peter Medawar）的话说，"研究科学文献是毫无意义的，因为这些文献不仅仅掩盖而且有意地误述了科学家的推理论证"。由此，霍尔顿认为：

> 科学的组织体系，如出版方式、研讨会、年轻科学家的遴选和培养，恰恰都旨在削弱对科学活动中个人因素的关注……作为一种共享性活动，科学本身的成功似乎与爱因斯坦所称的"个人奋斗"无关

……那时，人们认为爱因斯坦所从事的研究是两个学科的交叉研究，或是两个领域的交叉研究，其中一个是"公共科学"，另一个是"私人科学"。

(Holton 1978：4-5)

那么霍尔顿所用的概念"公共科学"指的是什么呢？

已发表的科研文献几乎无一例外的都是对实验室里的历史记录进行的重构。基于科学实验或科学观察发表的研究文献是在一定的时代背景下书写的，这一时代背景强调事件的因果关系。因此，尽管实验记录是科学家在某一历史时期内认真记录下的，但从历史的角度讲，在某些著名的科学实例中，它所讲述的故事甚至并不是"真实的"实验描述。

在实验室里，科学家虽然对所观测到的现象必须给予一个"令人满意的"解释，但他们从未陷入愚蠢且又不足为奇的无聊观测者的处境。并非所有的科学观测都同样具有合理性且被人认可。罗伯特·米利肯在他的笔记里写到，对于观测，"错误的绝不使用"（Holton 1978：65），同时"美好的必定要发表出来"（Holton 1978：64）。米利肯选用了单个小油滴来测量电子的电荷。最后，他从观测过的140个油滴中选择了58个进行研究，并以此为基础，发表了有关电子电荷方面的论文。

在当今世界，如此小的选择比例可能会被谴责为缺乏公正性。但是，科学论文及公共科学的书写风格使人们在撰写论文报告时完全隔离了个体实验者的情感与实验团体的观测方法、观测数据及观测结论，使其完全处于离身（disembodied）认知状态之中。那些公布于众的研究方法、数据和结论与实验室里认真记录下来的信息不同，也与其所发生的历史时间脱节。

霍尔顿认为，科学家们的科研动力来源于对各种各样基旨的效忠。这种忠诚影响了他们如何"看待"和分析观测数据，对于决定出版什么乃至研究什么也具有一定的影响力。

在某种程度上，基旨的作用可以与政治上所讲的忠诚相媲美。例如，自由民主党派认为法定最低工资可以保证人们最起码的生活水平，从而减少贫困问题。而保守的共和党则认为同样的法定最低工资可以减少即将创造出的工作岗位数量，而这正是希望工作的人正在寻找的工作机会。因为难以界定孰是孰非，以上两种观点都言之有据。但是，支持两种观点的数据材料可能不同。

20世纪早期的物理学家被划分为两大阵营。一个阵营忠诚于连续统一理论基旨。这一派物理学家可能被称为"陆地派"（the field group）。他们认为世界是由连续统一的物质构成的，其属性（诸如位置、数量、能量和电荷等）在持续变化着。另一阵营的学者则是原子论者。他们认为世界是由独立的物质构成的，且其属性彼此差别很大。很显然，批评家们对这两派科学家做出的专业评价难免会受到自身所处的阵营的影响。

霍尔顿的研究方法具有历史性而无哲学性。在研究物理学家的著述后，他获得了一定的数据，然后在此基础上建构出了自己的论证。把科学家的私人信件和实验室记录与其出版的著述做比较后，霍尔顿发现，科学家决定采用什么研究方法，公布什么样的数据，都取决于自身对所研究学科的基旨感知。"分析科学家的研究动机及他们对持有相反基旨的科学家的冷漠态度……展现了科学家在早期的科研中对各自所持基旨的情有独钟（Holton 1978：5）。

不仅像罗伯特·米利肯这样的实验科学家有这种行为，理论物理学家也同样如此。爱因斯坦是如此坚信万有引力定律（广义相对论）的正确性，因此，当有人问他，如果实验无法证实自己的理论设想怎么办，他说并不介意，因为自己的理论是正确的。

霍尔顿认为，科学家们实际上只有发表自己的科学发现后才会写自己的研究历程，讲述研究过程中发生了什么。为了让所选择的基旨具有说服力，并有效描述其他科学家的经历，他们以一定的方式建构了研究过程的叙事结构。其他科学家若对同一现象进行研究时，他们也是这样选题和描述实验的。

这种非历史的叙事特征正是科学活动的特点之一，这可能会使我们将公共科学理解为神话。我们需要指出的是，这种叙述方式绝不仅仅局限于物理学和化学等学科。在科学研究中，重要的基旨原则总是影响着实验的分析，例如在地理学中，均变论和灾变论这两种理论彼此一直存在着分歧，但长久以来，这两种理论对人们分析地质数据都产生了巨大的影响。

为什么霍尔顿在研究科学史时发现了这些故事呢？霍尔顿是这样进行他的科学史研究的："首先，我努力对某个特定科学家的早期科研工作做一个细致的考察；然后，将其与他发表的研究成果放在一起进行研究；接着，再将其与第一手的文献资料（包括书信、访谈、笔记）放在一起来做研究。"（Holton 1978：vii）

霍尔顿运用"基旨分析法"（该术语和人类学，艺术批评等学科中所用的术语很相似，Holton 1978：5），对科学工作进行了分析。他发现，"在其他领域，类似于基旨分析法的一些技巧也得到了很好的应用，比如内容分析、语言学分析和文化人类学分析"（Holton 1978：ix）；此外，"在确定科学研讨的基旨元素并为其排序时，我所采取的态度在某种程度上很像民俗学家惯常所用的方法，他们常常通过倾听史诗故事去了解潜在的主题结构和情节再现"（Holton 1978：5，我们的强调）。

我们在这里谈到的是一位科学家，他同时也是一位科学史专家，他阅读其他科学家的著述，并将他自己的研究类比于民俗学家的研究，即倾听具有潜在主题结构和情节再现的史诗故事。霍尔顿认为，科学家们的著述具有某些神话的特点，为了证实霍尔顿的观点，我们现在开始探讨神话的一些特点。

四、神话和科学中的时间与叙事艺术

在为《哲学百科全书》（*The Encyclopedia of Philosophy*，vol. 5：434 – 437）撰写的文章中，阿拉斯戴尔·麦金太尔提出了将神话思想史划分为三个时期的简要设想。希腊神话哲学时期为第一阶段，始于维科（Vico）止于孔德（Compte）的"现代思想"时期称为第二时期（麦金太尔把始于基督纪元止于维科的这段时期看作"神话消极观念盛行期"），19世纪到现在被称为第三个阶段，即"神话和现代非理性主义时期"。

早期神话研究几乎都在探究特定神话的"意义"，并把它们理解为"年代久远的虚构故事"。直到维科时期，人们才认识到神话是"某一特定时期集体思想的反映"（MacIntyre 1967：435）。麦金太尔还援引了维科的观点，"众神的传说其实就是当时人们生活习惯的真实记录"（MacIntyre 1967：437）。从中我们听到了功能问题，而不是真理问题及现代思想的兴起问题。在讨论第三个阶段时，麦金太尔对比了克劳德·列维－斯特劳斯和米尔恰·伊利亚德的最新著作。他说，"克劳德·列维－斯特劳斯就某一特定社会的地方性或特殊性去分析神话内容"，然而，"米尔恰·伊利亚德则将神话同人类普遍的宗教兴趣联系起来，并且尽可能地使之脱离地方性和特殊性"（MacIntyre 1967：437）。当我们将20世纪的神话理论运用于现代科学的风俗习惯中时，我们将重复上述两种主题。但是，我们应首先回顾一下相关学者对神话的新理解，以便重新理解科学。

我们接下来从神话在公众科学中的积极意义来论述神话的叙事功能，而这又使我们的探讨回到了前言部分提到的神话与科学的矛盾上了。汉斯·布鲁门伯格（Hans Blumenberg）的《神话研究》（*Work on Myth*）是当今最全面的神话著作之一，在该书英译本的序中，罗伯特·华莱士（Robert M. Wallace）的一段论述说明了科学神话的建构性阐释之难，他认为：

> 我们对科学的惯常理解，不管是理性主义者、经验主义者，还是实证主义抑或其他思想派别，都保持着启蒙主义时期的传统，暗示现

代神话完全局限在美学的想象中。在我们大量的实践生活中，就功用而言，神话还是与伟大的科学理性扯不到一起的。另外，那些对神话有着广泛兴趣的文学研究者、人类学家、心理学家往往倾向于极端浪漫主义，认为当今存留下来的神话或多或少地都反映了人类的固有本性。鉴于其悠久的历史和无处不在的特质，神话是人类本性而非（"肤浅的"）理性的基石。

(vii)

既然重要的神话理论家诸如卡西尔、伊利亚德、列维-斯特劳斯、约瑟夫·坎贝尔等人的著作都这样或那样地遭到了汉斯·布鲁门伯格"极端浪漫主义"的批评，那么，我们不会采纳任何来自广义文学中的神话理论或定义。相反，我们将要详细描述神话的叙事特征：一、丰富性和持续性；二、重新阐释的可能性；三、优化性；四、想象与事实的交织性。以上四个特征都有益于我们探索公共科学的神话性。这四个特征与其说是反映了人类本性的浪漫主义设想，不如说是反映了相同神话的叙事结构、本质和功能，但也不局限于此。

神话叙事的第一个特征是持续性。这是一个与布鲁门伯格口中的"孕育"相关联的特征。那些经过无数读者的"检验"而存留下来的叙事作品潜藏着阐释的丰富性和持久性。这些观众"积极认可叙述者对故事的成功叙述，甚至认可其谋生手段或生活"（Wallace in Blumenberg, xx）。神话能够流传下来的原因是其他潜在的神话故事遭到了否定：抒情诗人选择家喻户晓的神话作为诗歌创造的素材时，那些不怎么流行或者较恐怖的神话就从人们的记忆和历史中消亡了。在公共科学领域，科学期刊叙事的意义深远性和持续性有赖于其后发表的作品对它的持续引用。这些引用既表明了其他科学家对这些著述的认同，也表明了这些著述的持续有用性。

神话叙事的第二个特征是重新阐释的可能性。它极有可能源自神话的丰富性，即布鲁门伯格所谓的意义深远性。这一叙事特征使人对神话产生了某种期待，即神话故事也许突然就断断续续遭到与众不同的阐释。这就是布鲁门伯格所称的"全新的，出乎意料的阐释"（Wallace in Blumenberg, xxx）。然而，神话的浪漫主义理论通常将神话的意义植根于人类最根本的原始本性上。可是，布鲁门伯格反而认为最好将神话理解为一种功能，就像数学中的"极限"一样，无限靠近，但是永远也达不到一个确切的数值。数学中的这一"极限"概念更正了浪漫主义者的预期，人类可以通过神话原始思想的叙述来了解人类的根本起源——我们却总是在逐渐地了解（永远无法完全了解）人类的生存状态。布鲁门伯格认为，最终的神话，即"终极神话"具有类似的作用，它帮助人们理解现实并积极努力地塑造现实，而不是被动地被现实塑造。无论"人类的生存状态"如何，我们都可以在神话般的开始和神话般的结束这两个极限之间编造谎言。在稍后发表的论文对早先发表的论文进行的修订中，人们发现了神话叙事的第二个特征的相关科学体现。

神话叙事的第三个特征是优化性。优化性就像丰富性和持续性一样，某些神话具有这一特征，而另一些神话则没有。优化性或发展性随着受众的不同而不断发生变化。神话的叙述者或许对故事情节有所厌倦，或许产生了其他的审美偏好，于是他就讲述了一个截然不同的故事，并且发现这个故事更为人所认可。让我们感兴趣的是，布鲁门伯格运用达尔文的自然选择观解释了神话叙事的优化性是如何产生的。

这里的优化性不同于19世纪的"进步"观。变化在发生，而且有些变化更有益，于是就出现了优化。华莱士的解释比布鲁门伯格的更加简练："这种'客观的进步'不仅存在于理论中……还存在于技术中，或两者兼而有之，不仅发生于神话中，也发生于整个'行为模式和思维结构'中"（Wallace in Blumenberg, xxii）。布鲁门伯格将这些引起客观进步的种种模式称为"制度"。① 优化性在科学理解的发展进程中被认为起到了十分重要的作用，甚至可以终止某一课题的科学论述的出版发行。米利肯对电子电荷做了大量的研究，可是人们不太可能在现今的科学期刊中找到与其科学发现相关的额外数据和讨论。尽管如此，我们急需附加一句：如果谁能发现米利肯的测量方法可以用于测量夸克的微小电荷，那他也可以出版自己的科学著作。②

神话叙事的第四个特征是虚构与事实的交织性。这一特征在神话的转变和创新中可能比其他任一特征所起的作用都大；此外，它还对神话意义的持久性认同起到了重要作用。我们从保罗·利科的叙事理论中直接借用了这一神话叙事特征，即神话叙事不仅仅复制现实，而且"构建"现实，解读了如何"重构"现实。利科把这一理论仅仅局限于"历史性叙事与虚构性叙事的交织上……在这里，过去的历史同丰富的各类虚构想象联系了起来"（Ricoeur 1984 - 1988, vol.3：192）。在此我们认为，利科所使用的研究方法不仅仅将历史叙事和虚构

---

①布鲁门伯格思想中一个颇具争议的方面是，他渴望战胜在神话理论上占垄断地位的浪漫主义，他很瞧不起想象力。（我们认为没有必要这样。）
②霍尔顿从 P. A. M. 狄拉克的一封信里节选了这段话（Holton 1978：304 n12）。它是关于米利肯所研究的异常电子电荷及为了探测自由夸克而做的实验。

叙事交织在一起，而且将更广泛的非虚构叙事和虚构叙事交织在一起。这一扩展性研究方法为我们分别就历史时间和消逝时间去分析叙事时间和科学时间提供了可能性。霍尔顿用其区分了私人科学与公共科学，本文余下部分将就虚构叙事与非虚构叙事去探究利科叙事理论的构建可能性。

关于历史时间，利科认为，日历作为一项科学发明，在不同的时间之间架起了桥梁。日历使人们推算"编年史"时间成为可能，而编年史中的时间通常是历史时间和其他非虚构时间的基础。假若叙事情节主要是按照事件发展的先后顺序而展开，那么人们就要运用历史时间。倘若故事情节主要是基于想象的可能，并且未被史料记载或与日历毫无关联，那么人们就会用到神话时间。

起初，日历好像对公共科学几乎没有什么用处，因为物理时间只是各个时刻简单依次延续（除了天文学，因为它需要确定事件在星空中发生的编年史时间）。尽管如此，日历使人们推算编年史时间成了可能，编年史的时间通常是历史时间和其他非虚构时间的基础。重要的是，虚构叙事/历史性叙事（利科的类型学）和虚构叙事/非虚构叙事，都有可能既包含与历史无关的事件，也包含那些按照历史时间的先后顺序而发生的事件。这些文本经常都会或多或少地脱离日志、编年史或是笔记记录。利科认为，两种"脱离了宇宙时间束缚的叙事"是类型学里面的极端表现形式（Ricoeur 1984 – 1988，vol. 3：128）。第一种是神话或发生于现存日历之前，或是已经与日历失去了关联；第二种就是想象的虚构性文本，故意忽略、歪曲或夸大与超越认知的日历时间之联系。

伊利亚德曾经认为，神话是按照神圣的时间顺序依次展开的叙事。我们之前曾否定过这种传统的神话意义，因为这样定义神话不足以帮助我们确定神话研究的科学性。尽管如此，我们在此还是要沿袭神话的部分传统意义。就宗教意义而言，神话具有可重复性。例如，每次举行圣餐仪式时，细节都会有所不同，但重要的仪式是不变的。同样，公共科学也有其相应的表现形式，尽管科学报告的形式是一模一样的，但是报告的内容却不同。

关于公共科学，人们起初也许会认为科学范畴内可辨认的神话就是发生于历史的某一时刻的科学事件。然而，在科学理论中，时间的本质是无处不在，是一个处于核心地位的概念，以至于我们很难想象哪一个科学理论是能够脱离时间而存在的，因此，科学时间需要单独标注出来。我们认为科学时间的特点是"持续性"。本篇论文将要通过以下方式来帮助读者明白神话与历史的相似点与不同点。

首先，关于相似点，我们认为，神话和历史都可以看作包含开端、发展、结局这一传统叙事结构的故事。其次，关于不同点，我们认为，神话叙事时间缺乏历史的暂时性。相反，神话叙事中的时间纯粹是流逝的或持续的时间，尽管可以通过计算日期/时间之间差异的数学方法使流逝的时间从历史时间中抽取出来，但是这种暂时性不是历史时间所必备的。

神话的叙事时间不是历史时间，这是神话必不可少的特点。神话是一种叙事，因为是叙事，所以必然包含流逝了的时间（这就像科学时间一样）。但是，神话的这种叙事并非发生在历史上某一特定时间（历史时间），而是发生于任何时间。我们注意到，这一点与科学实验的要求何其相似——科学实验在任何时间都可以被重复。历史叙事时间是按先后顺序排列的，除非故事的某些要素需要时间上的延续性。与之相对的是，神话叙事时间必须是一种延续性的时间（流逝的时间）。

当故事的叙述脱离其所处的历史背景时，就会产生显著的情感变化。为此，我们不妨对同一事件的不同表述做一比较。

片段1：

纳塔莉亚·佩特罗斯基（Natalia Petroski）于1898年生于东欧，也就是如今的捷克共和国境内。1906年4月19日，纳塔莉亚随父母乘船从哥本哈根出发去往美国，并于5月4日来到纽约。纳塔莉亚一家和朋友们在纽约待了一段时间，于11月12日从宾夕法尼亚火车站乘火车西行。纳塔莉亚一家最终在明尼阿波利斯定居下来，她的父亲在那儿找到了一份邮政职员的工作。父亲于1918年死于流感，之后她也开始从事邮政职员工作，直到1920年6月5日嫁给约翰·威尔逊（John Wilson）。她的丈夫于1942年6月3日在中途岛海战中溺水身亡，1942年6月7日，她的孩子小约翰（John Jr.）出生。

片段2：

当纳塔莉亚·佩特罗斯基8岁的时候，她和父母一道从哥本哈根乘船来到了纽约。航行花了15天时间。他们在纽约同朋友们待了27周后，乘火车去了明尼阿波利斯，并在那里安了家。在纳塔莉亚20岁的时候，从事邮政职员的父亲患流感去世。两年后，她嫁给了海军军官约翰·威尔逊，并在丈夫死后四天生下了一个儿子。

上述两个片段讲述了同一个故事。但是，我们的情感反映可能会大不相同。在片段一中，我们看到的是关于一个人的一系列事情，这些事是按照日历的时间，即历史时间讲述的。我们能够将这些个人事件与当时的历史事件进行对照，这样我们就有可能了解个人与所处的社会环境的关系。

片段二让我们体会到了一个人的人生境遇，因为我们与故事中的人物更容易产生共鸣，更容易联系自身去理解故事中的人物。公共历史（公众时间）的框架结构被我们自身经历的框架结构取代。片段一的叙述力图给所有读者一个相同的意义。片段二的叙述使得故事的意义在很大程度上取决于读者的个人经历（你很有可能会想起自己12岁时的情形，但是，可能不会记起1906年的情形）。片段一的叙事时间是历史时间，而片段二的叙事时间则是神话时间。

在物理和化学之类的公共科学中（但不一定在地质学或宇宙学这样的学科中），变量t几乎总是指流逝时间，而不是历史时间。如果一位物理学家描述某个物体向地面坠落，高度通常用纵坐标y轴来表示，时间通常用横坐标t轴来表示。两条轴的交叉点（原点）的时间是0。因此，横坐标轴t的所有数值总是和原点有关系。这些时间指的都是流逝时间，因为它们表示的是某一特定的时间t，例如t_a。t_a与初始时间t_0之间的差距，即流逝时间就是$t_a - t_0$。但是，因为$t_0 = 0$，所以流逝的时间$t_a - t_0 = t_a$。这里对于时间的处理同历史时间大相径庭。在历史时间坐标系中，横坐标轴上的数字都表示日期。

化学与物理学的情形是一样的：一个化学家发表的论文描述了某一化学反应，在这一反应中，某些物质必须加热一定长的时间（流逝时间），而不是从某个日子开始，再到某个日子结束。

在上述例子中，研究的变量一般都默认为长度或时间坐标轴，而没有具体的地点和日期，这就是最关键的区别。然而，在每一个具体事例中，实验室里的实验本身都发生于具体的地点和具体的日期。因此，实验室的实验都具有历史性，在实验室的记录册上都标注有具体日期；然而，发表出来的相关论文则具有神话性，因为其中的坐标轴上的时间无论在何时何地都可以被援引。

科学时间或其持续期很容易与历史时间区分开来。后者可以理解为理想的时间线，具有任意的"长度"。它上面的任何一点都对应着一个日期和时间，例如1923年10月14日11点34分27秒（或者11：34：27 – 10/14/23）。相比之下，科学时间可以理解为具有一定长度的时间段，例如02：14：36.3用时间基本单位秒换算就等于8076.3秒。这样持续的一段时间可以与具有相同长度的历史时间区别开来，后者常居于时间线上的特定位置上（可以说是两个历史事件之间的那段时间）。

我们中的一些人认为世上除了像数学这样的假定性系统以外再无绝对的真理。（在这些学科中，真理往往受限于某个学科体系，无法运用于现象世界。）神话本质的对错这一议题一定可以用其他术语来表达。在正式的体系以外，某理论必须在满足某些条件时才成立（$0 < P_+ < 1$），必须在满足某些条件时才不

成立（$1 > P_f > 0$）。关于神话我们又能说些什么呢？对我们而言，神话是"真理性的"叙事。它们不讲述"真理"，但却包含着真理，就像一个诚实的人总是愿意说实话（照着他或她所看到的去说）。

这篇论文中的"神话"概念强调了神话在科学认知的创造性建构中所起的作用。在现代科学界（尤其是物理学科），人们常常依赖神话叙事的结构去讲述科学发现，并借此让公众对这些成果深信不疑。当我们关注知识，把它当作创造出来的认知，而不是真理的时候（在其他地方我们称之为"过程之中的知识"），我们就可以更好地理解神话在促进认知建构方面的贡献：神话应当因真实被珍视，不应该以形式真理即语言价值去评判它的价值。任何神话无论怎么被珍视都不为过，因为它们都具有美学欣赏价值。

五、公共科学中的理想化

私人科学（实验室记录）与公共科学（期刊论文）的另一个显著区别存在于和某一特定学科紧密相关的美学中。我们相信，这些美学同霍尔顿的"基旨"理论密切相关，尽管它们之间并不对等。

首先，我们来看一个公共科学的例子，米利肯发表的有关电荷的论文：

> 显示在图 5 和图 6 中的研究结果源自一系列极其精密的实验观测，最早发表于德国物理学会会刊 1912 年 6 月期。由这些大量数据绘制而成的曲线图全部都放在了表 9 中。可以看出，这一系列的观测包括对油滴进行的实验研究。这些油滴代表了连续 60 天里所研究的所有油滴，没有遗漏任何一滴。
>
> （Millikan 1917：106）

> 从图 5 和图 6 中的数据可以看出，58 个油滴里只有一滴偏离基准线，占所有油滴的比重仅为 0.5%。需要说明的是，这些并不是经过挑选的组别，而是代表了连续 60 天里所有实验的油滴。在这段时间里，设备反复拆装了好几次。
>
> ［Millikan 1917：111（原版中的斜体）］

下面一段引文是霍尔顿在读过米利肯的实验室记录（即私人科学）后所做的评论：

> 第一个记录本的记录从他 1911 年 10 月 28 日进入实验室开始，……直到 1912 年 3 月 11 日为止，记录长达 110 页。每一页都代表性地记录着一滴油滴的实验……第二个记录本的记录从 1912 年 3 月 13 日开始，写了 65 页，

结束于1912年4月16日。每一页都惯常记录了一次实验。在这些记录本上总共记录了6个月内所做的大约140次油滴实验。

(Holton 1978：63)

霍尔顿发现米利肯是位实验型科学家，并在实验中做出了相应的美学评判。这些评判（或解释）最终帮助米利肯测定出了迄今为止最精准的单个电子的带电量。①

米利肯的书（以及他1913年发表的论文）没有伪造的数据和计算结果。米利肯所做的就是从140次实验中选择了最具代表性的58次实验，以此为基础计算出了最精准的电子（平均）电荷值。米利肯的研究表明，他的动力来自自己所观察到的实验现象（他声称利用了每一滴油滴），但是他的研究成果是具有误导性的。有人认为，研究人员对一项实验的预先假设会干扰最终的实验观测结果，这一思想在当时的历史科学领域是不被人接受的（其情形就像我们如今将出版的科学成果看作神话一样不被接受）。

但是，他也承认他在实验中看到了美，这促使他写了那篇期刊论文。正如霍尔顿所观察到的，"在记录本里用很大的篇幅来对自己的实验进行评述，因为美经常持续性地出现在实验过程之中"（Holton 1978：71）。我们在这里看到的是一个理想化的过程，是一个美学的过程。

科研成果具有美学意义，这是神话中的一个重要而积极的特点，它有助于我们理解，为何"基旨"变得如此重要；理论上科研成果是基于重复实验之上的，为什么这一重复性在科学领域内产生了认识论上的高度一致性。

有人抱怨科学在人类对世界的描述中抹杀了其自身的重要体验，持反对意见的人则认为，科研论文夭折的原因是（理论上）没有进行重复实验，重复性是科研报告在科学领域为人所接受的基本条件。

科学家个人应当挑选那些最能支持其实验目的的数据和观测结果，只要科学家没有捏造实验结论，数据都是可取的（除非那些数据在其他所有领域明显是完全不可信的），就并不能表明他们的报告是对实验的错误表述。在观察了"基旨"对科学理解的过程所起的作用后，霍尔顿发现，无法论证主流思想的科

---

① 米利肯对要发表的数据资料及要舍弃的数据资料进行过选择，这种选择可以同另一位作家塞巴斯蒂安·荣格尔（Sebastian Junger）进行比较，这位作家对1991年10月的北大西洋风暴进行了纪实报道。在为自己的书《完美风暴》（*The Perfect Storm*）所做的序言里，他写道："一方面，我想写一本完全记录事实的书……另一方面，我又不想让故事情节充斥着大量令人窒息的技术细节及各种猜测……我完整记录下了一些人们无法完全理解的东西。"（Junger 1997：xi-xii）米利肯和荣格尔都对获得的信息进行过选择。

研论文通常不予发表。此外，一旦这些论文被发表，人们就会对其进一步开展研究活动，不断搜集那些支持主流基旨的数据。"基旨"的变化往往紧跟着新的理论见解，而不是基于该领域最好反例的出现才变化。

所有的科学论文都具有神话性吗？不。霍尔顿的研究聚焦于斯蒂文·温伯格（Steven Weinberg）、罗伯特·米利肯以及阿尔伯特·爱因斯坦等科学家，这并非偶然。这些人不仅是科学家，也是哲学家。他们对知识的追寻源于他们渴望了解自然宇宙的奥秘，而不是为了寻找科技问题的解决方案。科学是科技（最广义上的工具）和自然哲学（对自然宇宙理解的创造性产物）的复杂混合体。那些既是自然哲学家又是科学家的人们为客观宇宙书写了史诗般的故事。这一史诗般的故事及支持这些故事的公共科学论述就拥有了我们所称的"神话性"。

我们的经验属性及宇宙属性共同表明，除了原始数据外，我们还可以"看到"很多。我们一直在努力使我们所发现的适应于我们原先的认知体系。这样一来，我们所知道的东西就会越来越多。美学思想在这一过程中起着重要的作用。从希腊人的经验中，我们可以看出，把东西拼凑在一起成为一个感官可知的整体，就是中庸之道的一个最好模式。在其他文化及当代西方文化中，我们可以找到很多的其他模式。

美并不是标准。并非每个人都能够看到美。狄拉克认为，方程式是否适合实验并不重要，重要的是，方程式本身就是美。并非每个人都认同他的这一观点。美学形式可以洞悉真理，美学使我们对身边之事的评判具有易变性。科学美学（或者其他美学）有以下意义：一方面，我们不能期望每个人都做出相同的评判；另一方面，以上所述的优化特征使得人们支持的观点得以发展或改进。

在最近一期的《美国科学家》（*Amercan Scientist*）杂志里有一篇文章，詹姆斯·W.麦卡利斯特（James W. McAllister）在文中就美学这样说道：

> 不同时期的科学家们对某一理论所具有的"美好的"美学属性持不同意见。从古希腊罗马时期的天文学家到尼古拉斯·哥白尼（Nicholas Copernicus），他们对对称美情有独钟……18世纪的力学研究具有抽象性，缺乏形象化……狄拉克在数学方程式的理论中看到了美。温伯格认为如果一个理论让人觉得它具有适应性或是必然性，那么这个理论就具有美的属性。
>
> （McAllister 1998：175-6）

尽管存在着各种异议，麦卡利斯特还是认为，科学家们将美学价值归因于具有美学属性的理论获得了实践成功。此外，这些偏好是"随着环境的变化而变化的"（McAllister 1998：179）。

人们似乎乐意接受这样一个观点，即虚构的故事也可以包含某些事实。然而，他们却不认为真实的故事里可以包含某些虚构的成分。后者被认为是某种欺骗，而前者却不是。但是，在利科看来，虚构和非虚构必须紧密结合，这样的叙事才会将现实构筑起来，从而让读者在理解的过程中重构现实。

参 考 文 献

Barbour, I. (1974) *Myths, Models, and Paradigms: A Comparative Study in Science and Religion*, New York: Harper & Row.

Bazerrnan, C. (1988) *Shaping Written Knowledge: The Genre and Activity of the Experimental Article in Science*, Madison, WI: The University of Wisconsin Press.

Blumenberg, H. (1985) *Work on Myth*, Cambridge, MA and London: The MIT Press.

Eliade, M. (1963) *Myth and Reality*, New York and Evanston: Harper & Row.

Feyerabend, P. (1975) *Against Method: Outline of an Anarchistic Theory of Knowledge*, London: Verso.

Gross, A. G. (1990) *The Rhetoric of Science*, Cambridge, MA: Harvard University Press.

Holton, G. (1973) *Thematic Origins of Scientific Thought: Kepler to Einstein*, Cambridge, MA: Harvard University Press.

——(1978) *The Scientific Imagination: Case Studies*, London: Cambridge University Press.

Junger, S. (1997) *The Perfect Storm: The True Story of Men Against the Sea*, New York: W. W. Norton & Company.

Knox, J. (1964) *Myth and Truth: An Essay on the Language of Faith*, Charlottesville, VA: The University Press of Virginia.

Lévi-Strauss, C. (1958) "The Structural Study of Myth," in T. Sebeok (ed.), *Myth: A Symposium*, Bloomington, IN: Indiana University Press.

Lonergan, B. (1980) "Reality, Myth, Symbol," in A. M. Olson (ed.), *Myth, Syrnhol, Reality*, Notre Dame, IN: University of Notre Dame Press.

MacCormac, E. (1976) *Metaphor and Myth in Science and Religion*, Durham, NC: Duke University Press.

MacIntyre, A. (1967) "Myth," in Paul Edwards (ed.), *The Encyclopedia of Philosophy*, New York: Macmillan, vol. 5: 434–7.

McAllister, J. W. (1998) "Is Beauty a Sign of Truth in Scientific Theories?," *American Scientist*, 86: 174–83.

Midgley, M. (1992) *Science as Salvation: A Modern Myth and Its Meaning*, London: Routledge.

Millikan, R. (1917) *The Electron: Its Isolation and Measurement and the Determination of Some of Its Properties*, Chicago, IL: University of Chicago Press.

Poincaré, H. (1952) *Science and Hypothesis*, New York: Dover Publications.

Popper, K. R. (1968) *Conjectures and Refutations: The Growth of Scientific Knowledge*, New York: Harper & Row.

Ricoeur, P. (1984 – 88) *Time and Narrative*, vols. 1 – 3, Chicago, IL: The University of Chicago Press.

索　引

（所注页码为英文原书页码，即本书边码）

A

Achilles，阿喀琉斯，25

Adam，亚当，105，125－6，138－9，152，159

aesthetics：Greece，美学：希腊，204－5；science，科学，202－4

African-American female figures 非裔美国女性，115－16

Aggañña Sutta，《起世经》，Buddhism，佛教，12，92－4

agroecology，农业生态学，170－1

alienation，疏远，40－1

allegorizers，讽喻家，25，28，42－3n8

Alvarez, L. W.，L·W·阿尔瓦雷斯，158

Analects of Confucius，《论语》，88，160

Anderson, Bernard，伯纳德·安德森，72

Anderson, Pamela Sue，帕米拉·苏·安德森，12－13，101，110，114

Andromeda，安德罗米达，25

animals/humans，动物/人类，26－7

animism，万物有灵论，18－19，26，36，42n4

anthropology，人类学，46，184

Antigone，安提戈涅，120n2

Aphrodite，阿芙罗狄忒，110

apocalyptic literature，启示文学，145，149

Apollo，阿波罗，132

Apollodoros，阿波罗多洛斯，153

Aquinas, Thomas，托马斯·阿奎纳，60，74

Aristophanes，阿里斯托芬，131－3，134－5，137，140n6

Aristotle,亚里士多德,1;Aquinas,阿奎纳,74;first philosophy,第一哲学,81;horse's teeth example,马齿之例,58;metaphysics,形而上学,88,91

Aronowitz,S.,S. 阿洛诺维茨 143

Asian Development Bank,亚洲开发银行,170

astronomy,天文学,205

Athena,雅典娜,105

Atlas,阿特拉斯,25

Augustine,Saint,圣·奥古斯丁,74

Austin,J.,L. J. L. 奥斯丁,52,56

authenticity of faith,信仰的真实性,80

authority,权威性,8,179

autonomy:circle people,自治权:圆体人,133-4;desire,欲望,133-4;humans,人类,104,139;knowledge,知识,34

avant-garde,先驱,154

B

Babbitt,S. E.,S. E. 巴比特,117

Bachofen,J. J.,J. J. 巴霍芬,104

Baeten,E.,E. 彼得,2

Baillie,John,约翰·拜里,78,82,83n5

Bakhtin,Mikhail,米哈伊尔·巴赫金,150

Bali,巴厘岛,162-3,170-1

Barbour,I. G.,I. G. 巴布尔,63n6,87-8

Barrett,M.,M. 巴雷特,176

Barthes,Roland,罗兰·巴特,143

Bataille,Georges,乔治·巴塔耶,143,146

Baudrillard,Jean,让·波德里亚,151

Baumfree,Isabella,伊莎贝拉·鲍姆弗里,115

Beardslee,William,威廉·比尔兹利,71

beauty,美,205

Beauvoir,Simone de,西蒙娜·德·波伏娃,102,107-9,116

Beings-in-the-world,在世的,存在于世界中的,50

belief，信仰，68，75 – 6；animism，万物有灵论，18 – 19；Christianity，基督教，5；culture，文化，96；ideology，意识形态，189；instinctive，本能的，直觉的，77；Peirce，皮尔斯，75 – 6，77；scientific method，科学方法，79；shared，共享的，182

Benardete，S.，S. 伯纳德特，132，133，134，135

Benjamin，W.，W. 本杰明，145

Bennett，Lance，兰斯·班尼特，187

Berry，Thomas，托马斯·贝里，166

Best，S.，S. 拜斯特，143，154n1

Bhagavad Gita，薄伽梵歌，160

Bible，圣经，20，40，72；see also creation stories，也可参见创世神话；Fall myth，堕落神话；Genesis，《创世记》

biculturalism，二元文化主义，161

Big Bang，宇宙大爆炸，63n6

biodiversity，生物多样性，158

biotic community，生物群落，162，169

Blanchot，Maurice，莫里斯·布朗肖，143，149

Blonsky，Marshall，马歇尔·布隆斯基，143

Blumenberg，Hans，汉斯·布鲁门伯格，2，30，102，197，198

Bochenski，I. M.，I. M. 波亨斯基，78

body，身体，111，127 – 8，146 – 7；female，女性，107，171

Bohm，David，戴维·玻姆，171

Boudon，Raymond，雷蒙德·布顿，187

Bourdieu，Pierre，皮埃尔·布迪厄，177，188

Bowra，C. M.，C. M. 鲍勃，59 – 60

Boyer，Paul，保罗·布伊尔，150

bracketing，加括号，48 – 50，52

Braidotti，Rosi，罗西·布莱多蒂，111

Brazil，Kayapò，巴西，卡雅布人，170

Buddhism：*Aggañña Sutta*，佛教：《起世经》，12，92 – 4；Nishida Kitaro，西田几多郎，57；Majjhima Bikaya，《中阿含》，88；*pratityasamutpada*，缘生，94；*satori*，开悟，5；suffering（*samsara*），苦难，12，93；*sunyata*，空无论，57

Bultmann, Rudolf, 鲁道夫·布尔特曼, 24, 40 – 2, 80, 88

Butler, Judith, 朱迪斯·巴特勒, 119

C

calendar, 日历, 199

Callicott, J. Baird, J. 贝尔德·卡里考特, 14, 159 – 60, 161, 165, 166 – 7

Calvin, Jean, 让·加尔文, 77, 78, 79

Campbell, Joseph, 约瑟夫·坎贝尔, 23, 92; personification, 拟人化, 24; poetry of myth, 神话诗歌, 42 – 3n6; Romanticism, 浪漫主义, 197; truth of myth, 神话的真实性/事实性, 90

The Canadian Journal of Political and Social Theory,《加拿大政治及社会理论学刊》, 143

canon 经典 71, 143

Caputo, J. D., J. D. 卡普托, 149

Carnap, Rudolf, 鲁道夫·卡尔纳普, 67

Carr, D., D. 卡尔, 61

Carter, Angela, 安吉拉·卡特, 149

Cassirer, Ernst: ideology, 恩斯特·卡西尔：意识形态, 36; Malinowski, 马林诺夫斯基 35 – 6; *The Myth of the State*,《国家的神话》, 182; mythic thinking, 神话思维, 34;

mythopoesis, 神话创造, 34; political myth, 政治神话, 187; Romanticism, 浪漫主义 197; science, 科学, 34; symbolic thought, 象征性的思考, 2

causation, personal/, impersonal, 个人/非个人原因, 20 – 1, 22, 38, 42n3

Cavarero, Adriana, 阿德利亚纳·卡瓦丽罗, 104

ceremony, 仪式, 70

Chaisson, Eric J., 艾瑞克·J. 查森, 166

Chase, Richard, 理查德·蔡斯, 30

chemistry, 化学, 201

chlorofluorocarbons, 氯氟烃, 159

Chomsky, N., N. 乔姆斯基, 183

Christ, C. P., C. P. 克莱斯特, 120n4

Christian, Sr. W., Sr. W. 克里斯蒂安, 15n2

Christianity：Augustine，基督教：奥古斯丁，74；beliefs，信仰，5；canon，经典，71；community，社会，67-68；cultus，礼拜，82；environmental ethics，环境伦理，159；epic narrative，史诗叙事，71-2；Judaism，犹太教，72，73；Middle Ages，中世纪，46；myth，神话，72，81；mythopoesis，神话创造，65，70-1；philosophy，哲学，74-5，81；*representamen*，再现，79；science，科学，158-9；theology，神学，65，82；*see also* Bible，参见《圣经》；Fall Myth，堕落神话；Genesis，《创世记》；God，上帝

circle people：Aristophanes，圆体人：阿里斯托芬，132，134-5；autonomy，自治权，133-4

circumcision, female，女性割礼，171

class，阶级，等级，118，176

Clemit, Pamela，帕米拉·克莱米，120n1

Cockburn, Alexander，亚历山大·科伯恩，170

co-creation，共创，171

Collins, Patricia Hill，帕特里夏·希尔·柯林斯，115，116，117

colonialism，殖民主义，143

Combs, J. E.，J. E. 库姆斯，184

comedy，喜剧，131

commedia dell'arte，即兴戏剧，72

commonsense，常识，77

community：biotic，生物群落，162，169；Christian，基督教，67-8；identity，身份，13，102；politics，政治，150-1；religious，宗教的，69，80；scientific，科学的，192

Confucius，孔子，88，160

Connerton, P.，P. 康纳顿，178

consciousness，意识，2，50，192

conservation, global，全球化保护，161

conservative-essentialist feminist approach，保守本质派女性主义研究方法，103，106，118

consistency, modernism，现代主义相容性，167-8

constancy hypothesis，恒定假设，57

constitution，构造，48

contingent plane，军用飞机，193

continuity, historical，连续性的，基于史实的，147

Copernican Revolution，哥白尼式革命，163

Cornell, Drucilla，德鲁塞拉·康奈尔，113，115，117

Cornford, F. M.，F. M. 康福德，44n15

cosmogony，宇宙进化论，144

cosmology，宇宙论，94-5

Cosmos/Nature，宇宙/大自然，82

creatio ex nihilo，从虚无中创造万物，56

creation，创造，55，56

creation stories，创世神话，89；Elohim/Yahweh，耶洛因/雅赫威，52-3，54-8；Genesis，《创世记》，11，47，51，55，124-5；Long, Charles H.，查尔斯·H. 朗，97n4；*see also* origin myths 也可参见起源神话

creed，信条，教义，69-70

CTHEORY，《理论》，143

culture：belief，文化：信仰，96；faith，信仰，74-5；metaphysics，形而上学，96；primitive，原始人，20，26-7；religion，宗教，68-9，75，76；social groupings，社会族群，188

cultus，礼拜，68，69，82

cyborgs，电子人，111-12，114

D

da Rocha, F. J. R.，F. J. R. 达·罗查，165

Dadaism，达达主义，达达派，145

Daly Mary，玛丽·达利，104-5，106，118

Daniel, S.，S. 丹尼尔，46

Darwin, Charles，查尔斯·达尔文，161-2，198

Das Kapital（Marx）《资本论》（马克思）167

Davidson, Donald，唐纳德·戴维森，97-8n10

death as punishment，死亡惩罚，87-8

deconstruction：canon，解构经典，143；feminism，女性主义，145；Haraway，哈罗威，111；postmodernism，后现代主义，143，164，169；subliminal intentions,潜意识意图,148

Deleuze, Gilles,吉尔·德勒兹,143

Dellamore, Richard,理查德·戴拉摩尔,144-5

Demeter,得墨忒耳,104,110

demonic will,恶魔意志,129-30

demythologizing,去神话化,13,123-4;Bultmann,布尔特曼,40,41;Jonas,乔纳斯,41;Kant,康德,123-4,126,129;political myth,政治神话,188-9;Vattimo 瓦蒂莫,148

denaturalization,非自然化,149-50

Derrida, Jacques,雅克·德里达,144,146,149

Descartes, René,勒内·笛卡尔,163-4,167

description,描述,49,52

desire:autonomy,欲望:自治权,133-4;body,身体,127-8;diverted,转移,132;Eros,厄洛斯,131;experience,体验,114;knowledge,知识,134;law,法则,137

Dewi Danu,达努·戴维(女神),170-1

Di Giovanni, G.,G. 笛·乔瓦尼,128,130,139

Diotima,狄俄提玛,104,135-6

Dirac, P. A. M.,P. A. M. 狄拉克,205

discourse,话语,185,186;Foucault,福柯,142;heterotopic,异位的,150;ideology,意识形态,178;marginality,边缘性143;myth,神话,6-7,15-16n3,182

divine,神圣的,30,79-80

Doniger, Wendy,温迪·多尼格,2

Doty, William G.,威廉·G. 道蒂,13-14,92,144,153,175

doxa,多克萨,150

Dreamtime,梦幻时光,160

Dundes, Alan,阿兰·邓迪斯,2,175

durability,持续性,197

duration,持续,200,202

E

Eagleton. T., T. 伊格尔顿, 176

Eaton, Heather, 希瑟·伊顿, 169

Eatwell, R., R. 伊特维尔, 177

Eccleshall, R., R. 阿克勒肖, 177

Eco, Umberto, 翁贝托·艾柯, 154

ecology, 生态学, 158, 161-2, 165; *see also* environmental ethics, 也可参见环境伦理学

Edelman, Murray, 默里·爱德曼, 187

Eden, Garden of, 伊甸园, 125, 135-40, 159

Egerton, Howard, 霍华德·埃德顿, 184

Einstein, Albert, 阿尔伯特·爱因斯坦, 193, 195, 204

electronic charge *see* Millikan 电量参见米利肯

Eliade, Mircea, 米尔恰·伊利亚德, 22, 97n4, 150; authority, 权威, 8; content of myth, 神话的内容, 196; cosmogony, 宇宙进化论, 144; exemplar history, 历史典范, 179; metaphysics, 形而上学, 85-6, 89; religious myth, 宗教神话, 88; Romanticism, 浪漫主义, 197; sacred time, 神圣的时间, 199-200; true story, 真实的故事, 9

Eliot, T. S., T. S. 艾略特, 144

Elohim/Yahweh, 耶洛因/雅赫威, 52-3, 54-8

embodiment, 化身, 111, 146-7

emotion, 情感, 77, 114

empiricism, 实证主义, 2, 81

Enlightenment, 启蒙运动, 108, 109, 145

environmental ethics, 环境伦理学, 158; Christianity, 基督教, 159; coordination, 协调, 160, 161; Islam, 伊斯兰教, 160; Judaism, 犹太教, 159; religion, 宗教, 158-9

environmental problems, 环境问题, 159, 160-1

epic narrative, 史事叙事诗, 71-2

Epic of Evolution Society, 进化论史诗社团, 166

epistemology, 认识论, 115, 117

epoche，悬置，48-9，50，51

Eros，厄洛斯，131-2，141n6

eschatology，末世论，175-6

essentialism：feminism，本质主义：女性主义，105，120n3；Merleau-Ponty，梅洛庞蒂，50；myth，神话，103；Ogden，奥格登，69；phenomenology，现象学，49；presumptive，假定的，54

ethics，伦理学，20；see also environmental ethics，也可参见环境伦理学

ethnometaphysics，民族形而上学，96，98n14

euhemerists，犹希迈罗斯主义者，24-5，28，43n7

eusebeia，敬虔，68，69

Eve，夏娃，105，126，139，152

evil：free will，邪恶：自由意志，127-8；matter，物质，56；philosophy，哲学，5；rejected，驳回，140

evolutionary-ecological myth，进化生态学神话，168-9

Excluded Middle Law，排中律，60

exclusion of women，女性的排斥，108

exemplar history，历史典范，179

existentialism：feminism，存在主义：女性主义，107；Merleau-Ponty，梅洛-庞蒂，63n4；metaphysics，形而上学，91；myth 神话，40-1；phenomenology，现象学，49-50，58，61-2，144；philosophy，哲学，51；theology，神学，74

experience：desire，体验：欲望114；imagination，想象，1；immediate，直接的，77；logic，逻辑，60-1；narrative，叙事，113；religious，宗教，76；unmediated，不可调停的，77-8

experimental methodology，实证方法，163

F

fable，寓言，8

fact-fiction，纪实小说，199

Fairclough N.，N. 费尔克拉夫，177

faith，信仰，信念，75-6；authenticity，真实性，80；culture，文化，74-5；*interpretants*，68；knowledge，知识，79；power，能力，82；sacred/secular，神圣的/世俗的，78-9

Fall myth, 堕落神话, 124-5; Kant, 康德, 123-4, 126-30, 138-9; moral philosophy, 道德哲学, 13, 123; Yahweh, 雅赫威, 125-6

falsity, 虚伪, 191; *see also* truth 可参见真理

fantasy, 幻象, 187

Fay, B., B. 费伊, 183

feeling, 感觉, 114

Fekete, J., J. 费克特, 147

female body, 女性身体, 107, 108

feminism: deconstruction, 女性主义: 解构 145; essentialism, 本质主义, 105, 120n3; existentialism, 存在主义, 107; gender, 性别, 116; Kant, 康德, 113-14; liberal, 自由主义, 109; poststructuralism, 后结构主义, 118-19; symbols, 符号, 象征, 114; technology, 科技, 114; transformations, 转变, 101

feminist philosophy, 女性主义哲学, 13, 102-3; conservative-essentialist feminist approach, 保守本质派女性主义研究方法, 103, 106, 118; identity, 身份, 103; liberal-existentialist feminist approach, 自由存在主义女性主义研究方法, 103, 107-8, 118; mythopoesis, 神话创造, 13; progressive-poststructuralist feminist approach, 激进的后结构主义女性主义研究方法, 103, 118; radical-essentialost feminist approach, 激进的本质派女性主义研究方法, 103, 106, 109, 118

feminist representation, 女性主义表征, 115

Ferré, Frederick, 弗雷德里克·费雷, 165

Feyerabend, Paul, 保罗·费耶阿本德, 192

fidelitas, 忠诚, 75-6

fides, 善意, 75-6

fiducia, 信仰, 75-6

Fink, Eugen, 欧根·芬克, 52

Flood, Christopher, 克里斯托弗·弗拉德, 14-15

form/matter, 形式/物质, 56-7

Forms, Platonic, 柏拉图式, 52, 60-1

Foster, M., M. 福斯特, 63n6

Foucault, Michel, 米歇尔·福柯, 142, 143, 145, 150

foundational myth, 奠基神话, 117

fragmentation, 碎片化, 145-6

France,法国,111,143

Frankfort, H. A., H. A. 富兰克福德,85,86,89

Frankfort, Henri,亨利·富兰克福德,85,86,89

Frazer, James,詹姆斯·弗雷泽,31,36

free will,自由意志,127-8

Freeden, M., M. 弗里登,177

Freud, Sigmund,西格蒙德·弗洛伊德,143

Freudians,弗洛伊德学派,42-3n8

Fundierung, Merleau-Ponty,根基,梅洛-庞蒂,61-2

G

Gantz, Timothy,提摩太·冈茨,152

Gare, Arran,阿伦·盖尔,169

Geertz, Clifford: metaphysics,克利福德·格尔茨:形而上学,86,89,95-6; politics,政治学,147-8; reality/myth,现实/神话,8,87; religion,宗教,68,95-6

Gender: Beauvoir,性别:波伏娃,116; elimination,消除,108; feminism,女性主义,116; Foucault,福柯,143; hierarchy,等级,103,118; myth,神话,113-14,119-20; post-feminism,后女性主义,119

Genesis: creation stories,《创世记》:创世神话,11,47,51,55,124-5; Fall myth,堕落神话,124-5; knowledge,知识,135,136; Oedipal tragedy,俄狄浦斯式悲剧,138-9; origin myths,起源神话,168; stewardship,总管式,159

genres,文体,69-70

Georges, Robert,罗伯特·乔治斯,2

Gerhart, Mary,玛丽·格哈特,15

German idealism,德国唯心主义,74

gestation,孕育,107

Girardet, Raoul,劳尔·吉拉道特,187

Girling, John,约翰·吉尔林,150-1,182,187

Giroux, H. A., H. A. 吉鲁,143

global conservation,全球化保护,161

Gnosticism，诺斯替教，40，41

God，上帝，71；alienation，疏远，40-1；eternal/temporary economy，永久性经济/短暂性经济，82；gods，神，77-8；humans，人类，30；love，博爱，140；metaphysics，形而上学，81；monotheism，一神论，79-80，143；piety，虔敬，80；*see also* theology，可参见神学

goddess，女神 106，120n4

gods：God，神：上帝，77-8；Greece，希腊，30，152-3；humans，人类，20；myth，神话，19；poetry，诗歌，65；Tylor，泰勒，25；Wisdom，智慧，140

golden mean，中庸之道，204-5

good life，美好生活，75

grand narrative，宏大叙事，14，143，166，167，171-2

Graves, Robert，罗伯特·格拉夫，152

Greece：aesthetics，希腊：美学，204-5；gods，神，众神，30，152-3；quality of light，光质，59-60

Griffin, David Ray，大卫·雷·格里芬，76，77，165

Griffiths, P. J.，P. J. 格里菲斯，3，96

Grim, John，约翰·格里姆，166

Grossberg, Lawrence，劳伦斯·格罗斯伯格，14，147，151

Grünbaum, Adolf，阿道夫·格林鲍姆，21

Guthrie, Stewart，斯图尔特·格思里，43n13

H

Hallowell, A. I.，A. I. 哈洛韦尔，98n14

Hamilton, Edith，伊迪思·汉弥尔顿，152

Haraway, Donna，多纳·哈罗威，114；African-American female figures，非裔美国女性，115-16；cyborgs，电子人，111-12，114；feminist representation，女性主义表征，115；"A Manifesto for Cyborgs"，《电子人宣言》，111-12

Harrison, Jane，简·哈里森，104，118

Hartshorne, Charles：emotion，查尔斯·哈茨霍恩：情感，77；metaphysics，形而上学，12，82，90-1，98n11；theology，神学，74

Harvey, David，大卫·哈维，147

Hatab, Lawrence, 劳伦斯·哈塔布, 46, 146, 153

Hawkes, D., D. 霍克斯, 176

Hecht, Susanna, 苏珊娜·赫奇特, 170

hegemony, 霸权, 167, 169

Heidegger, Martin, 马丁·海德格尔, 49, 51

Helius, 赫利俄斯, 25, 28

Hempel, Carl, 卡尔·亨佩尔, 29-30

hermeneutics, 阐释学, 2, 49, 114, 151

heroes, 英雄, 24-5, 30

Heschel, Abraham, 亚伯拉罕·赫歇尔, 72, 74

Hesiod, 赫西俄德, 30, 97n1

Heywood, A., A. 海伍德, 177

Hick, John, 约翰·希克, 14

Higgins, K. M., K. M. 希金斯, 145

Hillman, James, 詹姆斯·希尔曼, 14, 145, 148

Hinduism, 印度教, 160

Hippolytus, 希波吕托斯, 74

history, 历史, 8, 147, 199, 200-1

Hobbes, Thomas, 托马斯·霍布斯, 108

holiness, 神圣, 78

Holton, Gerald, 杰拉德·霍尔顿, 193-6, 202

Homer, 荷马, 30, 97n1

Homo sapiens, 智人, 161-2; *see also* humans 可参见人类

hooks, bell, 贝尔·胡克斯, 116

Hornblower, S., S. 霍恩布洛尔, 152

Horne, D., D. 霍恩, 178

Horton, Robin, 罗宾·霍顿, 38-9, 40, 43n13, 43n14

Hosking, Geoffrey, 杰弗里·霍斯金, 148

hubris, 傲慢，狂妄, 134, 136

Hulliung, M., M. 胡里恩, 177

humans: animals, 人类：动物, 26-7; autonomy, 自治权, 139; God, 上帝, 30; gods, 神，神灵, 20; loss of wholeness, 完整性缺失, 132-3, 134-5;

man of action/thinker, 行动者/沉思者, 33; nature, 自然, 165-6; *see also* circle people 参见圆体人; primitive people, 初人

Hume, David, 大卫·休姆, 81

Husserl, Edmund, 埃德蒙·胡塞尔, 47, 48, 50, 62

Hutcheon, Linda: denaturalizing, 琳达·哈钦：去自然化, 150; *The politics of Postmodernism*, 后现代主义政治学, 149; postmodernism, 后现代主义, 142, 143, 152

I

icons of myth, 神话印记, 179, 188

idealism: German, 德国唯心主义, 1-2, 74; metaphysical, 形而上学的, 164-5

idealization in public science, 公共科学理想化, 202-3

identification, mystic, 神秘身份, 32

identity: community, 群体身份, 13, 102; conservative-esentialist feminist approach, 保守本质派女性主义研究方法, 106; epistemoloty, 认识论, 117; feminist philosophy, 女性主义哲学, 103; radical-essentialist feminist approach, 激进本质派女性主义研究方法, 106; refiguration, 再塑, 113-14; univocal, 单一的, 107

ideology, 意识形态, 176-8; belief, 信仰, 189; Cassirer, 卡西尔, 36; discourse, 话语, 178; genesis/circulation, 起源/传播, 187; Marxism, 马克思主义, 176-7; mythmaking, 神话创造, 189; narrative, 叙事, 179-80, 181, 183, 185; non-Marxist, 非马克思主义者, 177-8; politics, 政治学, 14-15, 174-5; sacred myth, 宗教神话, 174-5; theory, 理论化, 177-8

imaginary, 想象, 115, 120

imagination, 想象, 1, 28-9, 30, 152

immateriality, 非物质性, 21

imperialism, 帝国主义, 107

indeterminacy, 非确定性, 165

indigenous traditions, 本地传统, 160

Indonesia, 印度尼西亚, 170-1

Indra, Jeweled Net, 因陀罗宝石网, 171

intellection/reality, 思想/现实, 161

intellectual space，知识空间，193

intellectualism，唯理论者，37

intentionality：consciousness，意向性：意识，50；existential phenomenology，存在主义现象学，58；Husserl，胡塞尔，62；Merleau-Ponty，梅洛－庞蒂，50，52；speech，言语，54

interdisciplinary approach，跨学科研究方法，143

interpretants，解释项，68

interpretation of myth，神话阐释，146；denaturalization，去自然化，149－50；literal，字面的，23－5；metaphysics，形而上学，87－90，95－6；religious experience，宗教体验，76；religious texts，宗教文本，2；truth，真理，94－5

intertextuality，互文性，145－6

intuiting，直觉感知，49，52

Irenaeus，爱任纽，71，74

Irigaray, Luce，卢斯·伊利格瑞，109－11

irony，反讽，148－9，154

Islam，伊斯兰教，5，74，160；*see also* Qur'an 参见《古兰经》

J

Jaggar, Alison，爱利生·雅格，120n3

James, G. A.，G. A. 詹姆斯，160

James, William，威廉·詹姆斯，76，81

Jencks, C.，C. 詹克斯，154

Johnson, M.，M. 约翰逊，147

Jonas, Hans，汉斯·约纳斯，40，41－2

journalism，新闻业，182，191

Judaism，犹太教，5，72，73，74，159

Jung, Carl Gustav，卡尔·古斯塔夫·荣格，23

Junger, Sebastian，塞巴斯蒂安·荣格尔，205－6n3

K

Kant, Immanuel，伊曼努尔·康德，140n4；Adam，亚当，138－9；demythologizing，去神话化，123－4，126，129；Fall myth，堕落神话，123－4，126－

30, 138 – 9; feminist rereading, 女性主义的重读, 113 – 14; knowledge, 知识, 90, 139; metaphysics, 形而上学, 87, 91; noumena, 本体, 90; *Religion within the Boundaries of Mere Reason*《单纯理性限度内的宗教》, 123, 138 – 9; will, 意志, 137

Kaufman, Gordon, 戈登·考夫曼, 166

Kayapò, 卡雅布人, 170

Kearney, Richard, 理查德·卡尼, 149, 151 – 2

Kellert, S. R., S. R. 凯勒特, 158

Kellner, D., D. 凯尔内, 143. 154n1

Kertzer, D. I., D. I. 科泽, 178

Kitaro, Nishida, 西田几多郎, 57

Klein, Calvin, 加尔文·克莱恩, 153

knowledge: autonomy, 知识: 自发性, 34; consciousness, 意识, 192; desire, 欲望, 134; Eden, 伊甸园, 139; faith, 信念, 信仰, 79; Genesis,《创世记》, 135, 136; Kant, 康德, 90, 139; local systems, 地方体制, 171; perfection, 完美, 133; Plato, 柏拉图, 54; primitive people, 初人, 26, 27, 88; science, 科学, 58; understanding, 理解, 202

Kore, 科莱, 110

Korsgaard, C., C. 科斯加德, 141n4

Kremer, J. W., J. W. 克莱默, 163, 171

Kroker, Arthur, 亚瑟·克罗克, 143

Kroker, Marilouise, 玛丽露丝·克罗克, 143

Kumokums, 库摩库姆斯, 53, 54

Kumulipo,《库木里坡圣歌》, 160

L

Lakoff, G., G. 莱考夫, 147

land ethic, 土地伦理观, 161 – 2

language, 语言, 4, 70, 114, 146

Lansing, J. S., J. S. 兰辛, 163, 170 – 1

Lash, Scott, 斯科特·拉什, 145, 146 – 7

Lauretis, Teresa de, 特瑞莎·德·劳拉提斯, 149

law,法则,127,137

Le Doeuff, Michèle,米歇尔·勒·杜弗,101,102

legend,传奇,8,24-5

Lemke, J. L., J. L. 莱姆基,177

Leopold, Aldo,奥尔多·利奥波德,161-2,165,168-9

Lévi-Strauss, Claude: Freudians,克劳德·列维-斯特劳斯:弗洛伊德学派,43n8; intellectualism,唯理论,37; myth,神话,29,37-8,196; Romanticism,浪漫主义,197

Lévy-Bruhl, Lucien,吕西安·列维-布留尔,32-3

liberal-exisentialist feminist approach,自由存在派女性主义研究方法,103,107-8,118

liberal feminism,自由女性主义,109

life-world,生活世界,50,58-61

light quality,光质,59-60

Lincoln, Bruce,布鲁斯·林肯,6-8,175,179

Lindbeck, G. A., G. A. 林德贝克,68-9

Locke, John,约翰·洛克,108

logic/experience,逻辑学/体验,60-1

logic of mythos,神话逻辑,65,67

logical positivists,逻辑实证主义者,90

logocentrism,逻各斯中心主义,142

logos,逻各斯,101

Long, Charles H.,查尔斯·H. 朗,97n4,97n5

Lorentzen, Lois,洛伊斯·洛伦岑,169

love,博爱,140,140n6

loyalty,忠实,76,78-9

Luther, Martin,马丁·路德,80

Lyotard, J. -F., J. -F. 利奥塔,143

M

McAllister, James W.,詹姆斯·W. 麦卡利斯特,205

MacCormac, E., E. 麦科马克,92

McCutcheon, R. T., R. T. 麦克卡森, 150

McLellan, D., D. 麦克莱伦, 176

MacPherson, Dennis, 丹尼斯·麦克弗森, 96

Macquarrie, John, 约翰·麦奎利, 83n5

Macridis, R. R. 麦克里迪斯, 177

magic, 魔法, 35, 36

Mangnus, B. 145

Majjhima Nikaya, 中阿含, 88

Malinowski, Bronislaw, 布罗尼斯拉夫·马林诺夫斯基, 8, 35-7, 89

man of action/thinker, 行动的人/思想家, 33

marginality, 边缘化, 143

Marriott, A., A. 马里奥特, 53

Martin, Richard M., 理查德·M. 马丁, 66, 67

Marx, Karl, *Das Kapital*, 马克思《资本论》, 167

Marxism, 马克思主义, 176-7

mass-extinction events, 物种大灭绝, 158

matriarchy, 母权制, 104, 110

matter/form, 物质/形式, 56-7

meanings, 意义, 49, 86, 146

mechanism, materialistic, 机械论, 唯物论, 163

Medawar, Peter, 皮特·梅达沃, 193

Medea, 美狄亚, 117

Memnon, 门农, 25

Merleau-Ponty, Maurice: constancy hypothesis, 莫里斯·梅洛-庞蒂: 恒定假设, 57; essentialism, 本质主义, 50; existentialism, 存在主义, 63n4; *Fundierung*, 根基, 61-2; intentionality, 意向性, 50, 52; phenomenology, 现象学, 49-51; subjectivity, 主体性, 57

Messiaen, Olivier, 奥利维尔·梅西安, 153

metalanguage, 元语言, 154

metaphysical idealism, 形而上学唯心主义, 164-5

metaphysics, 形而上学, 12, 85-7; Aristotle, 亚里士多德, 88, 91; culture, 文化, 96; Davidson, 戴维森, 97-8n10; Eliade, 伊利亚德, 85-6, 89; existentialism, 存在主义, 91; Geertz, 格尔茨, 86, 89, 95-6; God, 上帝, 81; Hartshorne, 哈茨霍恩, 12, 82, 90-1, 98n11; immateriality, 非物质性, 21; interpretation of myth, 神话阐释, 87-90, 95-6; Kant, 康德, 87, 91; pre-Kantian, 前康德学派, 88; religion, 宗教, 18, 86, 96; truth, 真理, 90, 91-2

Middle Ages, 中世纪, 46, 65-6

Middleton, John, 约翰·米德尔顿, 2

Midgley, Mary, 玛丽·米奇丽, 191

Mill, John Stuart, 约翰·斯图尔特·密尔, 108

Millikan, Robert A., 罗伯特·A. 米利肯, 193, 194, 195, 198, 202-4, 205-6n3

mind-body dualism, 身心二元论, 21, 50, 147

Modern science, 现代科学, 158-9, 162-3

Modern technology, 现代科技, 158-9

modernism: consistency, 现代主义：一致性, 167-8; fragmentation, 碎片化, 145; pop culture, 流行文化, 147; science/technology, 科学/科技, 158-9, 162-3

Modocs, 默多克斯, 53

monotheism, 一神论, 79-80, 143

moral philosophy: Fall myth, 道德哲学：堕落神话, 13, 123; myth, 神话, 137-8; perfectionism, 完美主义, 136-7

moral thinking, 道德思维, 13

morality/law, 道德/法则, 127

Morris, Charles W., 查尔斯·W. 莫里斯, 67

Morrison, Toni, 托妮·莫里森, 116, 117

motherhood, 母性, 104, 107

Müller, Friedrich Max, 弗雷德里希·马克斯·缪勒, 24, 42n5

Munslow, A., A. 蒙斯洛, 183

murder, ritual, 谋杀, 仪式, 106

myth, 神话, 1-2, 7-10, 191; content, 内容, 11, 30-1, 196-7; discourse, 话语, 6-7, 15-16n3, 182; functions, 功能, 85, 186-7; literal interpretation, 字面解释, 23-5; philosophy, 哲学, 1-2, 11, 18, 46-7, 63n1, 101-3; reality, 现实, 8, 12, 86, 87, 92-5; religion, 宗教, 26, 73, 87-

8; science, 科学, 15, 18-23, 39-40, 192-3; truth, 真理, 8, 10, 51-2, 85, 184-5; *see also* political myth, 也可参看政治神话; sacred myth, 宗教神话

myth-handbooks, 神话手册, 152-3

mythmaking, 神话创造, 180-1, 186, 189; *see also* mythopoesis, 可参见神话创造

mythography, 神话艺术, 144, 151-2, 153

Mythology: *A CD-ROM Encyclopedia*,《神话学：光盘百科全书》, 153

mythopoesis: Cassirer, 神话创造：卡西尔, 34; Christianity, 基督教, 65, 70-1; feminist philosophy, 女性主义哲学, 13; narrative, 叙事, 180; poets, 诗人, 97n1; political narrative, 政治叙事, 180, 186

N

naming, 命名, 115, 164

Nancy, J.-L., J-L. 南希, 143

narrative, 叙事, 9, 196-7; epic, 史诗的, 71-2; experience, 体验, 113; ideology, 意识形态, 179-80, 181, 183, 185; mythopoeisis, 神话创造, 180; politics, 政治学, 180, 186; Ricoeur, 利科, 199, 205; thinking mode, 思维模式, 29; truth, 真理, 7-8, 167, 202; *see also* grand narrative, 也可参见宏大叙事

native science, 当地科学, 170

natural selection, 自然选择, 198

nature: Cosmos, 自然：宇宙, 82; humans, 人类, 165-6; personification, 拟人化, 24; women, 女性, 104, 105

neomythic worldview, 新神话观, 160

Neo-Platonism, 新柏拉图主义, 56

neo-Tyloreans, 新泰勒主义者, 20, 38-9

Neville, Robert, 罗伯特·内维尔, 3

news stories, 新闻故事, 183

Newton, Sir Isaac, 艾萨克·牛顿, 163, 167

Niebuhr, H. Richard, H. 理查德·尼布尔, 76, 82, 83n5

Nietzsche, Friedrich, 弗雷德里希·尼采, 144, 145, 148

Nimmo, D., D. 尼莫, 184

noble savage，高贵的野蛮人，108
noematics，动力论，48
noetics，纯理性论，48，58–61，63n10
noumena，实体，本体，90
novel，小说，120n1，145–6

O

Oedipal tragedy，俄狄浦斯式悲剧，138–9
Oelschlager, M.，M. 俄尔施拉格尔，158，159
Ogden, Schubert，舒伯特·奥格顿，68–9，74–5，82，83n5，92
Okely, J.，J. 奥凯利，107
ontology, science，本体论，科学，168
oppression of women，女性压迫，106–7
optimization，优化性，198
Origen，奥里根，21
origin myths，起源神话，144，166，168，191；*see also* creation stories；Genesis，也可参见《创世记》中的创世神话
Ortega y Gasset, J.，J. 奥特加·伊·加塞特，60–1

P

paganism，异教信仰，46
paideia，教化，75
pantheism，泛神论，多神论，5
Parenti, M.，M. 帕伦蒂，183
Paris, Ginette，吉内特·帕里斯，153
parody，戏仿，149
partnership/reciprocity，合作/互惠，172
Pateman, Carole，卡罗尔·佩特曼，108–9
pathos，激情，70
patriarchy，父权制，103–4，105，144，145
Patton, Laurie，劳里·巴顿，2
Paul, Saint，圣·保罗，140

Pausanias,鲍桑尼亚,141n6

Peirce, Charles S.: belief,查尔斯·S. 皮尔斯:信仰,75-6,77;logic of mythos,神话逻辑,65,67;secondness,第二性,78;sign,符号,11-12,66-7

Penelope,珀涅罗珀,104

Pentateuch,摩西五经,167

perception,知觉,感知,49,70,76

perfection,完善,完美,133,136-7

performativity,操演,行事,52-4

Persephone,珀尔塞福涅,110

Perseus,珀尔修斯,25

personification,拟人化,24

persuasion,劝说,7

Pettazzoni, R.,R. 佩塔佐尼,9

phenomenology: description,现象学:描述,52;essentialism,本质主义,49;existentialism,存在主义,49-50,58,61-2,144;hermeneutics,解释学,114;Husserl,胡塞尔,47;Merleau-Ponty,梅洛-庞蒂,49-50;philosophy/myth,哲学/神话,11,46-7;post-Kantian,后康德主义,103;reduction,缩小,48-9;Spiegelberg,斯皮格伯格,47-9

Philo of Alexandria,亚历山大的斐洛,52

philosophy: Christianity,哲学:基督教,74-5,81;empiricism,经验主义,2,81;evil,5;existentialism,存在主义,51;myth,神话,1-2,11,18,46-7,63n1,101-3;mythography,神话艺术,153;phenomenology,现象学,11,46-7;polycentrism,多中心主义,96;postmodernism,后现代主义,14;social science,社会科学,2-3;Tylor,泰勒,18;Western,西方的,102,142

Philosophy of Religion,宗教哲学,2,3-5,96

philosophy of science,科学哲学,192

physics,物理学,195,201

pietas,敬虔,68,69

piety,虔诚,80

Pippin, Tina,蒂娜·皮平,149-50,152

Plato,柏拉图,30,146;Diotima,狄俄提玛,135-6;Forms,形式,52,

60-1; knowledge, 知识, 54; poetry/myth, 诗歌/神话, 46; *Symposium*,《会饮篇》, 13, 131-7; *Timaeus*,《蒂迈欧篇》, 47, 51, 52, 55, 58, 61-3

Plotinus, 普罗提诺, 30

pluralism, 多元主义, 7, 8-9, 160-1

poeisis, 模仿, 70

poetry: Campbell, 诗歌: 坎贝尔, 42n6; creation, 创造, 55; gods, 神, 众神, 65; mythopoesis, 神话创造, 97n1; Plato, 柏拉图, 46; truth, 真理, 85; Tylor, 泰勒, 23-4, 28-9

political myth, 政治神话, 178-81; Cassirer, 卡西尔, 35, 187; demythologizing, 去神话化, 188-9; ideology, 意识形态, 14-15; sacred myth, 宗教神话, 178-9, 184, 188-9; truth/falsity, 真理/谬误, 184-5

Political Science Abstracts,《政治科学文摘》, 181-2

politics: community, 政治学: 群体, 150-1; Geertz, 格尔茨, 147-8; ideology, 意识形态, 15, 174-5; narrative, 叙事, 180, 186; ritual, 仪式, 188; themata, 基旨, 194-5; *see also* political myth 参见政治神话

polycentrism, 多中心主义, 96

polychlorinated biphenals, 多氯联苯, 159

polytheism, 多神论, 5

pop culture, 流行文化, 通俗文化, 147

Popper, Karl, 卡尔·波普尔, 29-30, 39-40, 192

Posey, Darrell, 达瑞尔·波西, 170

post-feminism, 后女性主义, 119, 145

post-Kantianism, 后康德主义, 103, 113

post-liberal theology, 后自由神学论, 83n5

postmodernism: beginnings, 后现代主义: 开端, 152; deconstruction, 解构, 143, 164, 169; fragmentation, 碎片, 145-6; grand narrative, 宏大叙事, 14; Hutcheon, 哈钦, 142, 143, 152; interdisciplinary approach, 跨学科研究方法, 143; rony, 反讽, 讽喻, 148-9, 154; parody, 戏仿, 149; philosophy, 哲学, 14; reconstruction, 重构, 165, 166, 169; relational claims, 关系论, 147; science, 科学, 163, 168, 170; science fiction, 科幻小说, 145; self-reflexivity, 自我反映, 149; Sims, 西门, 154n1; Tylor, 泰勒, 30-1; uncertainty, 不确定性, 164, 165

"Post-modernism and beyond","后现代主义及其超越",142

post-postmodernist thought,后后现代派思想,142-3

poststructuralism:embodiment,后结构主义:具身性,147;feminism,女性主义,118-19;France,法国,111;liberal feminism,自由女性主义,109

Power, William L.,威廉·L.帕沃尔,11-12,69,76,82,83n2

pragmatics,语用学,66,67,76

pratityasamutpada doctrine,缘生教义,94

praxis,实践,70

pregnance,孕育,197,198

pregnancy,怀孕,107

prehension, physical,身体理解,78

prelogical thought,前逻辑思维,31-2,34

Prigogine, Ilya,伊利亚·普里戈金,171

primitive people:culture,原始人:文化,20,26-7;knowledge,知识,26,27,88;prelogical thought,前逻辑思维,31-2,34;religion,宗教,19,37;sense impressions,感官印象,27;Tylor,泰勒,19,21,26-8

primitivism,原始主义,35

probabilism,概率论,21

process philosophy,过程哲学,82

progress,发展,进步,198

progressive-poststructuralist feminist approach,渐进的后结构主义女性主义研究方法,103,118

projective psyche models,投射性精神模型,145

propaganda,宣传,183

Protestantism,新教,74

psychotherapy,心理疗法,146

public science,公共科学,191,194,200,202-3

Q

Questia:*An Online Library of Scholarly Books*,学术书籍的在线图书馆,153

quests,探索,寻找,13

Qur'an,《古兰经》,78,160,167

R

Rabb, Douglas, 道格拉斯·拉布, 96

race, 种族, 118

Rachlin, C., C. 拉克林, 53

racism, 种族主义, 107, 117

radical-essentialist feminist approach, 激进本质派女性主义研究方法, 103, 104–5, 106, 109, 118

Radin, Paul, 保罗·雷丁, 33–4

Rahula, W., W. 拉乌拉, 94

Rampino, M. R., M. R. 拉姆皮诺, 158

Raposa, M. L., M. L. 拉波萨, 69, 83n2

Raup, D. M., D. M. 劳普, 158

Reaka-Kudla, M. L., M. L. 雷卡-库德洛, 160

reality: cosmological level, 现实：宇宙学层面, 92, 93; intellection, 智慧, 161; metaphysical level, 形而上学层面, 92, 93–4; myth, 神话, 8, 12, 86, 87, 92–5; psychological level, 心理学层面, 92, 93; representations, 代表, 109; social constructs, 164; sociological level, 社会学层面, 92, 93

reason, 理性, 26–8, 114

reciprocity/partnership, 互惠/合作关系, 172

reconstruction: postmodernism, 重构：后现代主义, 165, 166, 169; public science, 公共科学, 194

reduction, 还原, 48–9

reductionism, 还原论, 143, 163

refiguration, 重塑, 110–12, 113–14, 117–18

reincarnation, 轮回转世, 5

religio, 宗教, 68

religion: culture, 宗教：文化, 68–9, 75, 76; doctrine, 教义，信条, 15n2; environmental ethics, 环境伦理学, 158–9; ethics, 伦理学, 20; Geertz, 格尔茨, 68, 95–6; history of, 历史的, 68; Horton, 霍顿, 38–9; hypotheses, 假说, 80–1; interpretation, 阐释, 76; language, 言语, 4; metaphysics, 形而上学, 18, 86, 96; myth, 神话, 26, 73, 87–8; practices, 实践, 4–5; primitive, 原始的, 19, 37; science, 科学, 18, 42n2, 191; semiotics, 符号学, 68

religious community, 宗教群体, 69, 80

Religious Studies, 宗教研究, 2, 7, 8-9, 16n5, 90

religious texts, 宗教文本, 2, 160

repeatability, 重复性, 再现性, 200

representamen: Christianity, 再现体: 基督教, 79; sign, 符号, 66-7, 67-8

representations: feminism, 表现形式: 女性主义, 115; reality, 现实, 真实, 109; sign, 符号, 70

res cogitans, 认知实体, 163-4

res discursus, 重构话语, 164-5

res extensa, 延伸性实体, 163-4

resistance, 抵抗, 116

Reuther, Rosemary Radford, 罗斯玛丽·拉德福德·鲁瑟, 159

Reynolds, F. E., F. E. 雷诺兹, 94, 153

rhino horn, 犀牛角, 171

rice cultivation, 水稻栽培, 170-1

Rich, Adrienne, 艾德丽安·里奇, 104

Ricoeur, Paul: hermeneutics, 保罗·利科: 解释学, 2, 114, 151; narrative theory, 叙事理论, 199, 205

ritual, 仪式, 18, 70, 106, 188

Romanticism, 浪漫主义, 197

Rose, H. J., H. J. 露丝, 152

Rosenau, P. M., P. M. 罗西瑙, 142

Rousseau, Jean-Jacques, 让-雅克·卢梭, 108

Royce, Josiah, 约西亚·罗伊斯, 76

Rue, Loyal, 洛亚尔·鲁, 166

Russell, Allan, 阿伦·罗素, 15

S

sacred, 神圣的, 宗教的, 78, 199-200

sacred myth: content, 宗教神话: 内容, 175-6; ideology, 意识形态, 174-5;

political myth，政治神话，178-9，184，188-9

　　Sainte Chapelle, Paris，巴黎圣礼拜堂，71

　　Salmon, W. C.，W. C. 萨蒙，22

　　Samsara（suffering），轮回（痛苦），12，93

　　Sartre, Jean-Paul，让-保罗·萨特，49，107

　　Sartwell, C.，C. 萨特韦尔，147

　　Scarborough, Milton，弥尔顿·斯卡保罗夫，11，46，63，144

　　Schilbrack, Kevin，凯文·斯齐布瑞克，12，89，97-8n10

　　Schillebeeckx, Edward，爱德华·史利贝克，78

　　Schneider, S. H.，S. H. 施耐德，160

　　Schöplin, George，乔治·斯考普林，148

　　Schüssler Fiorenza, Elizabeth，伊丽莎白·舒斯勒·费兰札，106

　　science：aesthetics，科学：美学，202-4；Cassirer，卡西尔，34；chemistry，化学，201；Christianity，基督教，158-9；knowledge，知识，58；Modern，现代，158-9，162-3；myth，神话，15，18-23，39-40，192-3；native，当地的，170；ontology，本体论，168；physics，物理学，195，201；postmodernism，后现代主义，163，168，170；private，私人的 193-4；probabilism，或然论，21；religion，宗教，18，42n2，191；testability，可验证性，21-2；themata，基旨，191，194-5，204；time，时间，200，201，202；*see also* public science，也可参见公共科学

　　science fiction，科幻小说，145

　　scientific community，科学团体，192

　　scientific method，科学方法，79

　　Searle, J. R.，J. R. 瑟尔，70

　　Sebeok, Thomas，托马斯·西比奥，143

　　secondness，第二性，78

　　secularization，世俗化，145

　　Segal, R. A.，R. A. 西格尔，175

　　Segal, Robert，罗伯特·西格尔，2，10-11

　　self-conception，自我概念，137-8，139，140

　　self-consciousness，自我意识，50

　　self-knowledge，自知，136

self-reflexivity, 自我反映, 149

self-rule, 自治, 137-8

Seliger, Martin, 马丁·塞里格, 177-8

semantics, 语义学, 66, 67, 77-8

semiotics, 符号学, 12, 66, 67, 68

sense impressions, 感官印象, 27, 77

sensus divinitatis, 神圣感应, 77, 78, 79

Sepkoski, J. J., J. J. 斯皮科斯基, 158

serpent, 古蛇, 125-6, 129-31

sexism, 性别主义, 117

sexual contract, 性契约, 109

sexual difference, 性别差异, 13, 118, 125-6

sexual politics, 性别政治, 143

sexuality, 性, 113-14, 118, 119, 132-3

Shelley, Mary, 玛丽·雪莱, 120n1

sign: Peirce, 符号：皮尔斯, 11-12, 66-7; *representamen*, 再现体, 66-8; representation, 代表, 70; *see also* semiotics 也可参见符号学

signifiers, floating, 流动性能指, 151

Sims, S., S. 西姆斯, 154n1

simulacra, 模仿物 151

Sistine Chapel, 西斯廷教堂, 71

Smith, Adam, *The Wealth of Nations*, 亚当·斯密,《国富论》, 167

social constructs, 社会建构, 164

social contract theory, 社会契约论, 108

social-epistemologist feminist approach, 社会认知论女性主义研究方法, 103, 113-14, 118

social groupings, 社会族群, 118

social science, 社会科学, 2-3

society, closed/open, 闭合型/开放型社会, 38

Socrates, 苏格拉底, 60-1, 135

Sorel, Georges, 乔治斯·索列尔, 182, 186-7

speculative philosophy, 思辨哲学, 81

speech acts: absurdity of life, 言语行为: 生活的荒谬性, 75; intentionality, 意图, 意向, 54; performativity, 操演, 行事, 52-4; Searle, 瑟尔, 70; systematic pragmatics, 系统语用学, 67

Spiegelberg, Herbert, 赫伯特·斯皮格伯格, 47-9, 54

Stengers, Isabelle, 伊莎贝拉·斯唐热, 171

stewardship, 总管式, 159

Stewardship Environmental Ethic, 总管式环境伦理, 159

Strong, J., J. 斯特朗, 93

Strothers, R. B., R. B. 斯特罗瑟斯, 158

structuralism, 结构主义, 147

Stump, Eleanor, 埃莉诺·斯顿普, 3-4

Sturma, Dieter, 迪特尔·斯图尔马, 1

subjectivity: Merleau-Ponty, 主体性: 梅洛-庞蒂, 57; refigured, 重塑, 111; sexuality, 性, 113-14, 119; transcendental, 先验的, 超验的, 49, 51

suffering, 苦痛, 12, 93

suicide, 自杀, 75

Suleiman, S. R., S. R. 苏莱曼, 185

SUNY Press, 纽约州立大学出版社, 165

sunyata, 虚无论, 57

Swimme, Brian, 布莱恩·斯威姆, 166

symbolic power, 象征性力量, 188

symbols: feminism, 象征: 女性主义, 114; language, 言语, 146; meaning, 意义, 86; polyphonic, 多音的, 143

Symposium (Plato), 《会饮篇》(柏拉图), 13

syntax, 语法, 66, 67

systematic pragmatics, 系统语用学, 67

T

Tao Te Ching, 《道德经》, 160

Taoism, 道教, 道家思想, 57

Tavener, John, 约翰·塔凡纳, 153

Taylor, Mark C., 马克·C. 泰勒, 146, 149, 152

technology，科技，114，158-9

teleology，目的论，22

temptation，引诱，诱惑，137-8，129，130

Tertullian，德尔图良，21，74

testability，可验证性，21-2

themata，基旨，191，194-5，204

theology，神学，65，74，82，83n5

theoria，学说，70

theory，理论，原理，177-8

thinker/man of action，思想家/行动者，33

thinking mode，思维模式，10，33-4；concrete/abstract，具体的/抽象的，37；constancy hypothesis，恒定假设，57；narrative，叙事，29；prelogical，前逻辑的，31-2，34；symbolic，象征性的，2

Thompson, J. B.，J. B. 汤普森，178

Thompson, L.，L. 汤普森，184

threskeia，敬虔的敬拜，68，69

Timaeus，《蒂迈欧篇》，11

time：chronicle，编年史时间，199；elapsed，消逝的，201；historical，历史的，199，200-1；sacred，神圣的，199-200；science，科学，200，201，202

Tong, R.，R. 童，120n3

totalism，极权主义，142-3，167，169

Toulmin, Stephen，斯蒂芬·图尔明，165

Tracy, David，大卫·特雷西，153

tragedy，悲剧，131，138-9

transcendentalism，超验论，先验论，63n5

transformations，转换，101，110-11，199

tree of knowledge，智慧树，125-6

tree of lite，生命树，125-6

triumphalism，必胜信念，142

trivium，三学科，（文法，逻辑，修辞）65-7

trust，信任，75-6，78-9

truth：absolute，真理：绝对，142，148；cosmology，宇宙学，94-5；creed，

信条，教义，69-70；genres，文体，69-70；interpretation，解释，94-5；metaphysics，形而上学，90，91-2；Modern science，现代科学，162-3；myth，神话，8，10，51-2，85，184-5；narrative，叙事，7-8，167，202；poetry，诗歌，85；political myth，政治神话，184-5

Truth, Sojourner，索杰纳·特鲁斯，115-16

Tucker, Mary Evelyn，玛丽·伊夫琳·塔克，166

Tudor, H.，H. 都铎，184

Turner, Terrence，特伦斯·特纳，170

Tylor, Edward Burnett，爱德华·伯内特·泰勒，10-11，41-2n1；animism，万物有灵论，18-19，26，35，42n4；content of myth，神话内容，30-1；divine，神圣的，30；gods，神 25；imagination，想象，28-9；literal reading of myth，神话的字面解读，23-5；myth/science，神话/科学，20-3；personal/impersonal causes，个人/非个人原因，20-1，22，38，42n3；philosophy，哲学，18；poetry，诗歌 23-4，28-9；postmodernism，后现代主义，30-1；primitive people，初人，19，21，26-8；religion/science，宗教/科学，42n2

U

uncertainty，不确定性，164，165

The Universe Story，《宇宙故事》，166，168

V

Vattimo, Gianni，詹尼·瓦蒂莫，14，148，150

Vico, Giambattista，詹巴蒂斯塔·维科，196

virgin/temptress myth，天真纯洁的/性感妖娆的女性神话，107

visualism，视觉主义，61

Vivas, Eliseo，爱理斯·维瓦斯，90

Vodun possession，伏都教的（鬼神）附体，5

Vogelin, Eric，埃里克·沃格林，97n1

W

Wall Street Journal，《华尔街日报》，191

Wallace, Robert M.，罗伯特·M. 华莱士，197

Watts, Alan, 阿兰·沃茨, 90

The Wealth of Nations (Smith), 《国富论》(斯密), 167

Weigle, Marta, 马塔·韦格勒, 144

Weinberg, Steven, 斯蒂文·温伯格, 204, 205

Welton, Donn, 唐·威尔顿, 147

Western culture, 西方文化, 152-3, 158, 160

Western philosophy, 西方哲学, 102, 142

Wetsel, James, 詹姆斯·威泽尔, 13

White, Jr, L., Jr. L. 怀特, 159

Whitehead, A. N., A. N. 怀特黑德, 74, 77, 78, 81, 82

Wiebe, Donald, 唐纳德·维贝, 16n5

witchcraft, 巫术,魔法, 5

Wilder, Amos, 阿莫斯·维尔德, 71, 72, 73

will, 意志, 127-8, 129-30, 137

Wilson, E. O., E. O. 威尔逊, 160, 168

Wired magazine, 《连线》杂志, 146

Wisdom, John, 约翰·威兹德姆, 140

women: autonomy, 女性：自治权, 104; devalued, 贬值的, 102-3; exclusion, 驱逐，排斥, 102-3; nature, 本质，自然, 104, 105; oppression, 压迫, 106-7; virgin/temptress myth, 天真纯洁的/性感妖娆的女性神话, 107

Wordsworth, William, 威廉·华兹华斯, 24

Wright, A., A. 赖特, 177

Wright, M. R., M. R. 赖特, 92

Y

Yahwweh: Elohim, 雅赫威：耶洛因, 52-3, 54-8; Fall myth, 堕落神话, 125-6, 133, 135; serpent, 古蛇, 130

Yin-Yang mandala, 阴阳八卦, 171

Z

Zeus, 宙斯, 25, 105, 132, 133